华侨大学 哲学社会科学文库·艺术学系列
HUAQIAO UNIVERSITY

学堂乐歌之父

——沈心工研究

FATHER OF THE SCHOOL SONG
— SHEN XINGONG RESEARCH

谷玉梅　著

社会科学文献出版社
SOCIAL SCIENCES ACADEMIC PRESS (CHINA)

2014 年度文化部文化艺术科学研究规划项目

"沈心工文献发掘整理与研究"（编号 14DD25）

构建原创性学术平台　打造新时代精品力作

——《华侨大学哲学社会科学文库》总序

习近平总书记在哲学社会科学工作座谈会上提出："哲学社会科学是人们认识世界、改造世界的重要工具，是推动历史发展和社会进步的重要力量。"中国特色社会主义建设已经进入新时代，我国社会的主要矛盾已经发生变化，要把握这一变化的新特点，将党的十九大描绘的决胜全面建成小康社会、夺取新时代中国特色社会主义伟大胜利的宏伟蓝图变为现实，迫切需要哲学社会科学的发展和支撑，需要加快构建中国特色哲学社会科学。当前我国的哲学社会科学事业已经进入大繁荣大发展时期，党和国家对哲学社会科学事业的投入不断增加，伴随我国社会的转型、经济的高质量发展，对于哲学社会科学优秀成果的需求也日益增长，可以说，当代的哲学社会科学研究迎来了前所未有的发展机遇与挑战。

构建中国特色哲学社会科学，必须以习近平新时代中国特色社会主义思想为指导，坚持"以人民为中心"的根本立场，围绕我国和世界面临的重大理论和现实问题，努力打造体现中国特色、中国风格、中国气派的哲学社会科学精品力作，提升中华文化软实力。要推出具有时代价值和中国特色的优秀作品，必须发挥广大学者的主体作用，必须为哲学社会科学工作者提供广阔的发展平台。今天，这样一个广阔的发展平台正在被搭建起来。

华侨大学是我国著名的华侨高等学府，多年来始终坚持走内涵发展、特色发展之路，注重发挥比较优势，在为侨服务、传播中华文化的过程中，形成了深厚的人文底蕴和独特的发展模式。新时代，我校审时度势，积极融入构建中国特色哲学社会科学的伟大事业中，努力为学者发挥创造力、打造精品力作提供优质平台，一大批优秀成果得以涌现。依托侨校的天然优势，以"为侨服务、传播中华文化"为宗旨，华侨大学积极承担涉侨研究，努力打造具有侨校特色的新型智库，在海外华文教育、侨务理论与政策、侨务公共外交、华商研究、海上丝绸之路研究、东南亚国别与区域研究、海外宗教文化研究等诸多领域形成具有特色的研究方向，推出了以《华侨华人蓝皮书：华侨华人研究报告》《世界华文教育年鉴》《泰国蓝皮书：泰国研究报告》《海丝蓝皮书：21世纪海上丝绸之路研究报告》等为代表的一系列标志性成果。

围绕党和国家加快构建中国特色哲学社会科学、繁荣哲学社会科学的重大历史任务，华侨大学颁布实施"华侨大学哲学社会科学繁荣计划"，作为学校哲学社会科学的行动纲领和大平台，切实推进和保障了学校哲学社会科学事业的繁荣发展。"华侨大学哲学社会科学学术著作专项资助计划"是"华侨大学哲学社会科学繁荣计划"的子计划，旨在产出一批在国内外有较大影响力的高水平原创性研究成果。作为此资助计划的重要成果——《华侨大学哲学社会科学文库》已推出一批具有相当学术参考价值的学术著作。这些著作凝聚着华侨大学人文学者的心力与智慧，充分体现了他们多年围绕重大理论与现实问题进行的研判与思考，得到同行学术共同体的认可和好评，其社会影响力逐渐显现。

《华侨大学哲学社会科学文库》丛书按学科划分为哲学、法学、经济学、管理学、文学、历史学、艺术学、教育学8个系列，内容涵盖马克思主义理论、哲学、法学、应用经济、国际政治、华商研究、旅游管理、依法治国、中华文化研究、海外华文教育、"一带一路"等基础理论与特色研究，其选题紧扣时代问题和人民需求，致力于解决新时代面临的新问题、新困境，其成果直接或间接服务于国家侨务事业和经济社会发展，服务于国家华文教育事业与中华文化软实力的提升。可以说，该文库是华侨大学展示自身哲学社会科学研究力、创造力、价值引领力的原创学术平台。

"华侨大学哲学社会科学繁荣计划"的实施成效显著，学校的文科整体实力明显提升，一大批高水平研究成果相继问世。凝结着华侨大学学者智慧的《华侨大学哲学社会科学文库》丛书的继续出版，必将鼓励更多的哲学社会科学工作者尤其是青年教师勇攀学术高峰，努力打造更多的造福于国家与人民的精品力作。

最后，让我们共同期待更多的优秀作品在《华侨大学哲学社会科学文库》这一优质平台上出版，为新时代决胜全面建成小康社会、开启全面建设社会主义现代化国家新征程作出更大的贡献。

我们将以更大的决心、更宽广的视野、更精心的设计、更有效的措施、更优质的服务，加快华侨大学哲学社会科学的繁荣发展，更好地履行"两个面向"的办学使命，早日将华侨大学建成特色鲜明、海内外著名的高水平大学！

华侨大学校长　徐西鹏

2018 年 11 月 22 日

他是一位很精明干练的教育家，全副精神都用在这个小学里，所以把学校办得很好。

——邹韬奋

　　先生的精神是不死的，先生是一个纯正的教育家，是一个完人。

——黄炎培

　　沈先生……在吾国音乐教育史上是有特殊地位的，是提倡音乐教育最早之一人。先生当时能独具慧眼，看到音乐教育的重要，编制新歌来使后生学子得乐教之益，"盛极南北"确系事实而不是过誉。所以现在的音乐教师及歌曲作者皆曾受先生的影响，这一点贡献，也就了不起。

——黄　自

自　序

　　1840 年，古老的中国迎来了数千年未有之大变革，中国悠久的文化和国门一起被西方列强的坚船利炮打开。至此，中华文明迎来了一次伟大的蜕变，洋务运动推动派遣留学生开眼看世界的热潮，戊戌维新将知识分子从三纲五常中唤醒。与此同时，中国第一代音乐家也积极投身于音乐活动中，推动着中国传统音乐文化转向近代化的进程。就在变法维新思潮的影响下，随着国内新式学堂的设立，中国的学校普通音乐教育也逐步兴起。一时间，办新学，唱乐歌，求新声于异邦，成为 20 世纪初中国音乐发展的一个显著特点。在"诗界革命""小说界革命""白话文运动"等口号的影响下，音乐界也在酝酿着新的思潮。学堂乐歌则在这种思潮中应运而生。

　　在学堂乐歌的兴起与发展过程中，出现了中国近代音乐史上最早的一批音乐教育家的身影。他们通过学习西方音乐知识，结合中国音乐的特点，将这些乐歌不断结合全新的民族血液，鼓舞国人的士气，振奋国人的精神。他们是近代音乐教育的先驱，是中国近代音乐启蒙的领航人，这些音乐教育家中的杰出代表之一就是被李叔同誉为"吾国乐界开幕第一人"的"中国学堂乐歌之父"沈心工。

　　沈心工（1870 ~ 1947），名庆鸿，字叔逵。1870 年 2 月 14 日生于上海，"心工"是他作歌、作曲时所用的笔名，蕴含"穷心力而夺天工"之意。1897 年，受"教育救国"思想的影响，27 岁的沈心工毅然放弃了上海约翰书院教席的优厚待遇，考入南洋公学第一届师范院。1902 年 4 月，沈心工赴日本留学，与鲁迅同期进入设在东京的弘文学院学习。1903 年 2 月，沈心工回到上海，执教于南洋公学（交通大学前身）附属小学，在此度过了他人生前三十载最辉煌的一段时间。即便在他离开之后，对母校仍然非常之关心，多次对母校的教育理念、体制提出自己的见解，积极参加母校举办的各项公益活动，还将自己的文章发表在《南洋》《南洋友声》《交大三日刊》等母校刊物之上。在他的执教生涯里，首创设置了"唱歌"课，这一创举有力推动了乐歌运动的浪潮，很快就在全社会获得了热烈的响应。国民政府教育部编写的《第一次中国教育年鉴》（开明书店出版，1934 年 5 月）评价说，这是我国小学设"唱歌"课的开端。沈心工一生勤学奋发，吟咏不辍，率先将日本的简谱引入中国，创作乐歌180 余首。从 1904 年起，他先后编辑出版了《学校唱歌集》1～3 集、《重编学校唱歌集》1～6 集和《民国唱歌集》1～4 集。1937 年重新修订旧作，精选出 82 首歌曲，汇编出版了《心工唱歌集》。此外，他还翻译出版了《小学唱歌教授法》等书，创作多部话剧。在中国近代音乐史上，沈心工占有很重要的地位。然而，由于缺失一手资料，截至目前，国内尚未出版关于沈心工的著作。笔者在"沈心工文献发掘整理与研究"文化部课题研究的基础上，根据收集到的资料，撰写出版这部著作，希望对国内学人研究提供一定的参考价值。

对于大多数人而言，沈心工先生或许只是一个学堂乐歌的"旗手"，对他的了解程度也仅限于学堂乐歌的层面。但是，在本书中，笔者将详细叙述沈心工先生精彩纷呈的一生，并且以他在南洋公学附属小学的从教生涯为重点，向广大学人全面展示一个三十年如一日，殚精竭虑，教书育人，为交通大学各项教育工作作出了突出贡献的沈心工先生。沈心工先生不仅仅是一位创作学堂乐歌的音乐家，还是一位深谙教育门径的教育家；不仅仅是一位艺术名人，还是一位思想深沉独到的文化名人；不仅仅是一位爱国奉献的知识分子，还是一位精明干练的社会活动人士。

本书以沈心工先生一生的经历为线索，以时间为轴线，分为五个大篇进行叙述，分别为"是雏凤鸣世，似新燕出巢——沈心工的 1896 至1903""如淞浦春声，若秋寒炭火——沈心工的 1903 至 1911""着两袖清风，赢千秋英名——沈心工的 1911 至 1927""非夕阳暮鼓，然时却英雄——沈心工的 1927 至 1947""唤民族自强，引寰宇振聩——沈心工音乐教育思想的传承"。每篇又分为若干章节进行详细的叙述，希望通过这些篇章的叙述向众多读者展示一位更加全面详尽的沈心工先生，向大家讲述一位带着历史沧桑、满负家国责任的文化名人的一生。本书参考了大量的历史文献资料，并吸收了相关的研究成果，加以整理。

由于个人学术水平和条件所限，相关史实的叙述和文字写作难免有遗漏和不妥之处，恳请读者批评赐教。

谷玉梅

2018 年 9 月

内容摘要

　　长期以来，被李叔同大师称为"吾国乐界开幕第一人"的沈心工先生（名庆鸿，字叔逵），在后人的眼里仅限于学堂乐歌运动的开创者。同时，由于相关史料的缺失，学术界对于沈心工先生的研究也几乎囿于这个框架之内，而对这位在我国近代音乐史上占有重要地位的艺术巨匠缺乏足够的重视和系统透彻的研究，这不能不说是我国音乐艺术界的一大憾事。

　　1897~1927年，沈心工先生在交通大学度过了他人生最为辉煌的时期。他30年如一日，殚精竭虑，教书育人，为交通大学各项教育工作作出了卓越贡献，给交通大学留下了巨大的治学财富，使后人至今仍受益匪浅。作为西安交通大学曾经的学子和音乐艺术领域的探寻者，作者深感有责任全面系统地将沈心工先生推介给所有人。

　　本书力图以沈心工先生的人生经历为线索，以时序为轴线，分为五个大篇讲述沈心工先生的生平业绩。分别为"是雏凤鸣世，似新燕出巢——沈心工的1896至1903""如淞浦春声，若秋寒炭火——沈心工的1903至1911""着两袖清风，赢千秋英名——沈心工的1911至1927""非夕阳暮鼓，然时却英雄——沈心工的1927至1947""唤民族自强，引寰宇振聩——沈心工音乐教育思想的传承"。每篇又分为若干章节铺开详尽描述，期望以此向广大读者展示一位更加真实、更加全面的沈心工，使更多的人了解这位带着历史沧桑、满负家国责任的文化英才的传奇一生，同时也为填补沈心工音乐、教育思想研究领域的空白献上一己之力。

Abstract

For the longest time, Shen Xingong was known only as the creator of school songs but according to Li Shutong, he was the first person to bring modern music theory to China. In fact, Shen Xingong is an artistic master who played an important role in the history of modern Chinese music. However, due to the lack of relevant historical materials, knowledge of Shen Xingong's contribution to the Chinese academic field of music history was limited to only his work for the campus song campaign. It was not possible for scholars to make a systematic and through study of his work and did not pay him enough attention. This is a great regret for the study of the history of music in our country.

From 1892 to 1927, Shen Xingong worked at Jiaotong University. For over thirty years, he devoted his efforts to teaching and educating people. He made outstanding contributions to the education of Jiaotung University and left a huge scholarship to it as well. Even today, these contributions make Jiaotung University one of the best schools in the country. As a graduate from Jiaotung University, I consider myself a pioneer in the field of music and art. I feel it is my responsibility to introduce Shen Xingong in his full glory to the people.

This book takes account of Shen Xingong's life experience to discuss his life's performance. It is divided into five parts:

- "Like a hatching phoenix chick, like a baby swallow flying out of its nest." —1896 to 1903.
- "The sound of spring at the Huangpu River is like the autumn cold and the charcoal fire." —1903 to 1911.

- "Although he was dressed in rags, but everyone knows his name. " —1911 to 1927.

- "He is not a drum for the sunset. He is the hero of the era. " —1927 to 1947.

- "Inspiring a self – strengthening nation and the world's vibrancy. " —Inheriting Shen XIngong's ideas.

Each part is divided into several chapters to give a detailed description of Shen Xingong's contributions in each of the different periods. I hope to show the readers a more realistic and comprehensive account of Shen Xingong so that more people can understand his life and legend. At the same time, I hope to fill in the blanks for Shen Xingong's in the history of the field of music, music education and musical theory.

目　录

第三篇　着两袖清风，赢千秋英名
——沈心工的 1911 至 1927

第四篇 非夕阳暮鼓，然时却英雄

——沈心工的 1927 至 1947

第五篇　唤民族自强，引寰宇振聩
——沈心工音乐教育思想的传承

Contents

Part 2   The sound of spring at the Huangpo River is like the autumn cold and the charcoal fire—Shen Xingong at 1903 to 1911

Part 4   He is not a drum for the sunset. He is the hero

of an era—Shen Xingong at 1927 to 1947

Part 5   Inspiring a self – strengthening nation and the world's vibrancy—Inheriting Shen Xingong's ideas

第一篇
是雏凤鸣世，似新燕出巢

——沈心工的 1896 至 1903

篇前言

从第一次鸦片战争（1840 年 6 月～1842 年 8 月）到第二次鸦片战争（1856 年 10 月～1860 年 10 月），揭露了中国的腐朽破败。在晚清政府懦弱的统治之下，中国部分主权遭到严重的破坏，社会问题加剧，中国自给自足的自然经济开始解体。鸦片战争前，中国经济上是一个以自然经济为基础的封建国家，小农业和家庭手工业相结合，有力地排斥着外国的商品侵略。鸦片战争后，中国废除"公行"制度，增加通商口岸，从而丧失关税主权，外国的廉价商品源源不断地涌入中国。这种商品"重炮"，逐渐摧毁了中国自给自足的封建经济，使中国日益成为帝国主义的商品市场和原料供给地。

内忧外患纷至沓来，封建社会危机四伏。一批政治眼光比较敏锐的封建知识分子，怀着忧患意识和历史责任感，进一步去探索和寻找中国社会摆脱困境与危机的良策。他们以传统经学为依托，以匡时救世为己任，对内主张整饬吏治，改革弊政；对外提倡学习西技，抵抗侵略，从而逐渐在地主阶级中形成一股经世致用的社会思潮。清政府内部以曾国藩、李鸿章和张之洞为首的洋务派，主张"中学为体，西学为用"，在不改变封建制度的前提下，采用西方资本主义国家先进的近代科技，效仿其在教育、武备等方面的一些具体措施，举办洋务新政，来挽救江河日下的清王朝。这一主张得到了当政者慈禧太后的暂时支持。19 世纪 60 年代至 90 年代，"师夷长技以自强"的洋务运动兴起。为适应洋务事业的需要，洋务派在此期间兴办了一系列的新式学堂，这些洋务学堂推动了中国近代化的进程。[①]

---

① 刘波：《洋务学堂与中国近代化》，《新高考》（政治历史地理）2009 年第 2 期。

　　近代中国，就是一个在落后挨打和觉醒自强之间踌躇满志的巨人，一方面由于政治腐败和科学技术的落后等原因，逐渐成为西方列强铁蹄之下的困兽；另一方面，一批不甘落后的爱国民主人士不断寻求方法，以求能在19世纪末叶力挽狂澜，如孙中山先生所说"切扶大厦之将倾"①。一系列洋务学堂的建立，推动了中国近代历史的进步，同时也扩大了国人的视野，增长了国人的见识，无数志士仁人不断思考如何才能使饱受屈辱的祖国重现昔日的辉煌。随着洋务学堂里自然科学课程不断增设，自然科学知识大量引进，自然进化论的观点也传播开来。当时的一批有识之士，把自然的不断变化与社会变革联系起来，对腐朽、没落的封建统治产生动摇。自然进化论的观点，成为当时接受先进理念的中国人寻求真理、改变社会的理论依据。② 在西方教育理念影响之下，中国也开始了不断结合自身特点的教育革新，试图通过新式教学来弘扬中国文化。

　　音乐教育是中国传统教育中德行教育的重要内容，它与我国长期的封建道德思想联结在一起，在中国社会历史发展中占有重要的地位。从古至今，音乐教育以涵养人的德行为主，与社会的德、礼教育有着密切的关系，构成了中国历代思想教育家持久的"以乐养德、以德治政"的重要思想根源。③ 正是从这样的思想出发，当时的志士仁人开始重视乐歌在学堂教育中的地位，并且以极大的创造力形成了"学堂乐歌"的风尚，而其中，将学堂乐歌最早发扬光大的正是被后来人称为"学堂乐歌之父"的沈心工。他是当时中国学堂乐歌的"旗手"，同时代的还有李叔同、曾志忞等。④ 正因为有了这个与千百万人民及民族、国家的命运休戚相关的出发点，人们对当时推行学校音乐教育和传播学堂乐歌给予了难以想象的热忱，使得这项工作被蒙上了一层崇高的神圣的光辉，并被赋予了一种不同寻常的时代紧迫感。

---

① 《孙中山选集》，人民出版社，1981。

② 刘波：《洋务学堂与中国近代化》，《新高考》（政治历史地理）2009年第2期。

③ 章秋枫、徐爱珍、眭美琳、朱晓峰：《我国近代音乐教育思想与传统文化情结》，《南昌航空工业学院学报》（社会科学版）2004年第1期。

④ 曾志忞（1879~1929），号泽民，上海人，1901年曾赴日留学，对学堂乐歌发展作出了巨大贡献。

第一章 春风化雨

——学生时代之沈心工

中国社会的变动，带来了中国教育制度的变革。科举制度的废除，西学的流行，使得中国的教育事业逐渐从封建化向近代化转变。各种新式教育理念大行其道，各类新式教育机构逐渐建立，众多提倡新学的教育家不断涌现，中国的教育环境呈现一派欣欣向荣之景。作为我国最早一批国人自办大学中的南洋公学成为当时中国高等教育发展的引领者之一。南洋公学集中了祖国各地尤其东南一带的优秀学子，造就了近现代中国堪称栋梁的首批人才。其师范院开启了中国最早的师范教育，学生中涌现了一批著名的教育家和推翻帝制的先锋人物。沈心工就是早期南洋学子中的一位佼佼者。

第一节 "储才必先兴学"——南洋公学之创办

鸦片战争后的中国，始终处于风雨飘摇的危机中。清政府的腐败无能激发了民众的爱国热情，在一些早期接触西学的知识分子的努力抗争下，清政府中有远见的官员终于明白：要想改变清朝被动挨打的落魄局面，必须从教育抓起，必须"师夷长技以制夷"。于是，一批有志之士站了出来，试图将危机四伏的清王朝于危难中拯救出来。

南洋公学的创办人盛宣怀（见图1-1），字杏荪，祖籍江苏武进，生于1844年，出身于世代官僚地主家庭，是晚清洋务运动的巨擘，近代中国工商业和高等教育的开拓者，累官至邮传部大臣等职。1896年盛宣怀创办南洋公学并具体擘画了学校的发展，任南洋公学监督（最高负责人）。1870年，盛宣怀作为洋务派领袖人物李鸿章府上的幕僚，在父辈关系的关照下，开始进入洋务运动的最前沿，先后接办汉阳炼铁厂、出任设立在上海的铁路总公司督办、主持并开通了中国第一家官办新式银行——中国通商银行。由于政绩出色，李鸿章、张之洞对其极为欣赏，并被皇室看中，先后被委以商务大臣、铁路督办大臣和邮传部大臣的重任，直接接管洋务派集团掌握的轮、电、煤、纺四大企业中的三大企业。他位高权重，在政界、商界、学界有诸多建树，可谓清末洋务派官僚中最大的工商业资本家，是中国封建地主阶级向官僚买办资产阶级转化的代表人物。

图 1 - 1　南洋公学创办人盛宣怀

　　作为洋务运动的代表人物之一，盛宣怀发现在与洋人的交涉过程中存在两个核心问题，一是语言不通导致沟通不畅，二是中国的科举制度培养的人才对于西洋的技术知之甚少，因此使得洋务运动的开展极为被动。他自己曾感慨道：“本大臣不谙文语，每逢办理交涉备尝艰苦。”于是，他提出了“自强首在储才，储才必先兴学”的主张，开始了对旧式书院进行改革的思考，上书朝廷后立即得到了清政府的支持。

　　1895~1896 年，在短短两年时间里，盛宣怀分别在天津和上海创办了北洋西学学堂和南洋公学，为近代中国高等教育奠定了基础。

　　1895 年 8 月，盛宣怀率先在天津创办北洋西学学堂，这便是中国近代高等教育史上最先开办的高等学府——北洋大学堂（见图 1 - 2）。

图 1 - 2　北洋大学堂

北洋大学堂创建后，由盛宣怀亲自任督办兼名誉校长，他以"科教救国，实业兴邦"为宗旨，以培养高级人才为办学目标，以近代的美国哈佛大学、耶鲁大学的教育模式为蓝本，进行专业设置，聘请美国教育家丁家立出任总教习。北洋大学堂先后聘请过 50 多位外国专家和教授，尤以美、日、英、法、德、俄学者任主课，教材也多采用外文原版。

延揽办学人才，盛宣怀的标准是"学术湛深，不求闻达"。同乡何嗣焜当时是一位三品衔官员，学有专长，颇有盛名，盛宣怀竭诚相邀。何先生在考察北洋大学堂时发现了其过于重视外语与技术的培养，在日常的教学中对中文疏于重视，他与盛宣怀先生商议后提出，应在上海创办一所学校。与北洋大学堂相比，尤其要加强中西结合办学思路，重视中国优秀文化的熏陶，以厚植学子根底。两所学校办学目的相同，只是这新办学校多附加了一个限制条件：要求学生熟悉汉语。

之所以加以限制，是因为何嗣焜认为，现代科学应当成为中国学生学习生活的组成部分，并通过教育将这种科学知识传授给能够用规范语言表达新思想的人们，让现代科学变成更为广泛的文化的真正组成部分。何嗣焜的理想目标是，学生既懂现代科学，又能运用规范的中文将其思想记录下来。因此，学生具备阅读和书写汉语的能力显得尤为重要。

盛宣怀听取何嗣焜的计划后，甚为感动，并擘画尽快形成南北呼应之势，遂奏请朝廷在上海设立了新的学校。1896 年 3 月，盛宣怀经奏准在上海设立南洋公学。之所以取名南洋是为了区别于北洋大学堂。南洋公学校舍设在今天上海徐家汇。学校一开始分为四院：师范院（师范学堂）、外院（后改为附属小学堂）、中院（中学，也称二等学堂）、上院（大学，也称头等学堂，见图 1 - 3）。尤其是"上院""中院""外院"校舍极具西洋建筑风格，大有文艺复兴时期的格调和韵味，在上海滩十分引人瞩目。大门榜书的"南洋公学"乃盛宣怀亲笔题写（见图 1 - 4），他是这所学校的创始人，并以朝廷重臣的身份任学校督办（学校最高负责人）。这便是名震四海、引领近代中国新学潮流的南洋公学。

南洋公学初建时，由于人们对新式教育不甚了解导致生源紧张，同时师资力量也相当薄弱，从事新式教育的师资也严重缺乏。为了缓解这

图1-3　南洋公学上院（大学）全貌

图1-4　最初的南洋公学校门（盛宣怀题写）

一困境，南洋公学决定先从举办师范教育和小学教育入手。1898年4月，盛宣怀奏呈《筹集商捐开办南洋公学折》，提出："海内识时务之俊杰，莫不以参用西制，兴学树人为先务之急……臣惟师道立，则善人多，故西国学堂必探源于师范；蒙养正则圣功始，故西国学程必植基于小学。"①

因此，南洋公学首先开办了师范院。1897年春季举行了一次考试，计划招收学生30人，条件是20~30岁并愿意用一半时间学习，一半时间教授年幼小学生者。这个班的成员称为师范生，他们边学边教，为中

———————

①　霍有光、顾利民：《南洋公学——交通大学年谱》，陕西人民出版社，2002，第8页。

国师范教育之始。当时录取的考生中有几个是举人，而其余的则几乎全是秀才。1896 年 4 月 8 日，南洋公学师范院首批 40 名学生正式开学，附设外院学堂（相当于今天的实验小学）则首批招生 120 名。同年颁布《南洋公学章程》，当时这些身着长袍马褂、服饰装束与私塾子弟无异的学生，接受的却是近代科学知识和 ABC 的洋文（见图 1 - 5）。

图 1 - 5　1898 年（光绪二十四年）春南洋公学全体师生合影

盛宣怀相邀何嗣焜担任南洋公学首任总理（见图 1 - 6）。何嗣焜在出任首席总理 4 年里，征地建房，制定章程，招考学生，开办课程，勾勒了这所宏伟学府的雏形，为公学的开创作出了卓越贡献。不幸的是，何嗣焜将全身心投入学府建设，日夜操劳，终因劳累过度，于 1901 年猝死于南洋公学办公桌前。何嗣焜的猝死让盛宣怀痛惜不已，幸运的是，他的办学理念早已融入这所学院，并由盛宣怀接棒继续。

图 1 - 6　何嗣焜　南洋公学首任总理

今天看来，盛宣怀是最早放眼看世界之人，他深谙"取法乎上"的道理，在南洋公学创办之初，延请多名美国学者。曾掌管汇文书院（金陵大学前身）的福开森（John. C. Ferguson）博士（见图1-7）任公学监院和西课总教习，并负责规划设计上院与中院等主要建筑。数年后又委派他赴欧美七国考察办学。学校将贯通中西作为培养目标，所开设的自然科学及外文课程，均由福开森所请外籍教师担纲。

图1-7 福开森 南洋公学首任监院、西课总教习

盛宣怀创办南洋公学有着远大的愿景，并提出了一整套全新的学制体系。从设立上院、中院、外院，即大学、中学、小学开始起步，循序渐进，逐步选拔，培养造就高级人才。首先开办师范院，从培养师资入手，师范院最初录取的40名学员，他们是南洋公学成立的根基。师范院学生入学后不久，又进行了几次入学考试，分别招收年龄较小的学生，根据这些学生的受教育程度分为三个班级。从师范班中选择一部分学员担任这三个初级班的汉语教师，而教现代学科的老师则用一半时间教师范生，一半时间教年幼的学生。以后逐步设立的特班、政治班、铁路班、商务班、东文学堂，相当于专科。这套完整而规范的学制体系使得南洋学子有别于传统的私塾体系培养出来的"八股"文人，成为熟悉"内政、外交、理财"三事的新型人才，可"为将来造就桢干大才之用"。

一 师范院

"师道立则善人多，故西国学堂必探源于师范。蒙养正则圣功始，故西国学程必植基于小学。"① 教师，是办教育的首要环节。南洋公学作为一代新式学堂诞生后，首先遇到的困难就是无师资。在当时科学风行之时，人们心目中的教育还是私塾——读经考八股，走科举仕途，得荣华

---

① 盛宣怀：《筹集商捐开办南洋公学折》，光绪二十四年（1898）。

富贵。心目中的教师还是私塾的老先生，是孔子圣位。对这样的分班集体上课，有秩序安排课程，上西文、西艺的事是十分新鲜而又无准备的。

盛宣怀在南洋公学创办之初便确立了办学的方向，即从师范班和小学教育开始。同时，由于是新式学堂，社会和各界人士对其本身与旧式学堂的不同所知甚浅，因此，一开始，公学便面临着师资和生源的双重短缺。为了能够让学校有一个坚实的基础，盛宣怀决定先开设师范院，一方面这类人才容易从现有的旧式教育中获得，另一方面，由于对他们的录取比较严格，通过对这些学员的教导可以使他们及时领会新式教育的真谛，并能够将所学传授给下一级的学生，目的是造就中学师资。

盛宣怀从外国的教育中认识到："师范、小学尤为学堂一事务中之先务。"于是，公学于 1897 年 2 月张榜招贤，举行了第一次公开招生考试，以"不取修缮""咨送出洋""择优奖赏""优予出身"等条件，向科举竞争人才，公开张榜招贤。因为不收钱，送出国，还给官做，一时间吸引了许多人。据说，通告发出后，全国各省前来应考的有数千人之多。他们中多数是愿舍去科举仕途的有志青年，其中很多是寒门子弟，也有一部分是不满科举的有志之士。经过不拘一格的严格挑选，第一次只录取了师范生 40 名，都是 20 至 30 岁的青年人，其中许多人已经是举人、廪贡生，确实百里挑一。当时，年仅 27 岁的沈心工也在这数千应征者之中。为了这次考试，他毅然放弃了上海约翰书院的教席职位，在经过严格考试和挑选后，从数千人中脱颖而出，成为这 40 名师范生中的一位。

1897 年 4 月 7 日（光绪二十三年三月六日），公学师范院借徐家汇一所民房正式开学了。这标志着我国教育史上第一所新式师范院的诞生。师范院学生的中文基础较好，但西文、西艺一点不懂。学校聘请了外国教师福开森、薛来西、勒劳尔、乐提摩等讲授外语、数理知识；中国教师有著名的翻译家李维格，数学教师陆之平，化学教师黄国英等。每天上五六节课，按钟点上下课；学生按程度高低分班；学的课程有英文、日文、德文、数学、物理、化学等；中文课程由学生自选，教师辅导。

至此，师范院宣告成立。成立之初，当时的总教习（教务长）张焕纶（见图 1 - 8）专为师范院作院歌《警醒歌》一首，并由师范生沈心工、张锡铭、姚立人同谱宫调，以鼓舞学员求学士气。歌曲鼓励青年在国家民族沉沦时立大志，刻苦攻读，为国家为民族挑大梁，自觉奋发，不做"碧眼奴"。歌词悲愤，旋律激昂。

图 1 - 8　张焕纶　南洋公学首任华课总教习，
南洋公学校歌《警醒歌》歌词作者

师范院总共办了 7 年（1897～1903），招收 72 名学生，为我国新式教育培养了许多优秀的教育家和实业家，如沈心工、陈懋治[①]等。1931 年，福开森在《南洋公学早期历史》一文中回忆说："在汉语教学中，我们废弃了八股文，而要求学生每周写作文。我们为师范生开设了历史、诗歌和作文等专门课程，就我所知，这个学院是开创本国语言和文字的现代教学体系的第一所院校。"[②]

二　外院

甲午战争之后，盛宣怀在给清政府的奏疏《请设学堂片》中谈到举办南洋公学的育人宗旨：一是要"植其本"，即学生以"德行为首，科西

[①]　陈懋治，字颂平，1897 年南洋公学师范院首届学生，自 1901～1903 年，任南洋公学附属小学（下院）第一任堂长（清朝时期称"堂长"，民国以后称"主事"）。
[②]　霍有光、顾利民：《南洋公学——交通大学年谱》，陕西人民出版社，2002，第 8 页。

学以修身为根本"；二是要"通其大"，即学生不但要娴熟外语，而且要虚心学习西方社会科学与自然科学知识，立足西学中用。为了供师范生边学边实践，同时也解决中学、大学学生生源，此后，又"复效日本师范院有附属小学之法，开办了外院（即小学），令师范生分班教之"①。

1897 年 10 月 15 日，在师范班建立后，外院作为"先务中的先务"也旋即筹建。所谓的外院，即是下辖于师范班的附属实验小学，是仿照日本师范学校有附属小学校的做法设置的。然而要冲破旧的教育制度，动员孩子上新式学堂是十分困难的。当时外院第一批学生招收 120 名，学生主要是 10 至 18 岁之间，受过一定私塾教育的青少年（见图 1－9）。学生年龄长幼不齐，学业深浅亦各异，给教学带来诸多不便。为此，公学根据他们中文、英文程度的高低，分成大、中、小 3 个大班，每班再分正、次两级，共计 6 班，从低到高依次递升。开设的课程主要是算术、地理、历史、图画、唱歌等。学校从这班师范生中挑选最优秀的学员作教师，自己编教材，自己译教科书，边学边教，从生活到学习全面负责，使这所小学办得颇有生气。慢慢地，学校名气在全国传开，也引来了许多优秀人才，如民族英雄蔡锷、民国时期的教育总长范静生就是在 1899 年考进公学外院读书的。据史料载：南洋公学外院招生，入学考试第五名为蔡艮寅，后改名蔡松坡、蔡锷；第六名为范静生，民国初期曾任教育总长。②

图 1－9 1897 年（光绪二十三年）外院师生合影

---

① 盛宣怀：《筹集商捐开办南洋公学折》，光绪二十四年（1898）。
② 霍有光、顾利民：《南洋公学——交通大学年谱》，陕西人民出版社，2002，第 10 页。

外院各方面管理严格，学生进校 2 个月后，学校根据学生中西功课月考和平时成绩，排定名次，奖惩分明，名列前茅者给予奖励，尚有长进者给予考据，不可教者予以开除。学生平时一律住校，遇到节假日，必须凭父母来信和学监认可才允许回家，而且当天下午 6 点前必须返校。在校期间，学生衣、食、住及学杂费都由学校供给。每班配有 1 名学监，由师范生兼任，学生上课、自习、用餐、就寝都有严格的管理。后据外院学生的回忆："这般学监都手执二尺许的竹片监视在学生左右，早有早巡，昼有昼巡，夜有夜巡，随时随地观察，见学生听讲不注意，读书不认真，都一一记下，下课时间罚面壁或打手心。夜间九点钟课毕，师范生就把他们押入卧室就寝，卧室中每夜有两名学监值宿，半夜里还要起来看学生被头是否盖好。"①

与师范院有院歌《警醒歌》一样，外院当时也谱写有一首院歌《四勉歌》，歌曲分为四章，以"和厚""肃静""勤奋""整洁"为内容。目的是以此歌辅助小学生养成良好的学习习惯。② 其内容集中体现了南洋公学重视素质教育或"植其本"的文化精神，它从四个方面勉励学生学会做人，时时注意陶冶德行，目的是使受教育者成为"志操坚卓，器识深稳"的"干事之材"。外院只开办了两年多，当学生全部升入中院后，外院即停办。

三 附属小学堂

1899 年（光绪二十五年），外院取消后，整个学院再次受困于生源问题，于是学校又决议成立附属小学堂（见图 1 - 10）。1901 年（光绪二十七年）2 月 1 日，南洋公学附属小学堂正式开学，招生 72 人，分高等、预备两班。对于录取人数，一种说法认为，学校原本计划招生 300 人，但由于学生素质参差不齐，无奈只招收了 72 人。一种说法则称，之所以选择 72 人，是有意效仿孔门"七十二圣贤"，希望这 72 人能够成为南洋公学精英，最终将南洋公学发扬光大。至于具体情形如何，显然已无关紧要，更重要的是它在历史中为我们留下了什么。

---

① 《旧南洋的旧话》，载《南洋大学学生生活》（1923 年 6 月），转引自《交通大学校史》，上海教育出版社，1986，第 28 页。
② 关于南洋公学早期的校歌，详见本章第三节。

图 1-10　南洋公学外院附属小学校舍

南洋公学附属小学堂对于中国近代音乐史而言，最大的贡献便是设立了唱歌课，并且采用简谱配歌词的这种首调唱名法来教授学生演唱，这在当时的中国近代学校音乐教育中乃首创之举。此后各个学校的附属小学争相效仿，并由此引发了后来的学堂乐歌的传播。

四　中院

南洋公学的中院成立于 1898 年（光绪二十四年），是南洋公学的主体部分，它是为设立上院而创立的（见图 1-11）。开始是从外院生中选拔 20 名学生，附在师范院内分班教授课程，学习期限不定，主要是为升

图 1-11　南洋公学中院全貌

入上院作预备。

1898 年 12 月，南洋公学师范院学生沈庆鸿（沈心工）为中院创作了《中院校歌》。

中院学生所学课程相当于今天的中学课程，中院尤其重视学生的外语水平，低年级学生所学课程主要包括英文、法文、日文、地理、算术。开始用中文本讲授，后改为英文本教授。高年级学生开设世界地理、理化、法制、经济等课程，要求全部课程一律用英文。

南洋公学中院每届毕业生均举行隆重毕业典礼，并发给中西文凭。1901 年（光绪二十七年），首届中院毕业的学生由于英文基础好，学业成绩优秀，大多数被派往英国、美国、日本、比利时等国留学。从 1897 年至 1906 年，公学学生出国留学的人数共 58 名，相当于当时中院毕业生和师范生的 1/2。①

总的来说，南洋公学开办的过程是与当时中国的近代化进程相伴随的。当时封建制度与新的生产力之间的不和谐，使得新旧矛盾异常突出。在外来文化的侵袭下，中国的思想界在重新审视自身传统文化的同时，也开始了对外来文化的认识与评估，中国文化内部也隐约萌发了变革的要求。作为整个中国文化重要组成部分的中国传统音乐文化，同样存在如何争取民族自觉性和与世界相融合的不可回避的问题。显然，在中国近代上演的这部传统与新颖、保守与开放相抗争、融合的历史大戏前，中国音乐对西洋音乐从惊奇、欣喜、担忧、压制直至最终的反思过程，预示着变革已势在必行。

第二节 进入南洋公学

沈心工出生于中华民族危难之际，在时代的洪流里，谁也无法独善其身。从鸦片战争到沈心工出生的 30 年间，上海是帝国主义侵略中国的桥头堡，帝国主义在此犯下了种种罪行。1894～1895 年的甲午战争，是鸦片战争以后对中国封建社会冲击最大的又一次战争，加深了中国半殖民地

① 上海交通大学档案第 508 卷。

的民族危机。国家兴亡，匹夫有责，任何一个热血青年都无法亲历自己的祖国遭受如此屈辱而无动于衷，沈心工关切国家民族的荣辱兴亡，这促使他立志新学，探求强国之道。

怀着忧国忧民的思想，沈心工投考了南洋公学，成为中国南洋公学师范院的首批学生。进入南洋公学，他摒弃旧文化的传统套路，接受西方自然科学和社会政治学说的洗礼，可以说，南洋公学的学习成为沈心工人生的一个重要转折。

他珍惜南洋公学的学习时光，如饥似渴勤奋学习，不断提高自身的文化修养。还将自己所推崇的理念在课堂实践中不断开展和实施，去教导他的学生。他参与编写了蒙学课本，开设了中国最早的乐歌课，还亲自担任修身课教员投入教学。在这过程中，南洋公学附属小学的教学规章和课程计划等，也在沈心工的参与帮助下逐步设置完善。可以说，沈心工是南洋公学初创时期当之无愧的奠基者之一，也是近代中国教育的发源者之一。

一 精勤求学

1870 年（同治九年）2 月 14 日，沈心工生于上海大东门生义弄怡庆堂，取名"沈庆鸿"，"心工"是他之后作歌、作曲时用的笔名，蕴含"穷心力而夺天工"之意。沈心工的家庭在清嘉庆、道光年间，是上海的一门望族，靠做"沙船生意"（帆船运输业）发家。曾设有"生义"商号，筑有"生义"码头，并有庞大的船队。但 1840 年后，由于帝国主义殖民势力的步步侵入，沈氏的帆船运输经不起外国轮船的竞争，很快衰落下来。沈心工出生的 1870 年，正是沈氏产业濒于崩溃的前夕。沈心工的曾祖父还在世时，沈氏的生意就已经不景气，沈心工的父亲沈悦杠，号一生（笙），曾劝沈心工的曾祖父将家产变卖一些以此偿债，余下再在家人中公平分配。但是沈心工的曾祖父并不同意，并决意将家族生意交给沈心工的父亲。沈父是个忠厚老实之人，仰承曾祖父之命，主持家政[①]，但落后的生产力又如何仅凭一人主观意志来力挽狂

---

① 沈洽：《学堂乐歌之父——沈心工之生平与作品》，台湾作曲家协会，1990。

澜呢？从殷实转为困顿已是不可改变之事实，沈悦杠一房承受了商号破产的最大经济压力，而这在沈心工幼小的心里，留下了极为痛楚的印象。①

1877 年（光绪三年）秋冬之际，沈氏一家一方面为了暂时避债，另一方面希望通过做官得以重兴家业，于是捐了"试用巡检"的官职，迁往湖南（之所以选择湖南，则是寄希望于当时在湖南任道台的陆增祥能予以提拔，陆增祥与沈氏一家颇有些渊源）。幼时的沈心工即随父母迁居湖南辰州高头伍家坪，在沈心工一家人要离开前往湖南时，还有一段颇为感人的场面。《沈心工自传》中记载："我母向诸位娘舅频频擦眼泪，声音特别变了。大哥、二哥向我父母磕头，立起身来，眼中含着泪一言不发。我父母安慰了兄弟两个几句话，又叮嘱了几句话，就此大家分手。"②这个画面是当时中国中下层家庭的一个剪影，浓缩了中国人在特定历史条件下生活的窘迫和凄苦。

迁居湖南，生活并未如想象中改善。1878 年春，沈心工之父在辰州的差使不足以接济全家，而陆增祥在官场也颇不得意，无奈之下，全家迁居长沙鲁班庙对门。1879 年，沈家生活依旧困顿，沈心工的父亲未能有差使，家庭收入微薄，生活拮据，遂再度举家搬迁落星田。幼年沈心工在此从邻居赵家所聘之湖南籍杨先生附读《孟子》、《诗经》，开始教育启蒙。1880 年，沈心工的长兄沈庆长先考了学台考（内容为作赋一篇和作诗一篇），然后正场考取了秀才第二名。他遵沈父命，也迁来长沙，沈心工从此改从大哥读书 10 年，受其大哥影响极深。1881 年，沈心工从父母之命，与父在湘结识之好友、候补县丞莫益梓（浙江人）之女莫雪梅定亲。1882 年春，随父母回乡，借居青浦蔡家泾赵屯桥刘家（先生外祖母家）大宅。当时刘家正在兴旺时期，但"蔡家泾离青浦城二十四里，离昆山城三十六里，离上海一百里，难得听见外面的新闻消息，不见一张申报"，所以先生与两个哥哥"唯有读书"③。1883 年，沈庆长夫人的娘舅潘镜波想为他的儿子潘叔彝请一位西席，经人推荐，沈庆长带着沈心工去

①　沈洽：《沈心工年谱》，《中央音乐学院学报》1987 年第 4 期。
②　沈洽：《学堂乐歌之父——沈心工之生平与作品》，台湾作曲家协会，1990，第 12 页。
③　沈洽：《沈心工年谱》，《中央音乐学院学报》1987 年第 4 期。

任教，因为来去不便，薪金也少，1 年后便辞去了这份教习工作。1884年，大哥庆长回家设馆教书，沈心工又从学 6 年。此时的沈心工多是在家自修，作文题目则由其长兄寄来，沈心工写好后再寄予其兄批改。正是因为沈庆长的谆谆教诲，1890 年（光绪十六年），沈心工中县考第七名、府考第一名；冬，又中秀才第二名。原本两兄弟情深，相互扶持，但谁也没料到，是年 6 月 22 日，沈庆长因为身体状况急转直下，回乡疗养身体，不久竟溘然长逝。悲痛之余，沈心工接过兄长教席，代替前往上海货捐局总办翁子文家开馆授课。①

1891 年农历七、八月间，沈心工赶赴南京参加乡试。1892 年，农历正月，沈心工赴湖南茶陵州视渡口探望父亲；农历八月二十六日到辰州莫家完婚；农历八月二十九日，沈心工的父亲病故于长沙理向街鸿发客栈，沈心工为因自己婚事操办得迟缓未能尽人子最后一份孝道而感到万分悔恨和悲伤。11 月底，沈心工雇人操办了红布棺套和灵柩的相关事宜，搬运父亲的灵柩回上海。农历十二月三十日（除夕），沈心工带着父亲的灵柩回到青浦，整座城市都沉浸在新年的喜庆中，但他的兄长走了，父亲也走了，年味里夹杂着悲痛与苦涩。②

1893 年，沈心工的工作发生些许波折，先前因处理家务返乡，请刘仲甫代为教习，但因其时常外出，教书不认真，翁子文家很是不悦，不久便收回教课场地，不再授予使用，沈心工为此感到十分无奈。之后，沈心工到上海马仲欣家教书，在此期间，沈心工与梅溪书院创办人张逸槎姑丈之子张益三过从甚密，曾一同拜访过格致书院"笔算"课教习英人傅兰雅（John Frayer）先生，听他的"笔算"课。沈心工自述："后来研究西学，是从那时下的种子。"③农历九、十月间，莫雪梅归自辰州，夫妻团聚，居青浦城里。1894 年（光绪二十年），甲午战争爆发，马仲欣因为战争原因死去，沈心工设馆课徒生涯从此停止。1895 年，沈心工承约翰书院金伯陶推荐，入"约翰书院"教三班、四班"中国书"。教书期间，沈心工这样形容自己的经历："学生大半不怕先生——不怕教中国书的先

---

① 沈洽：《学堂乐歌之父——沈心工之生平与作品》，台湾作曲家协会，1990，第 20 页。
② 沈洽：《学堂乐歌之父——沈心工之生平与作品》，台湾作曲家协会，1990，第 25 页。
③ 沈洽：《学堂乐歌之父——沈心工之生平与作品》，台湾作曲家协会，1990，第 26 页。

生——非常难教。后来我收服了几个倔强的学生，就不难教了。"① 由此可见，沈心工在教书方面确实有自己一套思路和方法。1896 年，沈心工在约翰书院边教中学，边学西学；后来又跟随朱葆元牧师学习英语，并向陶暇卿先生学唱昆曲。

二 凭借优异成绩脱颖而出

1897 年，一个消息让尚在约翰书院教书的沈心工感到兴奋——上海新开办的南洋公学即将招生啦！据说当时南洋公学"师范生的待遇很好，每月薪水，起码有银六两，又可自己读书，有先生教西文、西学"②。沈心工素来对新学有着极大向往，对现代科学文化又十分憧憬，南洋公学的条件也十分符合沈心工的要求，当下就决定报考。2 月，南洋公学师范院举行第一次招生考试，以"不取修缮""咨送出洋""择优奖赏""优予出身"③ 等条件，与科举竞争人才，公开张榜招贤。通告发出后，全国各省数千人纷纷前来应征，他们中多数是愿舍去科举仕途的有志青年。毅然放弃约翰书院教席职位、27 岁的沈心工也成为数千人中应征者之一。经过严格考试和挑选，公学第一次择优录取了包括沈心工在内的 40 名师范生。沈心工将约翰书院的教书事宜转交在家赋闲的二哥来接手，自己则全身心投入南洋公学师范院的学习中去。

4 月 8 日，师范学堂开学，沈心工手执白色木质印制的南洋公学师范学堂试业证，成为公学首批师范院学生（见图 1 - 12）。"南洋公学师范学堂试业证"转载其样式："今查投考师范生沈庆鸿，系江苏省松江府上海县文生，历试两场，已合第一层课格'学有门径，材堪造就'两项，应先给予试业据，准其入堂试业，俟试满一月换给第一层实据，即作为师范生，如试满二月尚未换据者，听令回家再候传考、续补，须知据者。"④

就这样，沈心工正式开始他在南洋公学的求学岁月，他选择了西

---

① 沈洽：《学堂乐歌之父——沈心工之生平与作品》，台湾作曲家协会，1990，第 26 页。
② 沈洽：《学堂乐歌之父——沈心工之生平与作品》，台湾作曲家协会，1990。
③ 李新：《中华民国史》，载《爱国青年〈教育界之风潮〉》，1902。
④ 《南洋旬刊》（第 2 卷）1926 年第 2 期。

图 1 – 12   就读于南洋公学师范院的沈心工（左一）

学，以习数学（主修）、英文、物理为主，中文选修《文献通考》。师范院有极为严格的"五格"培养制，具体操作是：合第一层格者换成蓝据；合第二层格者换成绿据；合第三层格者换成黄据；合第四层格者换成紫据；合第五层格者换成红据。执红据者准予充当教习。2 个月后的第一次考试，沈心工与陈懋治等 14 名同学获得第一层实据（蓝色）。同年秋，作为优秀学生，沈心工被选拔兼任外院（小学）、中院教师。他们一半时间用来学习师范院的课程，一半时间用来教年幼的外院学童；还有学习数月就被挑选出洋深造者，如章宗祥、雷奋等。在师范院学习的过程中，他组织师范院其他同学一起，为南洋公学师范院总教习张焕纶亲自作词的《警醒歌》，谱写宫调音乐，并使之成为师范院院歌。

第三节   创作《警醒歌》《四勉歌》《中院院歌》

天津北洋大学堂与上海南洋公学两所中国人自办新式学堂的问世，掀开了中国近代高等教育的第一页。校歌、校训、校徽通常代表一个学校的办学理念与培养目标，是一个学校长期发展过程中所形成的独特精神符号，高度浓缩了学校某一个历史阶段整体发展的印迹，而一所学校必须拥有可以代表其文化特征的校歌。作为南洋公学首届师范院的学生，沈心工参与和创作了南洋师范院的院歌《警醒歌》、外院的《四勉歌》和《中院院歌》。这些校歌堪称中国高等学校历史上最早的校歌。校歌体现了当时的办学理念和严谨治学的精神，体现了沈心工对中国教育事业的无限期望和深沉的爱国主义热情，值得我们学习和研究。

一 《警醒歌》

1897 年 3 月，也就是南洋公学成立的第二年，南洋公学师范院总教习张焕纶亲自作词，为师范院作院歌《警醒歌》① 一首。这便是中国近代史上创办高等学校初期最早的校歌，它具有开校歌风气之先的历史地位，而这首当时代表师范院独特文化特征的校歌，对交通大学的办学产生了深远的影响。

《警醒歌》是所属师范院院歌，歌曲雄浑激昂，回肠荡气，浓缩了公学创立时国内外政治形势和办学思想，意在唤醒青年的自尊心与爱国心，表达了当时师范院师生的豪情壮志，激励师范生刻苦奋发学习，将来为国为民干一番事业。全歌共分四段。

> 第一段："警、警、警，黑种奴，红种烬，黄种酣眠鼾未竟。毋依冰作山，勿饮鸩如酡，焚屋漏舟乐未央，八百兆人，瞥眼同一阱，醒、醒、醒。"

第一段有注云："言黄种之可危，庶几惧而思奋也。"只有看清被奴役灭种的危机，才能感到前景可怕而思发奋。首段以校歌形式呼唤国人警醒，揭示西方殖民地化的厄运已经使非洲黑人流落他乡沦为奴隶，红种印第安人惨遭灭绝，而我中华黄种人还仍旧酣睡未醒。甲午战争后，帝国主义国家掀起瓜分中国的狂潮，列强纷纷划分所谓"势力范围"。中国已经沦为半殖民地半封建社会，中国面临亡国灭种的危机。鉴于此，作者惊呼沦为殖民地国家的 8 亿炎黄子孙，不可把冰山当靠山，不能将毒酒作甜醴，告诫人们，冰山终有被融化的那一天，鸩酒总有发作的那一刻，中华子民需要高度警觉，不可掉入帝国主力诱捕猎物的陷阱中。这是对公学师

---

① 张焕纶、沈庆鸿、姚立人：《警醒歌》，《南洋旬刊》（第 1 卷），1925。

生的警钟，也是唱给国人的一首振聋发聩的清醒曲。

　　第二段："警、警、警，胚羲轩，乳孔孟，神明摇落今何剩？碧
眼红髯，仿佛流风韵；不耻为之奴，转耻相师证，漫漫万古如长暝。
醒、醒、醒。"

　　第二段有注云："言愚柔之可耻，庶几愧而思奋也。"只有认清愚昧
懦弱是可耻的，才能知惭愧而奋发。首句惊呼伏羲、轩辕、孔孟为代表的
中华文明之精神，已摇落飘零，所剩无几。"碧眼红髯，仿佛流风韵"的
洋人却在我国领土上横冲直撞，趾高气扬，任意践踏我民众。可悲的是有
些人不以做奴隶为耻，低声下气甘为奴婢，反而对学习外国的先进科学技
术、师夷之长技嗤之以鼻，好像熟睡万年之久的人，虽一时清醒，但终究
还是混混沌沌。愚昧无知、温顺为奴是可耻的，不知惭愧也是可耻的。提
醒人们，知耻近乎勇，只有尽快认清自身的不足，奋发学习别人的长处才
算真正的勇者。

　　第三段："警、警、警，野吞声，朝饮恨，百年养士期何称。毋
谓莪莪躬，只手擎天臂一振；毋谓莪莪童，桃李成荫眼一瞬，自觉觉
人，不任将谁任？醒、醒、醒。"

　　第三段有注云："言责任之不可贷，庶几勤学勤诲也。"炎黄子孙只
有认清国家兴亡匹夫有责的道理，才能勤奋学习、勤奋育人，早日成才报
效祖国。"野吞声，朝饮恨"，用朝野二字勾勒出光绪二十三年清政府内
外怨声载道的社会现状。作者在校歌中要化吞声饮恨为动力，以办学兴教
为己任，呼吁民众不要小看个人力量的渺小，只要人人参与，只手振臂可
以擎天；不可轻视下一代的教育，只要立志办学，转眼间桃李便能成荫。
要启发南洋学子之智慧，号召他们开启民众之荣光。此段唱出了南洋公学
以培养人才为己任的雄心壮志，为警醒和振兴国民教育敢为天下先的远大
抱负和理想。

　　第四段："警、警、警，水东流，日西轫（同仞，一仞八尺），
朱颜弹指成霜鬓。策驽马，追八骏，九逵（道路）之衢苦不迅。刿

（况且）乃縋（拴绳从高处放下）藤凿迁径，玩物愒（怠废）时，买椟珠谁问？醒、醒、醒。"

第四段有注云："言韶光之不可再，庶几急所当务，弗惊岐（同歧）途也。"只有认清光阴不可倒流，选准方向，才能抓紧当务之急，不致迷入歧途。"水东流，日西轫"典出《明日歌》："朝看水东流，暮看日西坠，百年明日能几何？"意在告诫南洋学生应珍惜当前大好时光，莫要虚度年华。"朱颜弹指成霜鬓"，叹人生若白驹之过隙，岁月如流，此可谓一警。"策驽马，追八骏，九逵之衢苦不迅"，"八骏"是指周穆王的八匹名马。《穆天子传》卷一："天子之骏，赤骥、盗骊、白义、逾轮、山子、渠黄、华骝、绿耳。"郭璞注："八骏，皆因其毛色以为名号耳。"或兼指八国列强，"庚子之役"肇于英、美、法、德、意、日、俄、奥等组成侵华联军。目的是号召学生认清形势，昭示国耻，勿忘"落后就要挨打"这一深刻的历史教训，务必策马直追。可是"九逵之衢苦不迅"，苦于道路纵横交错，不知如何是好，应选什么样的道路此可谓二警。"縋藤"指用绳藤拴人从高处放低，"迁径"是逐渐爬升的道路。正当志士仁人在悬崖上开凿攀登高峰的大道时，遗憾的是有些人迷恋西方器物而耽误追赶西方的宝贵时间。"买椟珠谁问"典出"买椟还珠"，这是对只顾引进西方器物，而把制造这些器物的科学技术又奉还西方行为的猛烈抨击。世人轻珠重椟，还西方科技之珠此可谓三警。醒、醒、醒！不为纵横交错的路所迷惑，虚心学习西方科学技术是"策驽马，追八骏"的快捷途径。[①]

南洋公学是民族危难的产物。《警醒歌》歌词先声夺人，令人振奋，字里行间蕴含着忧国忧民的真挚情感。从成立南洋公学的那天起，南洋学子就高唱《警醒歌》，于民族危难之际接受新知，将学校的使命与国家民族的振兴紧紧连在一起。据载，《警醒歌》诞生以后，当年师范院师生每逢初一、十五，便由校长率领全体师范生沐浴后戴上大帽子，穿上大袖子对襟的天青马褂，内穿长袍，脚穿尖头靴的礼服，集体进行祭孔典礼。每

---

① 霍有光：《重温警醒歌》，《校友之声》1998 年第 1 期。

当礼毕时，大家必唱《警醒歌》，激愤豪迈的词曲，振聋发聩，催人奋进，而每当吟唱时师生声泪俱下，激动万分，充满了强烈的民族自尊心和爱国情怀。

1995年4月，为庆祝西安交通大学建校100周年，学校开始征集新校歌。时任西安交通大学档案馆馆长、博士生导师霍有光教授对此有极大热情。霍教授认为：师范院院歌以"警醒"为题，深刻表达了振兴科学、拯救中华民族于水火的办学思想，培养人才，追八骏，策鞭急赶世界先进水平；警、醒两字同韵，作为校歌题目切合时代背景而构思精妙；每段以"警"起头，用"醒"结尾，反复吟唱，撼人心灵。时过境迁，我们的国家已发生翻天覆地的变化，从警醒时代跨入四个现代化建设的宏伟时期，学校也应考虑新的时代该如何腾飞，腾飞有航、翔之意，航翔两字同韵。霍教授依此试模仿改编作《警醒歌》，并在当时《西安交大》校刊上发表《重温〈警醒歌〉，试拟〈航翔歌〉》一文，亦有抛砖引玉之意。《航翔歌》歌词分为三段如下：

航、航、航，/追风雨，思南洋，/我们把历史巡访。/为神州警醒，/东南创大厦，/西北播芬芳。/科学与齿轮①，/精神代代扬。/翔、翔、翔。

航、航、航，/汉唐苑，遍楼房，/我们把现实巡访。/万人大学校，/科教竞腾骧，/发奋追西方。/血融黄河水，/艰苦铸辉煌。/翔、翔、翔。

航、航、航，/九万里，扶摇上，/我们把未来巡访。/搏击21世纪，/师生斗志昂，/宏图作大纲。/科教兴华夏，/世界称脊梁。/翔、翔、翔。②

二 《四勉歌》

1897年10月，南洋公学外院发布了自己的一首校歌，这首校歌正是

---

① 科学与齿轮，指交通大学"饮水思源"标记。
② 霍有光：《重温南洋公学校歌——〈警醒歌〉》，http：38.206.125.28/？p＝3924。

当时在师范院的学生沈心工专门为南洋公学外院（小学）学生谱写的《四勉歌》。[①] 但遗憾的是歌词本已失传，后由沈心工回忆默写而得。《四勉歌》经校友柴骈陆整理刊登在 1925 年 11 月出版的《南洋旬刊》第 1 卷第 3 期上（见图 1－13）。在他看来，如果《警醒歌》被人们公认为南洋公学的校歌的话，那么《四勉歌》则具有南洋公学校训的意味。这两首歌至今依然熠熠生辉。

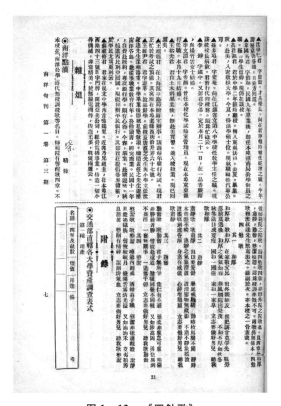

图 1－13 《四勉歌》

《四勉歌》分为"和厚，肃静，勤奋，整洁"四章。是沈心工针对南洋公学小学生而谱写，其内容集中体现了南洋公学重视素质教育或"植其本"的文化精神，它从四个方面勉励学生时时注意陶冶德行，目的是使受教育者成为"志操坚卓，器识深稳"的"干事之材"。此校歌辅助养

---

① 柴骈陆：《四勉歌》，《南洋旬刊》（第 1 卷）1925 年第 3 期。

成教育，在风气未开的情况下起到了重要作用。

《四勉歌》歌词全文如下。

第一章：和厚。

"和厚歌，歌和厚。在家敬父兄，出外亲师友。推肥让甘莫争先，服劳忍屈莫退后。和厚之气气如春，春风触处出荣茂。不和不厚如秋冬，秋冬满目成荒瘦。国和一国强，家和一家阜。立志要做好男儿，听我歌和厚。"

第二章：肃静。

"肃静歌，歌肃静。出口要安舒，举足戒驰骋。动时枚马声不闻，静时木鸡眼不瞬。肃静之气像澄波，波澄鉴物无藏影。不肃不静像摇波，波摇顷刻成昏浑。身肃有威仪，心静增聪颖。立志要做好男儿，听我歌肃静。"

第三章：勤奋。

"勤奋歌，歌勤奋。君子无所争，当仁有不逊。愚柔非虑怠可虑，明强非胜勤者胜。譬彼赴远道，驭骥同发不同轫。又如徒高冈，勇怯异到不异径。一奋无难事，一退落千仞。立志要做好男儿，听我歌勤奋。"

第四章：整洁

"整洁歌，歌整洁。唾涕内则戒，洒扫弟子职。整洁非徒肃观瞻，洁净且能却秽疾。譬彼皎皎月，拨开云雾清光溢。又如油油禾，芟夷稂莠良苗茁。整则有精神，洁则清气血。立志要做好男儿，听我歌整洁。"

第一章：要求做人要"和厚"。所谓"和"，指和睦，融合，适中。《论语·学而》："礼之用，和为贵。"所谓"厚"，指敦厚，厚道。《论语·学而》："慎终追远，民德归厚矣。"立志要做好男儿，就是以修身齐家治国平天下的思想为要旨，家庭交往要孝敬长辈，社会交往要亲师爱友，崇尚伦理道德。待人接物令人如沐春风，谦虚礼让，先人后己，吃苦耐劳，忍辱负重，遇到困难绝不后退。好男儿应牢记家庭和睦则家兴、民族团结则国强的道理，为全社会形成和厚之风起到带头作用。

第二章：要求做人要"肃静"。"肃"，指仪态要庄重，严肃；"静"，指处世要安静、冷静，精神贯注。"枚马"，语出《文心雕龙·诠赋》，它将汉代大辞赋家枚乘、司马相如并称"枚马"。"动时枚马声不闻"，比喻做事专心致志，能排除任何干扰，即便枚乘、司马相如在眼前高谈阔论也声不入耳。"木鸡"，语出《庄子·达生》，意为修身养性达到木鸡境界，是一种德行。"静时木鸡眼不瞬"，比喻人修养深厚，像木鸡一样处变不惊，镇定自若。白居易《礼部试策》之三云："事有躁而失、静而得者，故木鸡胜焉。"立志要做好男儿，就是说话要舒缓和气，举止戒急躁冒失，做人有威仪，冷静增智慧，身肃心静，眼亮心明，洞察秋毫，昏浑不蔽，事求可，功求成。

第三章：要求做人要"勤奋"。所谓"勤"，指做事要尽心尽力。《尚书·周官》："功崇惟志，业广惟勤。"韩愈《进学解》："业精于勤荒于嬉"；所谓"奋"，指要奋斗、奋争、奋飞。立志要做好男儿，就是勤奋不止，勇攀高峰。君子与世无争，若能为社会多做好事，则绝不谦让。人愚笨优柔并不可怕，可怕的是懒惰松懈，不求上进；人依仗精明强健难以取胜，唯有勤奋才能取胜。

第四章：要求做人要"整洁"。歌整洁，指做人要爱好清洁、干净，讲究环境卫生与个人卫生。立志要做好男儿，就是做人要有良好的精神面貌，养成健康文明的生活习惯，树立环境卫生与社会公德意识。保持衣冠整洁，不随地吐痰，自觉维护环境卫生，以洁净去秽疾。要洁身自好，除莠扶良，弘扬正气，反对违背社会公德的歪风邪气。

《四勉歌》以"和厚，肃静，勤奋，整洁"为题，宣传了"立志要做好男儿"、成为对国家对社会有用之人应该具备的基本思想品德与行为规范，确实包含着校训之旨意。它言简意赅，是非鲜明，便于理解与记忆，自勉并修行。虽然《四勉歌》距今已有100多年历史了，但它强调以德育为根本的思想，以及关于学生做人的一些基本要求，对于我们当前加强素质教育，弘扬中国优秀传统文化，建设社会主义精神文明，仍然有积极的借鉴意义。

三 《中院院歌》

1898年12月沈心工又为南洋公学中院创作院歌一首。歌词是：

佳气分葱茏，春风光座中；吾曹自到此，学业修普通。自初级以至六级，三年忽一终。学问本无限，毕业研究未易穷！比如登高山，须到喜马第一峰；又如赴远道，须游地球遍西东。吾同学——有志少年，一得毋自封！须努力奋斗，为国为校争光荣，巍巍乎，光阴如箭，一去不再逢。今日桃李花，他年翠柏与苍松。①

院歌首句"佳气分葱茏，春风光座中"是引用苏轼的诗句"霍山佳气绕葱茏，势压循州第一峰"中的佳气葱茏一词。霍山位于今广东龙川县境内，有"天下丹霞第二山"之美誉。当年苏东坡被贬惠州时，漫游至此。一场细雨过后，草木葱茏，山峰俊美，雾气升腾，诗人有感而发，写下了形容山气朦胧、融为一体的优美诗句。而沈心工选取此句为开篇第一句，其目的在于阐述中院重要性，激发学生的自豪感与爱校之情。他拿霍山比作南洋公学，又用佳气代指南洋中院，意指南洋中院与南洋公学恰如云雾环绕霍山，缺一不可。霍山无云，则灵气渐无，而南洋公学没有了中院，则失去了生源，丢失了办学基础。因此，学生们只有在此努力发奋学习知识，争取早日升入南洋公学，成为国之栋梁，才能为国为民作出贡献。

而在后一句，作者又用"吾曹自到此，学业修普通"这样通俗的语句告诫学生：你们到此，并非为了一时之功名，一世之利禄，而是为了成为一名真正为国效力的普通工作者，实心实力发挥作用。前句极尽优美，意在使学生对于学校的自豪感犹如名言美句一般留存心中，而后句朴实无华，目的在于以最朴实的方式使学生将全心全意为国为民的理念永记心间。对比前后两句，无不体现作者的谆谆教诲之心，可谓用心良苦。

接下来两句"自初级以至六级，三年忽一终。学问本无限，毕业研究未易穷！"前句是以通俗易懂的语言描绘了南洋中院的学制，即入学学生须在三年间完成六级课程，平均每半年一级。学业可谓繁重矣。这也正体现了南洋公学中院培养优秀人才的决心。后句则是勉励学

---

① 上海交通大学校史编纂委员会编《上海交通大学纪事 1896~2005》（上卷），上海交通大学出版社，2006，第12页。

生须以"学无止境"为目标，活到老，学到老，为国家建设储备更多的知识。

后两句"比如登高山，须到喜马第一峰；又如赴远道，须游地球遍西东"则恰如我国唐代著名诗人、哲学家韩愈的一句治学名联："书山有路勤为径，学海无涯苦作舟。"韩愈的这句话意在告诉人们，在读书、学习的道路上，没有捷径可走，没有顺风船可驶，想要在广博的书山学海中汲取更多更广的知识，"勤奋"和"潜心"即是两个必不可少的路径。沈心工以此勉励学生用心读书，早日成材，同时也告诫学生世界之大无奇不有，切不可妄自尊大，目中无人。

而接下来的两句："吾同学——有志少年，一得毋自封！须努力奋斗，为国为校争光荣，巍巍乎，光阴如箭，一去不再逢。"作者先是以南洋公学校友的身份告诫他的后辈们：从你们进入南洋中院的那天起，你们就成为以国家和民族复兴为己任的有志青年，切不可故步自封，取得一点成绩后便不思进取。须谨记谦受益、满招损是亘古不变之真理。作者进入南洋公学之前，曾经历过中国古代科举取士的十年寒窗，他深知过去所谓的读书人是怎样为了应付科举而夜以继日地研习毫无实际价值的八股文；是怎样入仕之后道貌岸然，弃孔孟如草芥；是怎样不思进取，一心只为名利。因此，他为这些学生能够进入南洋公学中院学习西方先进知识而欣慰，但又担心他们将来会成为国家的附木之蛆，蹉跎一生只追求功名利禄。

全曲的最后一句"今日桃李花，他年翠柏与苍松"，则可以认为是作者对于南洋中院的美好憧憬。他希望今后的南洋中院学生可以从欣欣向荣的桃李芬芳之树，成长为茁壮的栋梁之材，面向世界，走向未来。

第四节　润物无声的师者

晚清之际，论教育已经成为一种风气。正如梁启超所说："无论新旧中人，莫不以教育为救国之要图。"[1] 1898 年（光绪二十四年）12 月，康

---

[1]　《梁任公莅教育部演词》，《东方杂志》第 14 卷第 3 号，1917。

有为向光绪皇帝上《请开学校折》，建议清政府设立学部，统一管理全国教育。主张效法欧美，每乡皆设立小学，7 岁以上的儿童必须接受为期 8 年的国民教育，学习文史、算数、物理、乐歌各科。这是我国第一次提出在新式学校设立"乐歌"课程。但随着"戊戌变法"的失败，乐歌课和新式教育的设想也一并遭到严重挫败，不过要求社会改革、学习新学的历史潮流不可阻挡。①

1898 年 6 月 12 日，盛宣怀向清政府呈奏"筹集商捐开办南洋公学情形折"，奏折中写道："师范、小学尤为学堂一事先务之先务……师道立则善人多，故西国学堂必探源师范。蒙养正则圣功始，故西国学程必植基于小学。"1899 年（光绪二十五年）师范班实行中西文上课，洋教习勒芬迳薛为沈心工他们师范班授课。冬季，外院学生全部升入中院，外院停办。1900 年（光绪二十六年）春，何嗣焜建议创办蒙养院（相当附属小学），蒙养院分为高等班和补习班两级，附属于师范院，以便为中院提供生源。

沈心工是蒙学院筹办人之一，与其一起筹办的还有陈懋治等师范班同学，包括沈心工在内的师范院学生为小学教习。② 1901 年（光绪二十七年）2 月 1 日，蒙学院改为南洋公学附属高等小学堂正式开学，陈懋治为主任，吴稚晖③为代主任，招收学生 72 名，分高等、预备两班，在校老师共 6 名。④

沈心工不但是我国近代音乐教育的先驱者和开拓者之一，更为我国师范教育和小学教育作出了杰出贡献。自他 1897 年进入南洋公学师范院学习，到外院实习，最后到附属小学做教师直至做校长，到 1927 年退休，他将自己一生中最宝贵的 30 年年华献给了交通大学附属小学教育事业。

---

① 俞玉滋：《"一棹艰辛赴上游"——纪念近代启蒙音乐家沈心工诞生 120 周年》，《中央音乐学院学报》1990 年第 4 期。
② 霍有光、顾利民：《南洋公学——交通大学年谱》，陕西人民出版社，2002，第 13、14 页。
③ 吴稚晖（1865～1953），字脁，南洋公学师范院第二届学生（1898 年），曾任南洋公学教员，教育家，书法家，1927 年任国民党中央监察委员。
④ 上海交通大学校史编纂委员会编《上海交通大学纪事 1896～2005》（上卷），上海交通大学出版社，2006，第 23 页。

一 参与编制《蒙学课本》

教材是学校教学内容的主要载体与实施教学的主要蓝本。以沈心工为主的师范生在给外院学生进行教学时，遇到两方面的困难：一是用翻译的外国中小学教科书对外院学生进行教学，许多内容并不适用；二是他们手中没有中国式的中小学教科书，无法满足外院学生学习的需求。在这种背景下，学堂萌生了自编教科书的大胆设想，于是他们开始尝试自编教科书，以适应新型学堂教学之需要，以沈心工为主的首届南洋公学师范生做了有益的探索。

在编写《蒙学课本》前，沈心工与南洋公学师范生陈懋治、杜嗣程、朱树人一起先拟定了编写大意，如《蒙学课本初编编辑大意（1897）》《蒙学课本二编编辑大意（1897）》等等。脉络清晰、层次分明的编写大意为撰写优质教科书提供了重要保障。他们提出了《蒙学课本》初编的编辑原则，如：教材内容的编排要"陵节躐等，古有明戒"，要"专取习见闻之事物，演以通俗文字，要使童子由已知达未知而已"。很显然，他们十分强调教科书内容编排的条理性，"苦无条理，随意掇拾，必伤芜杂"[①]。

1897年10月15日，沈心工与师范生同学陈懋治、杜嗣程、朱树人一起，为外院（小学）学生自编《蒙学课本》[②]（见图1-14）三编，这是我国近代第一部体现新教学思想的教科书。外院附属小学均以《蒙学课本》为国学教本。[③] 这套教材共130课，分故事60课，名物识字30课，浅说锁记30课，通用便函10课。包含了地理、物候、山川风貌、四季景色、植物、瓜果等常识内容，并蕴含热爱自然、尊重劳动等积极向上的精神。

《蒙学课本》的内容非常丰富，课本内容涉及广泛，除以儒家思想及

---

① 陈学恂：《中国近代教育史教学参考资料（上册）》，人民教育出版社，1986，第659～661页。

② 霍有光、顾利民：《南洋公学——交通大学年谱》，陕西人民出版社，2002，第5页。

③ 《交通大学四十周年纪念刊——"本校四十年来之重要变迁"》，上海商务印书馆，1936，第41页。

图 1–14 沈心工、陈懋治、杜嗣程、朱树人等编《蒙学课本》

其行为规范进行修身教育外，着重传授自然科学知识；编写形式上亦符合学生心理特点，文字通俗易懂，朗朗上口。全套教材 130 课，均将生字、生词逐一列出，字、词、句、篇之间，形成有机联系。语言浅显，便于初学者诵读、理解、记忆，起到了识字、阅读、习作和示范的综合作用。

我们从今天的教育研究发展来看，沈心工等南洋公学师范院同学一起编写的《蒙学课本》，对于中国教科书的现代化进程具有重要的历史地位和意义，其作为教科书曾被多次印刷使用（见图 1–15）。我国著名的教育家和教育史专家陈景磐、顾明远曾评价，《蒙学课本》是"中国人自编小学教科书的开端"①"近代我国最早编写的小学语文教科书"②。

首先，南洋公学的《蒙学课本》具有时代的独创性。1897 年之前，中国还没有自己的新式教科书，当时西方教科书是伴随着奴化教育引入的。南洋公学的《蒙学课本》是国人自编教科书之始，在当时堪称新旧两种教育体制更迭时期的产物。虽然教科书的体例、形式以及内容多有借鉴西方教科书之处，但其编写内容上并没有完全生搬硬套，而是结合中国儿童的生活习惯和文化背景进行编写，字里行间体现了强烈的时代特征和鲜明的中国特色。例如，它的第一编第一课："燕雀鸡鹅之属曰禽，牛羊犬豕之属曰兽。禽善飞，兽善走，禽有二翼故善飞，兽有四足故善走"。第二编第一课为《四季及二分二至说》。每课皆有主题，内容通俗易通，

---

① 陈景磐：《中国近代教育史》，人民教育出版社，1979，第 176 页。
② 顾明远：《教育大辞典》（第 2 卷），上海教育出版社，1990，第 312 页。

图 1 - 15　1903 年南洋公学第四次印刷的《新蒙学课本》

极易上口。教科书寓知识于娱乐之中，内容始终坚持培养学生积极向上、热爱自然、关爱社会、乐观进取的人生态度，学生在快乐的学习过程中，了解了世界，接触了科学。

其次，南洋公学的《蒙学课本》开启了中国近代教科书现代化的进程。《蒙学课本》出版，在全国率先做了大胆的尝试，起到了自编教科书的示范作用。《蒙学课本》吸收了当时西方教科书中诸多优点，为以后教科书的编写提供了大量可以借鉴的经验并指明了方向。自南洋公学推出自编小学教科书《蒙学课本》三编后，其他学堂纷纷效法，其中较有影响的有无锡三等公学堂、上海澄衷蒙学堂、京师大学堂等。中国知识分子自此开始了自己编写新式教科书的历史，标志着我国教科书朝着现代化和大众化方向迈出了极具意义的一步。如 1898 年江南制造总局印行、谢家木所编《算学》三种；1893 年王亨统编纂的《地理问答》，后经楚书局改订出版；同年周保璋还著有《童蒙记诵》；汇文书院李德安编著的《地势略解》等，都是受到《蒙学课本》的影响而进行的积极尝试。1903 年，张元济①接任商务印书馆编译局所长之职，他总结《蒙学课本》以及其他几种教科书的优缺点，聘请富有教学经验

① 张元济（1867～1959），字菊生，原籍浙江海盐，出版家，1901 年春任南洋公学总理，后投资商务印书馆，1903 年任该馆编译所所长。

的专家执笔，于 1904～1908 年出版了全套 10 册《最新国文教材》，获得极大成功，《蒙学课本》独领风骚的局面才最终被打破。

除《蒙学课本》外，沈心工还与师范院陈懋治等人一起为中院（中学）学生编写了《笔算教科书》《本国初中地理教科书》《物算教科书》等教材。这些教材图文并茂，文字通俗流畅，深受各新式学堂的欢迎，是我国首次自编印刷的中、小学新式教材，为师范院的成功教育奠定了基础。

由此可见，每天轮流为附属小学上课 2 小时的授课经历，使得他们在中小学教科书编撰过程中，能够遵循学生身心发展规律，并对人类近代精神文明成果诸方面做了积极有益的探索。他们不是直接采用"拿来主义"，将西方教科书及西方的编撰经验拿来照搬使用，而是将自己在南洋外院（小学）教学第一线获得的珍贵教学经验和体会渗透到教科书的编撰之中。他们坚持"中学为体、西学为用"的原则，带着借鉴和评判的眼光去看待西方的教科书，并进行"本土化"改造，为教科书的创新实践作出了积极探索。

二 设创唱歌课

近代中国主权沦丧，国民意志消沉，帝国主义的入侵和清王朝的腐朽统治使得中国民众一度成为"鱼肉"之民，急需一剂良药来拯救水深火热之中的民众。以康有为、梁启超为代表的晚清社会的活跃分子为中国送来的民主改良，孙中山先生送来的"三民主义"，都给当时的中国带来了进步的声音。除此之外，大量的社会活动家、语言学家和艺术家也开始了各自的救亡图存道路的探索，而在这其中，音乐的发展有着其特殊的历史意义，因为音乐能振奋人之精神，能唤醒人之斗志，正如中国古代伟大的思想家、教育家孔子"兴于诗、立于礼、成于乐"所深刻阐述的那样，人格教育应该在"乐"中才能得以完善。①。

1898 年，南洋师范院在汉语教学中废除了八股文，使沈心工他们这批师范生系统接受了历史、诗歌和作文、英语等专门课程学习。师范院在当时可说是开创了中国本国语言和文字的现代教学体系的第一所院校。此

---

① 谢嘉幸、郁斌：《音乐教育与教学法》，高等教育出版社，2006，第 22 页。

外，沈先生他们还受到了福开森、赛茨和李文沃等洋教习的系统教授，这使沈心工的英语水平有了很大提高。这一年，在南洋师范院学习的沈心工还制定了《南洋公学高等小学章程》（见图1-16）。高等小学的课程设置是：诗经、修身、国文、笔算、珠算、历史、地理、理科、习字（大楷、小楷、行书）、图画、体操、乐歌、英语、手工等。沈心工在高等小学担任修身和乐歌课程的教员。①

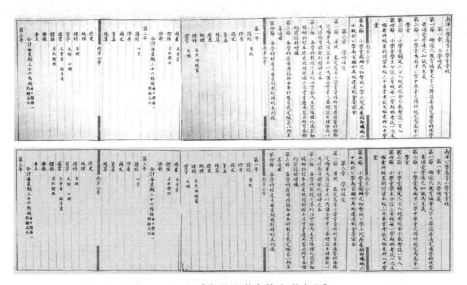

图1-16　《南洋公学高等小学章程》

　　随着沈心工等人率先将唱歌课付诸实践，不断提高唱歌课程在教书育人中的重要地位，全国的教育也开始重视唱歌课对于教育的重要作用，并且也开始逐渐将唱歌课引入日常的教育教学当中。正是因为沈心工等人开了唱歌课的先河，使得清政府于1904年奏准订立《奏定学堂章程》，将乐歌课正式列为学校必修课。当时，受到晚清政府教育体制变革和派遣留学生政策的推动，留日的一些留学生立志从事音乐教育，开始学习日本的学校唱歌教育，并学习写作新乐。因此产生了在新式学堂中供学生们集体咏唱的学校歌曲。②

---

① 〔加〕福开森：《南洋公学早期历史》，载《交通大学校史资料选编》第1卷，西安交通大学出版社，1986，第9页。
② 冯芸：《乐歌与我国的近代音乐教育》，《苏州大学学报》（工科版）2003年第6期。

三　参与制定附属小学章程

南洋公学附属小学从开办之初，就秉承了南洋公学严谨治学、规范管理的办学作风。1897 年 11 月 9 日，南洋师范学堂附属之外院学堂（即师范院的附属实验小学，程度相当于高小）经考选八九岁以外、十七八岁以内学生 120 名，正式开馆试教，派沈心工、陈懋治、杜嗣程等师范院学生每天轮流为附属小学上课 2 小时。盛宣怀在 1898 年《筹集商捐开办南洋公学折》中，集中反映了南洋公学初期为什么要率先举办师范与小学教育。一是认为"自强万端，非人莫任"，培养人才是国家兴衰的关键，"海内识时务者为俊杰，莫不以参用西制，兴学树人为先务之急"。二是认为培养人才，首先要抓师资队伍建设和普及初等教育，"为师道立，则善人多，故西国学堂必探源于师范；蒙养正圣功始，故西国学程必植基于小学"，所以，当初的南洋公学举办师范与初等教育乃"学堂一事先务中之先务"。三是主张"中学为体，西学为用"。中西之学，立足于洋为中用，传统文化是基础，强调社会科学与自然科学并重而不丧失"根底（传统）"。

同年，南洋公学颁布了《南洋公学高等小学章程》。这期间沈心工担任了高等小学修身和乐歌课程的教员[1]并参与了这一章程的制定。

这份章程主要分为六个章节，分别为"立学总义""学科程度""课堂""卧室""膳厅""杂载"。其中第一章"立学总义"主要阐述小学堂办学宗旨和招生、升学的相关制度；第二章"学科程度"重点阐述的是小学堂三年的课程设置；第三章"课堂"重点是对学生上下课的作息进行了安排，规定了课堂纪律等等；第四章"卧室"详细规定了小学堂学生卧室的物品摆放和休息安排等；第五章"膳厅"以及第六章"杂载"，则分别就学生的膳食和其他学杂费用等问题进行了制度性的规定。[2]

《南洋公学高等小学章程》以"立学总义"提出培养目标："矫近代

---

[1]　福开森：《南洋公学早期历史》，载《交通大学校史资料选编》（第 1 卷），西安交通大学出版社，1986，第 9 页。

[2]　《交通大学校史资料选编》（第 1 卷），西安交通大学出版社，1986，第 53 页。

教育偏重文字之弊，设普通完备学科，使学者得受普通之知识。""小学堂为南洋公学中学堂之预科，故定为高等小学堂。"① 以下重点看看沈心工等师范院同学为南洋公学高等小学在第二章"学科程度"中的课程设置情况。

第一年：高等小学的课程设置是：诗经（孝经）、修身、国文、笔算、珠算、历史、地理、理科（自然物现象）、习字（大楷）、图画（毛笔画）、体操（柔软体操）、乐歌。合计每星期三十六点钟（每日体操一点在外）。

第二年：读经（四书）、修身、国文、笔算、珠算、历史、地理、理科（生理）、习字（大楷、小楷）、图画（毛笔画、铅笔画）、体操（柔软体操）、乐歌、手工等。合计每星期三十六点钟（每日体操一点在外）。

第三年：读经（《四书》《左传》）、修身、国文、算术、商业簿记、历史、地理、理科（简易理化）、习字（大楷、小楷、行书）、图画（毛笔画、铅笔画、粉笔画、几何、设色）、体操（兵式体操）、乐歌、英文、手工。合计每星期三十六点钟（每日体操一点在外）。②

从其三年的课程设置上看，体现了德智体美全面发展的培养目标，由此可看出，南洋公学高等小学将《四勉歌》作为共勉的内容，即"和厚、肃静、勤奋、整洁"与其学科培养目标完全一致，并得到了全体职工与校友的传承和认同，在中国近代初等教育发展进程中发挥了十分重要的作用。

四　推进体育运动

在沈心工参与制定的《南洋公学高等小学章程》一至三年级的课程设置中，我们不难看出，体操、乐歌课程一直贯穿于小学阶段学习的全过程，由此可知，南洋公学高等小学是最早地把体育和唱歌纳入教育内容体系的。当时的体育是向西方学习而新设的课程，旨在通过教学锻炼学生身体，增强体质。南洋公学把体育称为"体操"，在公学开办初期就把"体操"列入了正式教学内容之中，并将体操分为柔软体操和兵式体操，用

---

① 霍有光、雷玲：《积厚流光——交通大学附属小学图志（1896~1949）》，西安交通大学出版社，2012，第2页。

② 霍有光、顾利民：《南洋公学——交通大学年谱》，陕西人民出版社，2002，第7页。

于不同年级学童的教学。这种体操主要在外院、中院开设，每周 3～4 小时，师范院及后来开设的特班因功课较多忙于学习，没正式开设"体操"课。

1931 年 8 月，沈心工回忆自己在南洋公学早期体育教学过程中的情景，撰写了《南洋公学之投壶》文章，回忆了当初师范院学生帮助小学生进行投壶体育游戏的过程，并附五张图片标记了投壶运动的动作要领。文章称："南洋公学创办之初，总教习张经甫夫子，命师范院生姚曾豫、黄庆澜等曾习投壶者，教外院生投壶之戏，时心工同在师范院肄业，故亦习之。壶为铜制，约高尺三四寸，口径三寸许，两旁有耳，耳径略小于口，箭凡十枚，削竹为之，尾阔七八分，厚一分许，以代羽，直立壶中，高出于口三四寸……当日外院生亦不少能手，今交大工程处尤君挺伦，亦躬逢其盛者。盖此项游艺约历八九之久，厥后球戏日盛，于是投壶一事，无人顾问矣。"[①]

其实，南洋公学自创立之日起，就十分重视体育活动，早在 1898 年冬，南洋公学就举行了第一次运动会，当时的上海人还不知道什么是运动会，许多人涌向公学看比赛。这次运动会比 1910 年举办的全国性运动会早了 12 年，因而成为我国体育运动史上的壮举，可以说是我国最早的运动会之一。1915 年，沈心工创立了南洋童子军，也是当时中国中小学最早建团的学校之一。足球运动更是当时学校学生普遍喜爱的一项运动，学校经常组织开展比赛，每当决赛时刻，全校师生的心为之牵动，全校停课前往赛地观战助威。1920 年，沈心工为学校足球队专门创作一首《足球歌》，歌曲对活跃赛场气氛、提高球员积极性起到了良好的作用。据考证，这首《足球歌》是现今我国历史上所记载的中国最早以足球为主题的歌曲。它的出现引领了越来越多的国人走上了足球运动场，回击了西方世界对于中国人"东亚病夫"的戏谑，直接促进了后来中国体育事业的发展。

我们可以看到，沈心工在南洋公学不仅推动开设了唱歌课，而且还十分注重对国学、体育和理科的培养。这段南洋公学初创时期给了沈心工许

---

① 《南洋友声》1931 年第 14 期。

多重要的启示，也给沈心工后来长期从事教育事业奠定了良好基础。在沈心工看来，他所要寻找的是一种寓国家责任与民族气节于教育体制之中的道路，他所推崇的是教育自强式的理念。沈心工将教育与国家的命运和国人的素养结合起来，这是他作为一个教育家所找到的近代中国音乐前进之路。沈心工深深地明白作为一个身处国家危难的中国有识青年，"不得不振臂而呼，以期唤醒国人之注意"①。

---

① 陈洪：《发刊词》，载《广州音乐》1933 年第 1 期。

第二章　吐故纳新

——留学时代之沈心工

沈心工成长于中华民族苦难深重的年代，国家危亡，促使年轻的沈心工探索救国救民的道路。1902 年（光绪二十八年），第二次鸦片战争爆发后，清政府割地赔款引起国人激愤，中国开始萌发留学运动，当时东渡日本寻找救国图强的办法是一条既能学习西方又能节省学费的留学途径。1902 年 4 月，南洋公学主张派遣大批学生中的精英到欧美、日本求学，借此机会，怀着一番理想的沈心工向公学请假，东渡日本自费留学，与鲁迅同期进入设在东京的弘文学院。史料载："光绪二十八年，我年三十三岁，听说日本要办一个弘文学院，专收中国人；我想研究师范，便向公学当局说明理由，请求保留薪水，请假动渡。动身大约四月里。"① 东京弘文学院是日本教育家嘉纳治五郎②在东京为中国留学生创办的学校。当时赴该校留学的中国学生除沈心工、鲁迅外，还有陈天华、黄兴、陈寅恪、李四光、林伯渠、邓以蛰等优秀青年。后来因为发生了日本政府伙同清朝钦差迫害中国留学生的事件，沈心工与部分同学一起进行退学抗议，后转入中国人自办的清华学校学习。

---

① 沈洽：《学堂乐歌之父——沈心工之生平与作品》，台湾作曲家协会，1990，第 27 页。

② 嘉纳治五郎生于日本神户奈特，出身名门生源寺家族，母亲是当地酿酒业大户的女儿。因为从小身体不好，受人欺负，于是开始学习传统的柔术。1871 年随父母移居东京，1877 年就读日本帝国大学，主修哲学，毕业后开始从事教育工作。1886 年任第五级高等学校校长，1894 年升任日本东京高等师范学校校长。他也曾在日本的文部省担任部门的主管，曾为中国留学生开设东京弘文学院。他在教育界一共服务了 26 年。

第一节 组织发起"音乐讲习会"

在日本，给沈心工最大的心理触动是，明治维新以后日本的学堂乐歌活动对学校教育、政治宣传以及人民生活发挥了巨大作用。这种朝气蓬勃、热情向上的学校乐歌使沈心工感到无比的震撼和激动，给了他极大的启发。

日本在明治维新中，由于"双手伸向西洋"（其积极意义，自不待言；其消极面，日本的有识之士在近数十年中，亦已省察），其将法国大革命时期的群众歌曲介绍进来，并配上具有"救国救民富国强兵"等内容的新词进行传唱，于是，形成了日本的"学堂歌曲"与"军队歌曲"运动。[1] 留学日本的沈心工深深认识到，这种朝气蓬勃、激励人奋发图强的学校歌曲，对积贫积弱、民心涣散的中国人来说，不啻为一剂救世良方。于是沈心工在日本四处呼吁奔走，发动中国留学生，成立了"音乐讲习会"，并邀请东京高等师范学校音乐教授铃木米次郎为"音乐讲习会"讲授音乐，参加者就有曾志忞等。这是国人举办近代音乐讲习活动的首创，为后来的乐歌创作活动奠定了坚实的基础。在音乐讲习会，他思索和研究着中国乐歌的创作问题，这期间，他开始尝试乐歌创作活动。后来在国内一度脍炙人口的《男儿第一志气高》（初名《体操－兵操》）即为当时他在东京的作品。

在日本留学期间，沈心工虽然有心学习真正的学问和本事，但是，由于清政府和日本的勾结，共同打压中国留日的学生，沈心工在日本几乎无所作为。在沈心工的自传中，他记述了这样一段经历："我们同时到日本的人很多，内中有几个想学陆军，请求中国钦差蔡某保送成城学校。岂知蔡某迎合清廷意旨，恐怕学了陆军将来要革命，所以不肯保送。于是请求的人老坐在使馆里要求保送。为此闹了两三天，蔡某便叫日本警察进使馆来驱逐。因此全体留学生大怒起来，开会集议对付蔡某之法。日本政府便疑吴稚晖是闹事的主动人，便把扰乱治安的罪名加在吴稚晖身上，把他捉

---

[1] 何昌林：《宋代音乐文献中的歌诀研究》，《音乐艺术》（《上海音乐学院学报》）1984 年第 2 期。

去拘禁起来。隔了几天，要把他送出境。押送的那一天，全体留学生都到车站送他。等了许久，不见稚晖来。有人报信说稚晖走到京桥顶上，纵身投河，幸而落在桥下的船上，没有死，被押送的人牵回去了。又隔几天，他们把稚晖暗暗地押上火车，转上轮船，不知送到什么地方去了……"①从这段记述中，我们可以看出当时在日本留学的中国人是受到何种压迫和控制的，这样的留学经历也不断使沈心工重新反思自己国家的未来，同时慢慢开始自己探求国家的出路。

第二节　创作处女作《男儿第一志气高》
（初名《体操－兵操》）

体操－兵操（见图 2 –1）

男儿第一志气高　　年纪不妨小
哥哥弟弟手相招　　来做兵队操
兵官拿起指挥刀　　小兵放枪炮
国旗五色飘飘　　铜鼓咚咚咚咚敲
一操再操日日操　　操得身体好
将来打仗立功劳　　男儿志气高

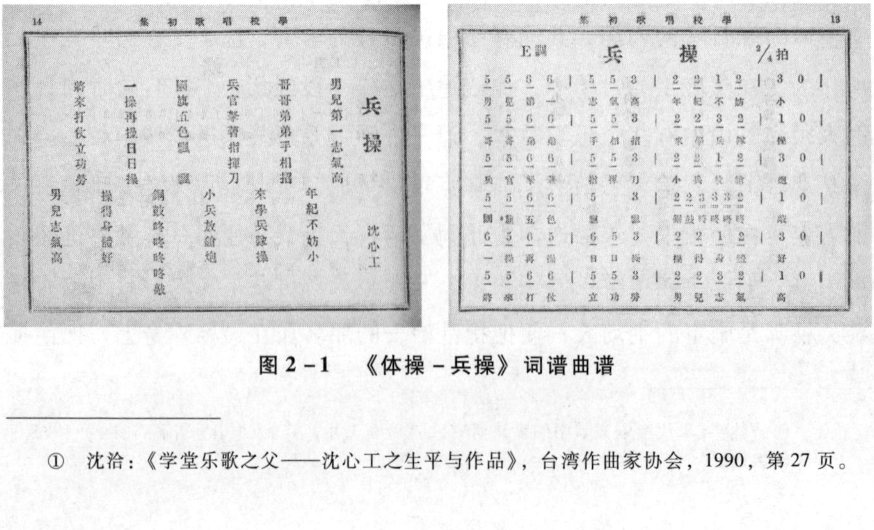

图 2 –1　《体操－兵操》词谱曲谱

---

① 沈洽：《学堂乐歌之父——沈心工之生平与作品》，台湾作曲家协会，1990，第 27 页。

《男儿第一志气高》歌曲简短，相对于当时的文言文来说，这首歌的歌词朗朗上口，通俗易懂。其旋律是根据日本童谣《手戏》曲调填写而成。

歌曲曲式分为三个部分，每部分都非常规整，均为 8 小节。第一部分可视为上下两个乐句，每句 4 小节。歌曲定调为 D 调，音区恰好在人声的中音区，非常适合儿童歌唱。歌曲旋律主要采用五声音阶的级进，无大跳，音调特征十分符合儿童生理特点。定调适中，旋律上口，所以歌曲一出，立刻广泛流行起来。

根据钱仁康先生的考证："沈心工留学日本时，就在东京创作了《体操－兵操》（后改名为《男儿第一志气高》）歌，开学堂乐歌之风气之先。这首沈心工的处女作，也是我国最早的一首学堂歌曲。"① 所以说《男儿第一志气高》是"学堂乐歌"开山之作，为我国近、现代歌曲第一曲。"光绪三十年（1904 年），沈心工把此歌收入自己所编的《学校唱歌集》第 1 集出版后，此歌不胫而走，大有家喻户晓之概。"② 1906 年，李叔同在《音乐小杂志》的《昨非小录》一文中描摹了《男儿第一志气高》的流行盛况："学唱歌者音阶半通，即高唱《男儿第一志气高》之歌；学风琴者手法未谙，即手挥'5566553'之曲。"③ 当时这首歌曲广泛传唱的盛况，可见一斑。

沈心工后来总结这段留日生涯时说："我在日本约有十个月，可以说一事无成。不过后来作歌出书的一件事，是在日本种的根。"④

结　语

本篇主要介绍了"学堂乐歌之父"沈心工从 1896 年到 1903 年，即学生时代与留学时代的主要经历。沈心工作为中国堪称栋梁的首批人才，与当时一批有前瞻眼光的文人志士从一开始就十分重视乐歌在学堂教育中的地位，并从学生时代起就崭露了过人的音乐创作才华，创作了许多优秀的音乐作品，以极大的影响力创造了当时"学堂乐歌"的教育风尚。

---

① 钱仁康：《学堂乐歌考源》，上海音乐出版社，2001，第 1 页。
② 钱仁康：《学堂乐歌考源》，上海音乐出版社，2001，第 1 页。
③ 陈一鸣：《百年前的校园歌曲：男儿第一志气高》，《南方周末》2005 年 3 月 24 日。
④ 沈洽：《学堂乐歌之父——沈心工之生平与作品》，台湾作曲家协会，1990，第 27 页。

旧时代的中国，随着在鸦片战争中的惨败以及帝国资本主义的步步侵略，封建社会末期的尖锐社会阶级矛盾也被层层揭开。整个社会环境动荡不安，封建地主阶级内部也在分化瓦解，一些爱国知识分子在坚船利炮面前终于从"天朝上国"的幻梦中惊醒，不再夜郎自大，重新开始关心时局，注目世界，探索新知，寻求强国御侮之道，发出近代中国思想解放的先声。

洋务运动提出"中学为主体，西学为用"的口号，企图通过学习西方先进技术来维护清朝的封建统治。然而持续多年的洋务运动，虽然引进了一些西方近代的科学技术，培养了一些科技人才，客观上刺激了中国资本主义的发展，但是，洋务运动并没有真正使中国走上富强的道路。[①]

沈心工作为一个进步的爱国知识分子，一个处在中国危难历史当口的中国人，他的觉醒使他踏上了一条崭新的道路，也就是他坚持了近 30 年的教育救国的道路。一路上，他将他的教育思想贯彻始终，并影响着每一个有良知的中国人，使他们前赴后继，不断奋进。沈心工吹响他乐歌的号角，谱写他振奋人心的歌作，用振聋发聩的声音，让沉睡着的中国人从睡梦中惊醒！惊醒！惊醒！这是最高尚的情操，也是最动人的歌篇！

---

① 李瑞平：《五四运动——中国近代思想解放运动的伟大里程碑》，《贵阳师专学报（社会科学版）》1999 年第 3 期。

第二篇

如淞浦春声，若秋寒炭火

——沈心工的 1903 至 1911

篇前言

1911 年（宣统三年），辛亥革命爆发，结束了中国两千多年的封建君主专制。在辛亥革命时期，新旧交替的总体格局下，中国文化领域也呈现新旧交替的活跃场面。王国维在 1911 年《国学丛刊》发刊词中有精辟论述，他说："学之义不明天下久矣，今之言学者，有新旧之争，有中西之争，有有用之学与无用之学之争，余正告天下曰：学无新旧也，无中西也，无有用无用也，凡立此言者，均不学之徒，即学焉未尝知学者也……中国今日实无学之患，而非中学西学偏重之患……余谓中西二学，盛则俱盛，衰者俱衰，风气既开，互相推动，且居今日之世，讲今日之学，未有西学不兴而中学能兴者，亦未有中学不兴而西学兴者。特余所谓中学，非世之君子所谓中学，所谓西学，非今日学校所讲授之西学也。"[①] 王国维认为，中西、新旧之争已经毫无意义，中国学术只有在中西贯通和融合中才能有新的发展。辛亥革命时期的文化研究观点基本是为了"匡国济世"，服务于社会变革的大局，上海的《新世界学报》鲜明地提出学术要为政治服务，为国家尽"匹夫之责"的观点。这些观点深深影响了沈心工，作为一名晚清时代的学者，沈心工具有较强的反传统意识。

在当时，不论以"修身、齐家、治国、平天下"为价值取向的传统儒家教育，还是以富国强兵为目的的洋务教育，更多强调的都是教育以外的功利目的，而从世界范围看，现代教育发展的总趋势是更加强调个体在受教育过程中素质的提高，学生的健康成长与全面发展。[②] 沈心工一生从事的教育事业，正处在社会剧烈震荡期，中西文化正面冲击，自然也受到

---

① 文克苏：《失行孤雁——王国维别传》，人民文学出版社，2002，第 234 页。
② 宋建军：《中国近代教育史的分期与发展新论》，《合肥师范学院学报》2009 年第 2 期。

了外来思想的影响。一方面，沈心工出身于传统家庭，受其家庭氛围影响，在他身上有着中国传统文人的独特气质；另一方面，他又是一个接受新思想的进步人士，他以近代新型文化思想重新审视中国传统音乐文化思想，并在传统文化的基础上不断创新，在辛亥革命时期创作了大量作品。

沈心工的经历，恰恰是那个巨变时代的缩影。匪石在1903年发表的《中国音乐改良说》里就指出封建音乐与当时的社会发展不相吻合。他还进一步向封建主义"礼乐观"开刀，对儒家以"礼乐"为中心的音乐文化结构和思想体系进行了大胆驳斥，强调封建礼乐完全是为了表现统治者的武功圣德，根本无法体现国民的精神面貌，不仅道出礼乐的实质，而且触及封建社会的等级制度。① 梁启超在《近世文明初祖二大家之学说》中也说："不要做中国思想的奴隶，不要做西方新思想的奴隶。"

沈心工是中国近代新式教育的践履者，他所选择的道路简单来说是教育兴国，但是，就其所走30余年的教育之路的内容来看，先生所做着实不易。他不仅仅在于提高学生的素质，更多的是要走出一条与封建社会与西方社会都不一样的自己的道路。在那个动荡的年代，在那个武力支配意志的年代，国民精神亟须注入一针强心剂，让受困的中国人崛起，沈心工一直所做的莫不如此。正如他在《警醒歌》中所呐喊到的："警、警、警，黑种奴，红种烬，黄种酣眠觉未竟。毋依冰作山，勿饮鸩如酲，焚屋漏舟乐未央，八百兆人，瞥眼同一阱，醒、醒、醒。"黄自②曾这样评价沈心工："沈先生在吾国音乐教育史上是有特殊地位的，是提倡音乐教育最早之一人。先生当时能独具慧眼，看到音乐教育的重要，编制新歌来使后生学子得乐教之益，'盛极南北'确系事实而不是过誉。所以现在的音乐教师及歌曲作者多少皆曾受先生的影响，这一点贡献，也就了不起。"③

---

① 李宝杰：《对中国近代音乐发展的回顾与思考》，《交响》（《西安音乐学院学报》）1990年第3期。
② 黄自（1904～1938），中国作曲家，音乐教育家，字今吾，江苏川沙（今属上海市）人。
③ 沈洽：《学堂乐歌之父——沈心工之生平与作品》，台湾作曲家协会，1990，第3页。

第三章 实现"从根本做起"的教育构想

近代中国大学从发轫之初，便负有富国强兵、救亡图存之重任，具有强烈的国家功利主义色彩。清末科举制度的废除，似为近代高等教育发展扫清了障碍，在学制改革上效仿日本，从形式上看不可谓不完备。但由于清政府发展高等教育的目的实为富国强兵、抵御外辱、延续统治，因此在高等教育理念上，基本上与传统高等教育培养仕官的目的无异。[①]

盛宣怀期望把南洋公学办成培养内政、外交、理财三事之教授的正规大学。南洋公学的宗旨为：以通达中国经史大义，厚植根柢为基础，以西学政治家为指归，略仿法国国政学堂之意。作为洋务运动的代表，盛宣怀看到洋务派开办的各类学堂培养的学生只能满足洋务运动技术层面的人才需求，并不能从根本上改变人才的知识结构，也不可能培养具有新式管理理念和管理能力的人才。南洋公学的创办，已经超越实业的视野，考虑了满足晚清朝廷更广层面、更高层次的人才需求。白毓昆、邵力子、黄炎培、蔡元培、章宗祥等著名人士，都曾在南洋公学学习过。[②]

1907～1911 年，唐文治校长就任邮传部上海高等实业学堂监督（校长）。唐文治主张"尚实"的办学思想深深影响了当时在附属小学主持教务工作的沈心工。唐文治常常勉励学生，要以"求实学、务实业"为宗

---

① 刘献君、房保俊：《近代中国高等教育理念的变迁及启示》，《中国高教研究》2009 年第 9 期。

② 何立波：《盛宣怀：中国近代高等教育第一人》，《文史春秋》2009 年第 6 期。

旨，"造就学成致用，振兴中国实业"的专门人才。他重视国文教学，针对当时教育界有些人强调"西学"而轻视国文的偏向，增设国文科，并成立国文研究会。1907 年，沈心工作词填曲（唐文治亲自修正）而成的《邮传部高等实业学堂校歌》，正是唐文治到任校长后，专门为学校量身制作的。此后南洋学子从来自邮传部高等实业学堂的歌声中，听到"醒狮起，搏大地""实心实力求实学，实心实力务实业"，振兴我中华的豪迈之声！

第一节　执教于南洋公学附属小学

1900 年春，南洋公学首任总理何嗣焜建议创办蒙养院（相当于附属小学），附属于师范院，以便为中院提供生源。派师范院学生为小学教习。[1] 1901 年 1 月又将蒙养院改为南洋公学附属高等小学堂，派师范生陈懋治为主任，吴稚晖为代主任。1901 年 2 月初，小学堂正式开学，在校老师共 6 名。初办时仅有修身、国文、算术、历史、地理、理科、图画、体操 8 门课程[2]，但已经形成一个较为完整的教育教学体系。

高等小学堂的"立学总义"在《南洋公学高等小学堂章程》中明确规定："矫近代教育偏重文字之弊，设普通完备学科，使学者得受普通之知识。"并指明"学堂为南洋公学中学堂之预科"，只招收"以十二岁为度，学业以能答问作小论，略通浅近历史、地理、算学为度"。入学时要求也十分严格，如"文法以能自属句为度；书法以能作通行小楷为度；算法以笔算能演四法混合问题为度，珠算能演小九九及大九九为度；历史以不论用何种教科书，但以能习上古史能笔述大意为度；地理以已习中国疆域之大略、五洲之简图为合格；物理以能述动物植物矿物等大略与其形象质性，并各物与人关系之事为合格。"同时还要求体格健康。由于要求高，原计划招收 300 名，最后只选上 72 名，且程度不齐，入学后只能分

---

① 霍有光、顾利民：《南洋公学——交通大学年谱》，陕西人民出版社，2002，第 13 页。

② 上海交通大学校史编纂委员会编《上海交通大学纪事 1896～2005》（上卷），上海交通大学出版社，2006，第 23 页。

成甲、乙两班，每班 36 人。甲班为高等科，乙班为预科。本来要求经过 3 年学习后，能直接升入中院，实际 3 年后能升入中院者仅 15 名。[①]

盛宣怀对于办学有着自己独到见解，他将自己的认识付诸实践，在南洋公学开办过程中启用了一批有思想、有胆识的饱学之士，在这些人带领下，南洋公学取得初步成果，而附属高等小学堂的成立则又成为南洋公学教育史上一个很重要的里程碑。

一 担任理科、唱歌、体操等科教员

1903 年（光绪二十九年），农历 2 月，沈心工自日本回国，同月 1 日，南洋公学附属小学开学。3 月，小学教员潘灏芬[②]辞去教习职，沈心工回到母校继任。从附属小学开学伊始，沈心工就参与到小学的教学管理工作之中，沈心工如此记述南洋公学附属小学成立时的感受，"我看他呱呱产生，好几次去代课，早和他结成好感"[③]。

关于沈心工回到南洋公学任教的事情，在他的自传中有这样详细的记载：

> 小学的总教陈颂平（即后来为先生歌集作序的陈懋治）和教员兼管理的吴颂声（就是秋贤的夫）都是师范的同学，和我很知己。我东渡时，他们恳切预约我回国来进小学共事，要把小学发达起来。林康侯[④]在小学初办时进去，他也到日本，进清华[⑤]，比我后到而先归。我于廿九年二月回国之后，三月里就进小学，担任理科、唱歌、体操等科。薪水四十元。[⑥]

---

① 《交通大学校史 1896~1949》，上海教育出版社，1986。
② 潘灏芬，字若梁，江苏元和人，1897 年南洋公学首届师范院学生。
③ 沈洽：《学堂乐歌之父——沈心工之生平与作品》，台湾作曲家协会，1990，第 27 页。
④ 林康侯（1876~1949），名祖潜，字康侯，上海人。少年时就读私塾，20 岁中秀才。1898 年（光绪二十四年）入上海南洋公学就读，2 年后转任该校附属小学教员。1902 年（光绪二十八年）由南洋公学派往日本考察教育事业半年。回国后任该校小学堂长，后南洋公学又增设中学部，改任中学部教员兼学堂总教员。1911 年（宣统三年），辞去南洋教学职务，参与创建江苏铁路公司，任营业所长。
⑤ 光绪年间，中国人在日本办的学校，叫"清华学校"。
⑥ 沈洽：《学堂乐歌之父——沈心工之生平与作品》，台湾作曲家协会，1990，第 27 页。

在日本留学期间，沈心工深受日本音乐影响，尤其是日本在学校开设音乐课的做法更是让他印象深刻。他在日记写道："吾国兴学之初，各校皆缺唱歌一门。自余东游得东京师范学校唱歌教授铃木米次郎先生指教，略知乐歌门径。即在南洋公学附属小学当教员，于是歌舞开始矣。"① 在南洋公学附属小学堂任教期间，他主动承担了理科、唱歌、体操等课程。

在附属小学增设唱歌科，并托朋友张美翊②先生购小风琴进行唱歌课的伴奏③，据民国政府教育部第一次中国教育年鉴记载，这是我国小学最早开设唱歌课的一年。在这之前，尚无先例。在附属小学教授音乐课、体操课的同时，沈心工还在务本女塾④、龙门师范⑤、南洋中学、"沪学会"等学校、团体讲授乐歌，吸引了上海及内地的人士纷纷前来学习乐歌。沈心工在回忆最初教唱学堂乐歌的情景时说："凡在各校上课时，辄见窗门之外，人影群集，尽听课之人也。"也就是在那个时候，他开始编写大量乐歌，并矢志以乐歌教学为中心，直到 1927 年退休。为谋乐歌之普及，沈心工培养了一批从事乐歌运动的初步人才，带动了乐歌运动的开展。

在南洋中学附属小学开设唱歌课，这是我国近代音乐教育史上一次伟大的创举。可以说，南洋公学附属小学是孕育我国学堂乐歌的摇篮，也是沈心工进行乐歌运动的第一块阵地。

1903 年 7 月 13 日，南洋公学附属高等小学堂举行了第一届毕业典礼，共计 16 名学生，沈心工亲自组织并登台指挥学生演唱他创作的《毕业歌》，并与毕业班学生合影（见图 3 - 1）。这些优秀的毕业生全部升入

---

① 沈洽：《学堂乐歌之父——沈心工之生平与作品》，台湾作曲家协会，1990，第 90 页。
② 张美翊（1856~1924），字让三，浙江宁波人，1903 年夏~1903 年冬、1904 年夏~1904 年冬曾两度担任南洋公学提调兼总理。
③ 《交通大学附属高等小学二十周年纪念册》，载《校史述略》，1921，第 4 页。
④ 1902 年 10 月，吴馨将家塾扩大规模，迁至上海小南门内，改名务本女塾。由吴绾理、陆仲炳、陈菊生等任专任教员，沈颂平、沈叔逵、沈硕庵、王季贞、陈景韩等任义务教员。女塾首次招生，招生对象为满族贵族少女，首批学生仅 7 人。该校是中国最早的女子学校之一，也是现在的上海市第二中学的前身。
⑤ 龙门书院由道台丁日昌于 1865 年（同治四年）在上海倡办，最初借用其他学堂进行教学。1905 年（光绪三十一年），清朝废除科举制度后，书院改为苏松太道立龙门师范学校，1933 年（民国二十二年），上海中学在吴家巷的新校舍落成，占地约 500 亩，上海中学随即迁址至今。

图 3 – 1　1903 年南洋公学附属小学第一届毕业典礼合影
（三排右一为沈心工）

中学，为南洋公学的中学输送了优秀的生源。毕业典礼也成为传统，以后附属小学每年都举行毕业典礼（见图 3 – 2、图 3 – 3、图 3 – 4）。

图 3 – 2　1904 年南洋公学附属小学第二届毕业典礼合影
（后排右二为沈心工）

二　希冀再次赴日学习

沈心工认为，中国要强大，必须向世界各国学习强国兴邦的学问。而在 1868 年开始的明治维新，使日本的科技、文化、教育发生跨时代意义的革新，也产生了日本音乐史上的一大转折，推动了以西洋音乐为体系的日本新音乐文化的发展。1872 年（明治 5 年），《学制》的颁布，开启了日本

图 3 – 3　1906 年南洋公学附属小学第三届毕业典礼合影（后排中为沈心工）
（1905 年因学制改为四年，无毕业生）

图 3 – 4　1907 年南洋公学附属小学第四届毕业典礼合影
（后排左十为沈心工）

近代化的序幕。日本政府对学校音乐教育极为重视，颁布了近代音乐教育制度的法令，规定在小学学校中设置唱歌课，中学学习并设置奏乐课。1881年（明治 14 年），留美日本音乐家伊泽修二①与美国音乐家梅森共同编辑

---

① 伊泽修二（1851～1917），日本长野县人，教育家。曾担任长野师范校长，随即赴美留学，成为日本第一届公费留学生。

了日本近代第一本唱歌集——《小学唱歌集》。中国近代"学堂乐歌"运动的兴起，开启中国近现代学校音乐教育的先河，也正是由于沈心工、曾志忞等在日本留学，亲眼看到日本学习唱歌课对改良日本社会风气所产生的作用，于是才开始在日本自发学习新乐，创作乐歌。沈心工迫切希望像日本音乐家伊泽修二那样，能够出版一部国人自己的学校唱歌集，改变中国学校无音乐教材的现状。于是他希望自己能够再次到日本学习音乐教育。

1903年农历十二月初九，道光帝长子隐志郡王爱新觉罗·奕纬的长孙，末代皇帝溥仪族兄溥伦（光绪七年袭封"贝子"爵位）亲王，因欣赏沈心工之才华，希望南洋公学公派他前往日本，学习高等师范兼习学校应用之音乐。溥伦亲王曾致盛宣怀函："南洋公学师范生沈庆鸿，现充公学附属小学教习，前曾游学东瀛，旋以资斧不给而归，非其志也。阁下培植英才多士，咸蒙宏奖，沈生有志向学而无米之炊，傥由公学派往日本肄业，所造当未可量用。特布恳提携，倘蒙俯允，实为感祷。是否可行之处，仍希卓裁。再颂。"并在函件第6页中附"沈庆鸿简历"。

盛宣怀在收到溥伦亲王函后亲笔函稿："沈生情般向学，垂以钧命敢不祗遵，但近年因轮电改章，南洋公学经费无著，旧日遣派学生已改归北洋大臣拨给经费，若欲添派学生，必须设法另筹，方能资遣，一俟筹得的款，必当首先遣派，以副盛心也"。[①] 二人来往信函中，对沈心工极为称赞，但终因经费问题未能成行。1905年2月8日，经张美翊校长呈请盛宣怀批复："鉴于陈懋治、沈庆鸿在校有年，资历较深，派二人到日本分别学习商业教授法和师范教授法，及理化乐律等科应准如所请，待来年酌定年限，筹给学费，助其成行。"[②]

沈心工希冀再次赴日学习的愿望最终不知何故未能实现，但是我们却看到了一个年轻的沈心工为实现民族自强，振兴中华的理想。他想通过自己努力，用歌声唤起民众的觉醒，净化社会风气，宣传爱国思想，推动社会进步。此后，沈心工依旧努力工作，从1904年起，他先后编辑出版了《学校唱歌集》1~3集，这是我国最早出版的学堂歌集之一，其中所收集

---

① 上海图书馆藏盛宣怀档026358号。
② 上海交通大学校史编纂委员会编《上海交通大学纪事1896~2005》（上卷），上海交通大学出版社，2006，第48页。

的乐歌大部分根据日本歌调填词。陈懋治在《学校唱歌集》序言中指出："学校歌词不难于协雅，而难于谐俗"，并盛赞沈心工创作的歌词"质直如话，而又神味隽永"①。

第二节　一代师者的从教风范

1903 年 3 月，沈先生自日本回国，到南洋公学附属小学任教后，主动要求担任一名修身、唱歌、体操教员，决心将自己在日本看到的朝气蓬勃、热情向上的学校歌曲根植于南洋公学附属小学，用唱歌的方式宣传进步思想，并进行大胆尝试和推进。

一　开创学校音乐教育之先河

沈心工深知音乐是一门听觉的艺术，一双灵敏的耳朵、准确的听力，是捕捉音乐形象、发掘乐感的必备条件。进行固定音高概念培养必须从小学时期开始，小学时期是学生掌握固定音高概念的最佳时期。这一时期，学生的听觉极为单纯与敏感，如果在课堂上能用风琴反复奏响那些固定的音高，那么每个音都会在他们的心灵上留下深刻的印象，不需参照任何标准音，使记忆与听辨这些音高对小学生来说变得轻而易举。于是，沈心工费尽心思托张美翊先生购来小风琴用以唱歌课的伴奏，让小学生通过感知上的听记，辨明各种单音、音程，进而在高年级进行和弦、短曲调及多声部短曲调等训练，开创了中国近代学校音乐教学中的听音练耳之先河。为教学需要，他在这一时期开始创作大量乐歌，并得以广泛流传，影响极大，当时不仅上海，全国其他许多地方也纷纷派人向他请教乐歌门径，从而在全国掀起一股乐歌热潮，形成我国近现代音乐的启蒙运动。作为我国最早的音乐教育家之一的李叔同，出于对沈心工的敬佩，也曾邀请沈心工到自己创办的"沪学会"教课，受到听课者的热烈欢迎。市内首先邀请先生讲授乐歌的有务本女塾、龙门师范、南洋中学、"沪学会"等。其中尤以在务本女塾主办的乐歌讲授影响最大。务本女塾是沈心工师范院同班

① 钱仁康：《学堂乐歌考源》，上海音乐出版社，2001，第 2 页。

同学吴馨①创办的中国第一所女子学校。该校以培养学生成为贤妻良母为宗旨，注重家政，认为"为国民之母，欲陶冶健全国民，根本须提倡女教"，故该校起名"务本"。沈先生认为务本女塾很有意义，主动担任该校义务教员。②

二　担任附属小学堂教务工作

1907 年（光绪三十三年），沈心工已在南洋公学附属小学工作了 5 年有余，这期间，他全身心地投入自己所热爱的小学教学工作，工作成绩卓著，并对小学的发展提出了很多好的建议，深受师生好评。1907 年 11 月，时任附属小学堂校长林祖潜委托沈心工代理主持附属小学教务工作。资料称："十一月十三日开成绩展览会及学艺会，唐监督允建小学礼堂兼操场之用，增拨每月经费银五十两，是年冬，祖潜兼任中国图书公司发行所事务，嗣后本校教务委托教员沈庆鸿代之。"③ 1910 年夏，附属小学迎来了 10 周年校庆，校长林祖潜在大会发言中，对沈心工 3 年来主持教务工作大加赞赏，他讲道："丁未以后，祖潜兼就外务随由沈君叔魁主持教务以迄，于今追溯十周年中，吾校学经营缔构之迹，历历在可见。"④

沈心工在负责附属小学堂教务工作期间，正是唐文治校长就任邮传部上海高等实业学堂监督（校长）的阶段。唐文治重视国文教学，针对当时教育界有些人强调"西学"而轻视国文的偏向，增设国文科，并成立了国文研究会。他也深知，学习西方科技，必须掌握外语，"方能窥其精奥"，他设立西文科，让学生补习英、德、法和拉丁文，并成立英文大会。他尤其重视的是道德教育，认为道德是基础，学问为屋宇墙垣。未筑基础的屋宇墙垣，势必在风雨飘摇中不能久固。并认为道德准则寓于经学

---

① 吴馨（？～1919），字畹九，号怀久，上海人。1897 年南洋公学师范院首届学生，潜心研习教育理论。毕业后立志振兴女学，1902 年（光绪二十八年），扩充小南门花园弄家塾，创办务本女塾，任经理。
② 谷玉梅：《沈心工年谱补订》，《交响》（《西安音乐学院学报》）2010 年第 2 期。
③ 《邮传部上海高等实业学堂附属高等小学堂十周年纪念册》，载《学堂纪事》，1911，第 11 页。
④ 《邮传部上海高等实业学堂附属高等小学堂十周年纪念册》，载《学堂纪事》，1911，第 16 页。

中，经学是区分一切是非的永恒的标准，他亲自向全校学生讲授经学，十多年从不间断。

唐文治"尚实"的办学思想深深影响了沈心工。沈心工在执掌附属小学教务的过程中，以唐文治办学思想为依据，并将其贯穿到小学教育实践中。在教学管理中他遵循求实、求新、求深、求效的思路，与校长一起修改章程，确立了"注意儿童之品性，体魄智识技能俾臻完备，足当中学及专科适宜之选"①的办学宗旨，初步提出"学科"设置和知识结构之思想。他将这些思想贯穿在教学环节中，组织附属小学生进行国文知识竞赛，注重学生道德的培养，创作了贯穿唐文治"尚实"思想的新校歌，激励学生。他常常采取随堂听课的方式，及时和上课老师交换意见，来提高附属小学堂的师资力量加强监督管理，促进教学水平的提高。严格执行课程计划，要求教师要按课表上好每一堂课，不随意调代课。他实现以学生为本的教育理念，全面提高学生的整体素质，保证附属小学堂教学工作有序、有创造性地开展，为附属小学的蓬勃发展奠定了坚实基础。

三 主张"以学生为本"的教育思想

沈心工在近代中国的教育思想与实践道路的轨迹是颇为艰辛且值得回味的。首先，这条教育之路是伴随着国家被外族欺辱而开始发生巨大变化的；其次，这条教育之路的变迁是应承着中华五千年历史文化的；再次，这条教育之路是无数仁人志士毕生践履出来的；最后，这条教育之路是始终不断向前看的道路。沈心工在南洋公学时期的教育实践有着他自己的思路，其中对于小学教育最突出的体现在于以下几点。

第一，"严而有爱，爱中有严"。"爱"指平时关心学生，帮助学生，使得师生关系融洽，与学生之间的交流没有障碍。"严"指的是在学习方面、纪律方面等严格要求学生。对于那些学习懒散、课堂纪律差的学生严厉教育，对于学习优异的学生则予以鞭策，做到严谨治学，严于律己。如

---

① 《邮传部上海高等实业学堂附属高等小学堂十周年纪念册》，载《学堂纪事》，1911，第18页。

对学生要言而有信等，时间长了学生的一些习惯也会随之养成。叶圣陶曾经说过：教育就是习惯的培养。

第二，作风民主，师爱全面公平。全面公平的爱是指热爱每一个学生，一视同仁，不厚此薄彼。爱每一个学生，严则一视同仁。学生的心中，也有最简单的道德标准，教师的一言一行、一举一动，都逃不过学生们那一双双明亮的眼睛。沈心工公平对待每一个幼小的心灵，使每个孩子都能够健康快乐地成长。

第三，为人师表，以身作则。为人师表是师德的核心。俗话说"德高为师，身正为范"，因为教师工作的对象是具有可塑性的未成年人，老师的一言一行都对他们产生潜移默化的影响。所以，在工作实践中，作为修身教员的沈心工处处事事严格要求自己，以身作则并规范自己的言行举止。凡是要求学生做到的，自己必须先做到，给学生树立好的榜样；凡是要求学生不做的事，自己坚决不做，以免给学生留下坏的印象。比如要求学生遵守行为规则，教师首先应自觉遵守教师守则。否则，光要求学生，而自己又不身体力行，学生就会认为这样的老师言行不一，出尔反尔，不可信赖。正如孔老夫子所说，"其身正，不令而行，其身不正，虽令不从"，就是这个道理。1909 年 4 月出版发行《邮传部上海高等实业学堂附属高等小学堂十周年纪念册》中，登载了毕业生黄楷培①从汉阳铁厂致沈心工的信函，信中详细汇报了其日常工作学习情况，并附自己的自修课程表。② 其作息时间仍严格遵守在校时制度，可见沈心工对学生生活习惯养成影响之深。

此外，沈心工平日不仅致力于培养话剧、音乐、文学等文艺修养，同时更致力于培养"器识"修养。他认为一个文艺家如果没有"器识"，无论技术何等精通熟练，亦不足道。人格教育属于美育范畴，是基于人格在感性和理性两方面的协调平衡，其意义是对个体的感知、情感、想象、直觉等感性素质作适当保护，促使其发展升华，也就是促进个体的"审美发展"。他的人格教育思想，不是强加给学生的，而是自

---

① 黄楷培，南洋大学堂附属小学堂第四届毕业生（1907 年）。
② 《邮传部上海高等实业学堂附属高等小学堂十周年纪念册》，载《学堂纪事》，1911。

然而然、潜移默化地渗透在教学的每一个细节里。他以培养学生高尚人格为宗旨的音乐教育思想，不仅对学生们影响至深，在中国音乐教育史上，也具有很大的理论意义和实践价值。一切教育行为只有以人为本，才能实现教育的本真价值，表现人的尊严，全面体现人性关怀，才能保证人们能够和谐幸福地生活，自由全面地发展。沈心工"以学生为本"的音乐教育思想，表现在尊重学生个性、注重学生个性发展和关心、爱护、帮助学生等许多方面。李叔同在音乐教学中所体现出来的认真、严格的治学态度和沈心工关心学生、爱护学生、严于律己、宽严适度、和蔼可亲、以学生为本的音乐教育思想是一脉相承的，在其后他的弟子和再传弟子们身上也都得到体现。

沈心工在南洋公学附属高等小学堂教学管理的这些理念，在今天看来仍具有现实意义。大学理念是大学对自身本质与功能、大学管理运作方式及其效率、大学存在与发展的真理性、规律性认识。大学发展既有适应经济社会发展、服务经济建设大局的一般外在规律，又有其自身发展的特殊规律。如"教育独立""大学自治""倡明学术""倚重研究"等内容，都是带有规律性的教育理念。对于这些宝贵的精神财富，在新的办学实践中应当继续坚持和弘扬。①

四　组织举办附属小学堂 10 周年校庆

1910 年夏，高等小学举行第七届升送中院（中学）毕业典礼，同时迎来了 10 周年校庆。此时负责附属小学全面教务工作的沈心工，协助校长林祖濬（康侯）负责 10 周年校庆事宜，并带领附属小学优秀学生一起，组织了 10 周年游艺会，引起轰动，深得好评。纪念册中登载了沈心工的学生、附属小学毕业生陆品琳②所写《小学游艺会祝词》，祝词中详尽介绍了当时的游艺会盛况。陆品琳在祝词中写道："岁次丁未十一月十

---

① 刘献君、房保俊：《近代中国高等教育理念的变迁及启示》，《中国高教研究》2009 年第 9 期。

② 陆品琳（1890～1964），字静庵，上海市松江县人。南洋附属小学 1904 年第二届毕业生，后入附中及大学，在校期间酷爱体育运动，后成为民初中国著名足球运动员，被公认为全国球坛"一百○八将"之首。

三日，邮传部上海高等实业学堂附属小学堂开第一次游艺会，品琳小学生之毕业生也，不可以无述。谨献祝词，以为颂祷。词曰：

> 维吾中国，万邦之望。首启文明，全球宝藏。迺际近世，实业未昌。爰立学校，明昭辉煌。首重始基，以敦蒙养。唯吾小学，为众敬仰。规模恢扩，东南之冠，隶属大部，爰建新舍，集吾同学，时习孜孜，德育体育，智育兼施。由浅及深，行远自迩，教育大明，准此宗旨，在昔宣尼，日游于艺，策励竞争，发抒智慧，我师淳淳。命我诸生，特开大会。各奏其能，觇其器识，审其程度，别类分门，奖优策惰，事观成绩，灿然杂陈，毅心毅力，瘅精痛神，进步愈速，小效大成，媲美欧西，振此先声，德皇有言，国之强盛，小学优美，实为后劲，况丁斯运，群雄角觝，万众一心，同舟共济，烈哉商战，何以御之，振兴技术，念慈在慈，多才多艺，借镜先资，前程远大，发轫于斯，愧我樗材，学识蒙翳，敢缀一词，懿欤万岁。"①

沈心工组织带领附属小学职员及学生一起精心编辑出版了《邮传部上海高等实业学堂附属高等小学堂十周年纪念册》，该纪念册于1911年4月出版发行。这部纪念册堪称中国基础教育史上最早的史料，为中国的基础教育提供了不可多得的珍贵资料。这部纪念册包括序言、学堂纪事、章程、校训、校歌、职员任期久暂表、学生进退表、职员及历届学生同学录、国文选刊、游记、游艺会祝词、校友来函、"新旧纷争"剧本13部分，由校长唐文治亲自作序言。他在寥寥不足300字的序言中曾这样评价附属小学校长林祖潘和教务负责人沈心工："昔普之胜法也，论者不归功于师武臣之力，而归功于小学教员。岂不以爱国精神必浸灌于童稚者之心理，植根既固而后，枝叶渐次发荣。是故小学教员，皆当以陶铸国民为己任，林君康侯以通敏之才，涉东瀛考察彼国学制归，而主持校席迄今已开七年矣。其所造就都计七次毕业，升学者不下二百名，会年来，中国图书公司及苏省铁路营业所相继惜重槃材，仍遥领斯席，而以校务委诸沈君叔

---

① 陆品琳：《小学游艺会祝词》，载《邮传部上海高等实业学堂附属高等小学堂十周年纪念册》，1911，第1~2页。

逵，叔逵乃当时本校师范生也。"①

纪念册中的学堂纪事详细记载了附属小学堂 10 年的办学历程，从 1896 年（光绪二十二年）冬，盛宣怀奏准在上海地方筹立南洋公学，1897 年南洋公学创办外院，1903 年第一届附属小学毕业到第七届附属小学学生毕业升送中学。10 年悠久而辉煌的历史，反映了全体职员呕心沥血，为学校教育尽职尽责的艰辛历程。章程包括：（1）宗旨；（2）学科、学程；（3）学期、休业日；（4）定额、入学；（5）纳费；（6）试验、报告；（7）奖励、惩戒；（8）附则。其宗旨是：谨遵奏定章程，注意儿童之品性，体魄、智识、技能俾臻完备，足当中学及专科适宜之选。勤、俭、敬、信四字为校训。校歌歌词为："珠光灿，青龙飞，美哉吾国徽。醒狮起，搏大地，壮哉吾校旗。愿吾师生全体，明白旗中意，既醒勿睡，既明勿眛，精神常提起。实心实力求实学，实心实力务实业。光辉吾国徽，便是光辉吾校旗。"国文选刊则选登了 1909 年 8 月附属小学国文大会比赛第一名获得者小学四年级学生朱世溁、第二名获得者四年级学生王永礼，1910 年 8 月附属小学国文大会比赛第一名获得者小学四年级学生周贤颂、第二名获得者四年级学生沈学洪所做《宋文文山先生做正气歌论》等优秀获奖作品。此外，游记作品刊登了沈心工带领学生旅行实习的优秀作品，他们是 1909 年小学四年级学生康时敏的《旅行佘山记》、1910 年小学四年级学生陈沅的《旅行天平山记》等。校友来函则包括退任教员陈处素②自美国哈佛大学致同学书及毕业学生黄楷培从汉阳铁厂致沈心工的信函。《新旧纷争》（又名《儿戏》）则是沈心工署名"冷血"而专门为附属小学 10 周年校庆而创作的剧本。沈心工亲自导演，在当年的附属小学 10 周年纪念大会上公演，反响很大，广受好评。在纪念册中随剧本还附有《新旧纷争》的演出剧照。

五　创作中国第一部以慈善募捐为主题的戏本——《新旧纷争》

较之源远流长的中国戏曲艺术，话剧是舶来的西方戏剧品种，是伴

---

① 《邮传部上海高等实业学堂附属高等小学堂十周年纪念册》，载《学堂纪事》，1911，第 2 页。

② 陈处素，原附属小学堂教员。

随着中国社会的历史进程，被中国人引进的西方艺术形式，可称为后起之秀。这种艺术形式被中国人不断地吸纳和改造，从而实现了创造性的转化。中国话剧有别于中国传统戏曲，它不以歌舞演故事，而是以对话、形体动作和舞台布景创造真实的舞台视觉，但在艺术精神上，同中国的传统戏曲乃至中国的文学艺术建立了内在而深厚的联系。它已经把一种外来的艺术形式转化为具有现代性和民族特色的中国戏剧样式，成为中华民族文学艺术的组成部分。1899 年，上海圣约翰书院的中国学生编演了一出名为《官场丑史》的新戏，演出方式与传统戏曲迥然不同，其中一些情节是从传统戏曲中演化过来，为后来文人演剧活动奠定了基础。所以，人们把学生演时事新剧作为中国早期话剧的发端。经由中国戏曲萌芽改良的中国话剧，虽对西方戏剧有所借鉴，但还不是真正的话剧。学生的演剧，虽有些接近话剧，也只能看作是中国话剧的准备。一般戏剧史学家把 1907 年春柳社在东京上演的《茶花女》和《黑奴吁天录》作为中国话剧史的开端。

19 世纪末 20 世纪初，当西方戏剧涌入中国之时，中国传统的戏曲也经历着变革思潮的冲击，掀起一股戏曲改良的热潮，遂有了"时事新戏"，并融入了话剧的形式。沈心工这位开创中国学堂乐歌的音乐巨匠，注意到了这一"时事新戏"形式，并结合中国戏曲加以发展和运用。

1907 年（光绪三十三年）夏秋之交，在苏北地区发生了一场史称"徐淮海大水灾"的特大洪水灾害。时任两广总督的端方上报朝廷的奏折中称："徐、海、淮安，所属铜山、邳州、宿迁、萧县、睢宁、山阳、安东、清河、桃源、阜宁、海州、沭阳、赣榆十三州县，一片汪洋，几成泽国。"[1] 连绵的大雨更是使百姓陷入了困苦境地。当时《申报》记载："小麦在田沉没，大麦登场霉烂，此麦季无成也。早豆、高粱、玉黍等淹没一空，此中季之无成也。水占田中二三月，晚豆、荞麦、豆等亦复托种，此秋季之无成也。三季全无，十室九空。"[2] 而晚清政府在处理这场

---

[1]　端方、端忠敏公奏折：载沈云龙《近代中国史料丛第十辑》，海文出版社，1975。
[2]　《申报》1906 年 7 月 26 日。

徐淮海大水灾时，仍沿用了历史上传统的截留和资遣的赈灾措施。但实际上当时吏治腐败，只依靠官赈已经无法应对这场灾荒。在当时官赈陷入困顿之时，苏省大员们请盛宣怀出面，组织士绅善工们开展义赈，盛宣怀提出"化官为义"的建议。他更是在 11 月 5 日向端方提交了一份《官义两赈合办章程》，这份章程对这场救灾具有重要意义，堪称整场徐淮海水灾组织赈济的全局书，自此，盛宣怀全面担负起了"官义合赈"的救助工作。作为师范院首届师范生，附属小学堂教员的沈心工，他积极响应盛宣怀的"官义合赈"的号召，除发动社会各界人士及附属小学堂师生积极捐粮捐款外，还结合"时事新戏"表演形式，于 1907 年编写了以募捐救济饥民为主题的《新旧纷争》（又名"儿戏"）戏本。

　　戏本编写完成后，他立即组织附属学堂的小学生认真排练，并带领他们走上上海街头，积极开展慈善公益募捐活动演出（见图 3 - 5）。募捐演出开展后，社会各界反响十分热烈，上海各界人士纷纷伸出温暖的双手，善款源源不断，奉献爱心的高潮迭起。戏本开场台词为："买票！买票！今日高等实业学堂、震旦学院做戏募捐，救济饥民，快来买票！（铃铃铃）戏场在徐家汇李公祠里，地方清净，戏也新鲜，震旦学生做的是法文戏，实业学堂上中院学生做的是英文戏，小学堂学生做的是中国戏，中西都有，雅俗共赏，要看的快来买票（铃铃铃），头等一元，二等八角，

图 3 - 5　1907 年《新旧纷争》演出剧照

三等五角。要买票的快来快来。"① 小学生们募捐演出的全部款项都捐给了灾区民众，给困境中饥饿的灾民送去了温暖，给了他们生存的勇气和生活的希望。

　　这场赈灾演出的过程，使附属小学堂的学生深刻认识到"修身齐家治国平天下"的历史责任，了解了社会，开阔了视野，也增强了他们努力学习的信心和毅力。

① 《邮传部上海高等实业学堂附属高等小学堂十周年纪念册》，载《学堂纪事》，1911，第1页。

第四章　开启中国学堂乐歌时代

沈心工一生创作乐歌长达 30 年之久，共创作乐歌 180 余首。人们往往在他的名字前面冠以"中国近代音乐的先驱""启蒙音乐家""学堂乐歌之父""第一代音乐教育家"等充满赞誉之情的称谓，以铭记他为中国近代音乐发展所做的卓越贡献。

第一节　在全国普及简谱

20 世纪初，在洋务运动的努力下，中国新式学校教育终于获得较大发展，学校音乐教育也在此刻开始生根发芽，学堂乐歌就是这个萌芽期的艺术结晶。作为中国近现代音乐史上的一次启蒙运动，学堂乐歌是中国音乐史上国人第一次真正开始自主吸收西方音乐的开端。正如原国务院副总理李岚清同志所言："中国近现代音乐史上的第一个里程碑是'乐歌运动'。"① 沈心工就是点燃"乐歌运动"的火炬，开创我国近现代学校音乐教育先河的启蒙音乐家，被李叔同称为"吾国乐界开幕第一人"。

一　简谱记谱法的概念

和语言文字一样，不同民族都有自己创立并传承下来的记录音乐的方式——记谱法。各民族记谱方式各有千秋，但是目前人们普遍使用的是五线谱和简谱。而 100 多年前的沈心工在南洋附属小学，广泛使用简谱记谱方式，进行乐歌的普及和推广。应该说这是一种比较简单易学的音乐记谱

---

① 李岚清：《我国近现代新音乐文化的先驱——沈心工》，《解放日报》2008 年 6 月 21 日。

法。它最大的好处是仅用 7 个阿拉伯数字——1、2、3、4、5、6、7，就能将千变万化的音乐曲子记录并表示出来，并能使人很快记住而终身不忘，同时涉及其他的音乐元素也基本可以正确显示。简谱虽然不是在中国形成，但这种谱例似乎只有在中国才得到非常广泛的传播。

简谱，是指一种简易的记谱法，通常分为数字简谱和字母简谱两种形式。数字简谱以首调唱名法为基础，用 1、2、3、4、5、6、7 代表音阶中的 7 个基本音级，读音为 do、re、mi、fa、sol、la、si，休止以 O 表示。每一个单独数字，其时值相当于五线谱的一个四分音符。数字简谱诞生于 16 世纪的欧洲，1882 年传入日本。1902 年，留学日本的沈心工将这种记谱方法引入中国。1904 年，沈心工在中国首次使用简谱编著出版了中国最早的音乐教材《学校唱歌集》第 1 集，简谱也由此逐渐为国人所知。20 世纪 30 年代起，随着我国救亡歌咏运动的开展，数字简谱在民众中广泛流传。

字母简谱，则是在英美等国所通用的一种记谱方式。它以 d、r、m、f、s、l、t 7 个字母作为基本音符，其中除第 7 音读作 ti 外，其余各音与数字简谱的读音一样。有关半音的记法是：遇升高时一律加 e，降低时一律加 a，高八度在右上角标 1，低八度在右下角标 1。其时值及节拍则以纵线（│）表示强拍，双点（：）表示弱拍；横线（—）表示延长，单点（·）表示数音连接成一拍。字母简谱主要以罗马字母作为基本音符，以拉丁语读音为唱名，因此在一些受西方文化影响较深的国家和地区广为流传。

由于简谱记谱法与中国的工尺谱（流行在中国民间的一种旧时文字谱）相当接近，因此这两种简谱在中国得到了空前发展，就世界范围而言，中国是将简谱特性吸收得最好并发扬光大的国家。直到今天，中国人仍然习惯使用简谱唱名吟唱歌曲。

一般来说，所有音乐的构成有四个基本要素，而其中最重要的是"音的高低"和"音的长短"。

1. 音的高低：任何一首曲子都是高低相间的音组成的，从钢琴上直观看就是越往左面的键盘音越低，越往右面的键盘音越高。

2. 音的长短：除了音的高低外，还有一个重要的因素就是音的长短。

音的高低和长短的标注决定了该首曲子有别于另外的曲子，因此成为构成音乐的最重要基础元素。

3. 音的力度：音乐的力度很容易理解，也叫强度。一首音乐作品总会有一些音符的力度强一些，有些地方弱一些。而力度的变化是音乐作品中表达情感的因素之一。

4. 音质：也可以称音色，也就是发出音乐的乐器或人声。同样的旋律、音高，男声和女声唱出不一样的音色；小提琴和钢琴也是不一样的音色。

上述四项构成了任一首乐曲的基础元素。应该说，简谱基本可以将这些基础性元素正确标注。

二　"独览梅花扫腊雪"——日本简谱在中国

在音乐教学过程中，沈心工有取舍地吸纳国外的先进音乐教育方法和理念，并在此基础之上对其进行恰如其分的中国化，创造性地将国外的音乐教育方式引入中国。而这种引进最突出的表现就在于他将日本学习到的音乐简谱运用到中国。这种运用在南洋公学的学生赵宪初写的回忆录《南洋公学和南洋模范中学》中有记载：据说把唱歌作为课程之一和用简谱配歌词，在当时是南洋附小首创。在此之前，教会学校唱的是赞颂诗，有些中国早期的学校则代之以诗词朗读。南洋附小的沈叔逵从日本学来简谱，以"独、览、梅、花、扫、腊、雪"七个字来唱1、2、3、4、5、6、7，并编制歌词，教学生唱歌。他编歌时的笔名叫沈心工，后来有《沈心工唱歌集》若干卷，在江浙各地也许在全国相当范围内风行一时。大概现在年龄70岁以上曾在学校读过书的人，幼年都唱他编的歌。其中有"男儿第一志气高，要想马上立功劳……"的《竹马歌》；还有批判妇女缠足的《缠足歌》，描写母亲为女儿缠足，女儿哭，母亲流泪，在旧社会的传统压力下，她们既觉得不应该做，又不得不做，心理刻画地非常深刻，有一定的宣传教育作用。这些歌词在国内小学盛行了许多年，一直到20年代初期，黎锦晖、黎明辉父女的《葡萄仙子》《毛毛雨》等歌曲盛行，才取而代之。

沈心工创造的这一套独特而生动的教学手法，将接触到的日本音乐及西方音乐，同中国音乐进行比较，完全符合他提出的"博采东西音乐，为中国音乐之先导"的主张。① 在实践过程中也卓有成效，至少在当时的南洋公学来说取得了相当的成功，在当时也可以说是开创中国音乐教育先例，应该被所有人铭记。

今日，当我们回望这一切时，对沈心工这种开拓性的学校音乐教育理念应该予以肯定。在实践意义上，他完全符合鲁迅所说的"拿来主义"，正像鲁迅先生说的那样："总之，我们要拿来。我们要或使用，或存放，或毁灭。那么，主人是新主人，宅子也就会成为新宅子。然而首先要这人沉着，勇猛，有辨别，不自私。没有拿来的，人不能自成为新人，没有拿来的，文艺不能自成为新文艺。"② 他说："要进步或不退步，总须时时自出心裁，至少也必取材异域，倘若各种顾忌，各种小心，各种唠叨，这么做即违了祖宗，那么做又像了夷狄，终生惴惴如在薄冰上，发抖尚且来不及，怎么会做出好东西来。"（《坟·看镜有感》）10 年后他在论新木刻时，又指出有两条路，一条是"采用外国的良规，加以发挥，使我们的作品更加丰满"；另一条是"择取中国的遗产，融合新机，使将来的作品别开生面"。（《且介亭杂文·〈木刻纪程〉小引》）总之，他认为我们对旧文化，无论是中国遗产中的精华还是外国遗产中的良规，实在还知道得太少，吸收得太少。只要是优点，他说"即使那老师是我们的仇敌罢，我们也应该向他学习"（《且介亭杂文·从孩子的照相说起》）。从某种意义上讲，沈心工一生所做之努力是对鲁迅先生思想的传承、发展与实践。

第二节　不断推动乐歌运动在全国的开展

上文曾经提到，南洋公学创立早期，通过沈心工的不懈努力，在南洋公学附属小学成功开创了唱歌课。沈心工在日本期间，看到日本乐歌对日本国家国民的激励，受到极大震撼。留学归国后，沈心工将这种震

---

① 田蕾：《论沈心工对我国音乐教育之贡献》，《戏剧文学》2003 年第 6 期。
② 鲁迅：《且介亭杂文之"拿来主义"》，《鲁迅全集》第 6 卷，人民文学出版社，1991。

撼转化为创作的动力，并在作品创作中注重赋予乐歌对于落后国家的重大
意义。

　　这一时期的沈心工一方面赞同向西方学习，另一方面又希望能在乐歌
中把中国古典诗词作为一部分内容加以引用。于是在创作上，他一边用西
方的七声音阶进行简谱与五线谱谱曲，一边用近于古典诗歌的体式写出白
话文的歌词。他试图以一种更为审慎而又渐进的态度，以一种沉静、审美
的方式将中国古典文学写入歌词。

一　乐歌运动开展的时代背景

　　我们有必要重新审视一下学堂乐歌开展的时代背景。鸦片战争以
后，中国出现学习西方的洋务运动。清政府为抵御外辱，为培养急需人
才，开办了新式学校，尽管在这些学校中，没有近代意义上的学校音乐
教育，但客观上为中国近代学校音乐教育的出现作了教育体制上的准
备。甲午战争的失败，宣告了洋务运动的彻底破产。一次又一次丧权辱
国的条约签订，迫使政治精英们认识到，只有走西方的路，才能避免亡
国危险。由于地域、交通运输和通信的局限，中国人看到的世界首先是
日本这个"扶桑岛国"，于是效仿日本成了一时之风。康有为与梁启超
一起热情宣传音乐对思想启蒙的重大教育作用，积极倡导在学校设立乐
歌科，发展音乐教育，记述乐歌作者和评论作品，提出改革音乐的主
张。康有为主张"远法德国、近效日本、以定学制"，梁启超认为"今
日不从事教育则已，苟从事教育，则唱歌一科，实为学校中万不可缺
者。举国无一人能谱新乐，实为社会之羞也"，"乐堂渐有发达之机，
可谓我国教育界前途一庆幸"①。正如著名学者居其宏先生所评价的：
"1840 年第一次鸦片战争至 19 世纪末 20 世纪初……面临国破家亡的深重
危机，一场深刻的社会变革呼啸而至。在政治领域，是一个民主革命风起
云涌的年代，它的直接结果，是丧权辱国的清政府被推翻和中华民国的成
立；在思想文化领域，是一个西学东渐'远法欧西，近采日本'的年代，
它的直接结果，则是新学的兴起和民主自由思潮在中华大地上汹涌澎湃；

---

　　①　曾华宏：《我国近代音乐的开端——学堂乐歌》，《吉林教育》2006 年第 5 期。

在音乐艺术领域，是一个以'启蒙美育'为宗旨，以'中西合璧、兼收并蓄'为途径的年代，他的直接结果，则是'学堂乐歌'的遍地开花和专业音乐创作的崭露头角，源远流长、博大精深的中国音乐艺术，由此完成了从传统型向现代型的战略性转变。"①

南洋公学作为沈心工母校，是当时中国最早的高等学府之一，在乐歌运动发展过程中起到了不可替代的引领作用。早在 1897 年，沈心工与同学就一起为师范院和外院（小学）创作了校歌，同年 10 月开始，南洋公学外院开设了乐歌课，教授学生唱歌。1898 年 1 月，南洋公学又制定了《南洋公学高等小学章程》，其高等小学的课程设置中就将乐歌设列其中，这是具有划时代意义的举措，沈心工等师范院学生由此成为中国最早的学校音乐课教师，沈心工任职的南洋公学在学校音乐教育方面的作为，为接下来的中国音乐教育发展及实践性工作提供了极其珍贵的借鉴作用。

这一时期的沈心工除了在附属小学开设唱歌课，创作各类音乐作品，还义务主办乐歌讲习会，向大众进行乐歌的推广，影响很大。社会各界有识之士的不断呼吁，以及沈心工所做的努力，有力促进了中国近代音乐教育的发展。

除了沈心工等人的努力，当时清政府为建立全国范围内的近代学校制度，也陆续颁布了一系列章程。1903 年，清政府在颁布的《奉定蒙养院章程及家庭教育法章程》中，首次站在官方角度上肯定了校园音乐教育的重要作用，鼓励各地兴办、开设音乐课程，这些举措都为日后中国校园音乐教育的兴起铺平了道路。1904 年 1 月 13 日，清政府再次颁发了由张百熙、荣庆、张之洞联名奏呈的《奏定学堂章程》（章程共 17 条），此年为农癸卯年，故又称"癸卯学制"。这是中国经政府法令公布并正式在全国实施的第一个完整的近代学校教育体系。它对整个国家的学校教育系统、课程设置、教育行政及学校管理都做了详细的规定。标志着中国从西方引进的近代学校制度的确立。在这次的奏呈中特别提到了关于音乐的问题："今外国中小学堂、师范学堂，均设有唱歌音乐一门，并另设专门音乐学堂，深合古意。唯中国古乐雅音，失传已久。此时学堂音乐一门，只

---

① 居其宏：《马克思主义文艺观在中国乐坛的莺声初啼》，《音乐研究》2015 年第 6 期。

可暂从缓设，俟将来设法考求，再行增补。"1903 年颁布的《重订学堂章程初级师范学堂课程规定》就将"音乐"列为必设课程之一，授课对象以女子师范学堂的学生为主；在 1907 年颁布的《奏定女子小学堂章程》中，章程规定，在女子初、高两级小学堂开设"音乐"课；1909 年后，在《修正初等小学课程》中更是明文规定，凡初等小学堂中必开设"乐歌"课以及在高等小学堂中需增设"乐歌"课。

这一时期的沈心工除了在南洋公学附属小学积极开展音乐教学活动以外，开始大量创作乐歌，并在上海务本女塾、龙门师范、南洋中学、"沪学会"等进行乐歌讲授。他的投入和付出，受到了当时社会民众的广泛好评。这一时期创作的主要乐歌有《听、听、听》《上学》《锣鼓》《小羊》《鸭》《鸡》《猫》《蝶》《卖布》《竹马》《摇床》等。他的乐歌广泛传唱，几乎家喻户晓，有力地推动了乐歌运动在中国的蓬勃发展。

二　编写中国第一本音乐教科书《学校唱歌集》

在南洋公学附属小学从事小学教育的过程中，沈心工对儿童的心理、生理特征和歌唱要求都有着丰富的经验，为了满足中国当时学校音乐教育教科书的需求，他开创性地编写了题材广泛而又为少年儿童所乐于接受的乐歌，并编写汇集成册出版，这就中国历史上最早的学校音乐的教科书。沈心工早年所做乐歌，多以选曲填词为主。所选乐曲，多数为欧美和日本曲调。从 1902 年沈心工东渡日本创作了中国学堂乐歌第一首作品——《男儿第一志气高》（初名《体操－兵操》）后，陆续创作了大量乐歌，并于 1904 年整理出版《学校唱歌集》第 1 集。资料称：1904 年（光绪三十年），日俄战争爆发，先生自青浦迁居上海，初居乔家巷，后迁也是园浜。是年出版《学校唱歌集》第 1 集，这是我国近代最早的学校音乐教材[1]，同时也是中国最早自编的一本简谱歌集。

《学校唱歌集》第 1 集收录了大量儿童喜爱的歌曲，他们大多采用白话

---

[1] 上海交通大学校史编纂委员会编《上海交通大学记事 1896~2005》（上卷），上海交通大学出版社，2006，第 48 页。

文的歌词形式，词曲结合自然，唱起来朗朗上口。如《客来》《白毛鸭》《布谷》《燕燕》《春风》《耕牛》《地球》《龟兔》《促织》《飞行艇》《合群之乐》《小学生》《孔圣人》《英文字母》等歌曲（见图4－1）。歌曲集的出版为当时的学校音乐课堂提供了重要的教学内容，填补了当时学校音乐教育教材的空白。这些歌曲在课堂的教唱过程中，成为连接老师与学生的纽带与桥梁，是教学内容得以传授和实现的重要途径。这些歌曲提倡热爱自然、崇尚科学、文明礼貌、勤学努力的精神，向学生传授了高尚的道德情操和审美意识，这成为他创作中的可贵之处。

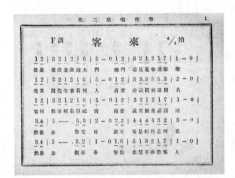 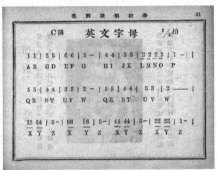

图4－1　《客来》《英文字母》词曲谱

尤其值得一提的是这首《英文字母》，是沈心工针对当时南洋公学附属小学生学习英文课程而创作的。这首歌曲是一首相当著名的英国儿歌，原名为《一闪一闪亮晶晶》，英文原称"Twinkle Twinkle Little Star"，又称《小星星》。歌曲旋律轻快、优美、动听。沈心工采用歌曲曲调编写了《英文字母》，教学生初识英文，学生通过学唱歌曲，很快掌握了26个英文字母，为学习英文打下了良好的基础。

《英文字母》歌创作迄今已逾百年，但时至今日，这首歌曲仍然是我国少年儿童学习英语启蒙的必唱歌曲。只是他们唱着这首朗朗上口的《英文字母》歌，并不知道歌曲作者是沈心工，不免有些遗憾。

三　创作大量学堂乐歌

自1904年《学校唱歌集》第1集出版后，沈心工又分别在1906年（光绪三十二年）出版《学校唱歌集》第2集，1907年（光绪三十三年）

出版《学校唱歌集》第3集。《学校唱歌集》1~3集的出版，为当时学校音乐教育发展开辟了道路，歌曲集是当时音乐教育活动的最初成果和精华，为学校音乐教育逐渐步入正轨起到了引领作用，为中国近代学校音乐教育作出了卓越贡献。著名音乐家黄自在谈到《学校唱歌集》时曾说："沈先生的歌集，风行最早。稚晖先生所谓'盛极南北'，确系事实而不是过誉。所以现在的音乐教师及歌曲作者多少皆曾受先生影响，这一点影响也就了不起了。"①

这一时期是沈心工乐歌创作的鼎盛时期，如广为传唱的乐歌《凯旋》《运动会》《拼音》《春风》《从军》《春游》《黄鹤楼》《促织》皆诞生于这一时期。根据笔者所掌握的资料，对学堂乐歌进行初步的分析，具体可将学堂乐歌分为下列几类。

1. 通过不同角度强烈要求富国强兵，抵御外强欺凌，这在当时是主流。代表作品有《黄河》《同胞同胞需爱国》《爱国》及早期的《体操 – 兵操》《从军》《凯旋》。

2. 欢呼推翻帝制、建立共和新政胜利。代表作品有沈心工作词的《革命军》《中华民国》，沈心工词、朱云望作曲的《美哉中华》等。此类歌曲大多产生于辛亥革命成功之后。

3. 向中小学生进行"军国民教育"的各种各样的所谓"军歌"，例如《军人的枪弹》《小兵队》《黄河》等。这可能是当时我国学校音乐教育受了日本学校音乐教育的影响，并与一些爱国知识分子渴望迅速实现"富国强兵"理想的迫切心情有关。

4. 呼吁妇女解放，提倡男女平等，代表作品有沈心工作词的《女子体操》和《缠足苦》等。值得注意的是，当时这些歌曲中都没有非常鲜明地提出"男女平等"的口号，也没有更深地触及这个问题的反封建实质，主要只是号召妇女要自强、自立，争取自己应得的地位和应发挥的作用。在李叔同编的歌曲《婚姻祝词》的歌词中，则提出了要改变"男尊女卑"、要实现"权力平分"的思想。这类题材在沈心工创作的作品中比例较小，这之中固然有一定的历史局限性，但在当时的历史条件下，有人

① 沈洽：《学堂乐歌之父——沈心工之生平与作品》，台湾作曲家协会，1990。

能大胆提出这个问题，其意义已不可低估。

5. 鼓励学习新文化，倡导除去旧习俗，树立新风气。如《请君对镜》《革命必先格人心》《阳历》《时计》《旅行》《地球》等。

6. 结合学校生活现实，主要是对青少年进行勤学苦练的思想教育和热爱生活、热爱自然等审美教育的题材，代表作品有《祝幼稚生》《赛船》《竹马》《龟兔》《春雨》《运动会》等。这类歌曲在当时的学堂乐歌中数量不算多，但其中相当一部分深受当时广大青少年所喜爱，因而流传也比较广。

7. 反映和主张尊孔等传统伦理道德的题材。如沈心工作词的《孔圣人》《乐群》《促织》《蚁》《盲哑》等，也得到广泛流传。

1906 年，沈心工师范院同学、时任南洋公学附属小学堂校长陈懋治为沈心工的《学校唱歌集》作序，他在序言中这样写道：

> 学校歌词不难于协雅，而难于谐俗。今若院本，国初以来，《月亭西堂》风靡一世，其在今日，乃不能与燕秦俚俗之辞角胜负于歌台辞谢。间风气之变，虽视夫提倡者之何如，然以阅数千年不能人人尽通之文字，有益之以藻饰，其能使家弦户诵，而不为广陵绝响耶。夫乐之所以感人者，非徒以音焉而已。彼乐工日诵《琵琶记》《桃花扇》诸曲者，而纯无能解其义者，其感情曾有几何？故谓化俗移风于乐无与则已，若循春诵夏弦之义，而俾黄口孺子歌风肆杂，谓能陶淑性情，少知心理者能信之乎？比年以来斯义渐彰，按谱协律颇作者。然弊病大都不纯：一阕之内文俗杂操，求所谓质直如话而又神味隽永者，自沈君叔逵所著外，盖不数见也。君所著《学校唱歌集》甲辰五月问世，今已五版。近又出示其新作，则所谐益进。君之志在改良社会，而今日急务尤莫先于德育。故其中注意修身者殆十八九，歌凡十四，首以文句深浅序……皆矢口而道纯任自然。所谓天籁假物以鸣者非欤？……即小见大，激发志气，将使髫龀之年，熟夫合群爱国之义焉。曩吾尝见李氏小学弦歌矣，皆集古近体诗之与修身有关学者，惟文人著述，非妇孺能解，于小学教育未有合也。君此编犹李氏之思，而视李氏所集殆过之。吾知风行海内必视甲辰诸作尤为教育家

所欢迎矣。记曰：善教者使人继其志，善歌者使人继其声，如君者所谓善教善歌者欤。

从中我们可以看到这么一句"君之志在改良社会，而今日急务尤莫先于德育"。关于德育，陈懋治、杜嗣程、沈心工三人在《蒙学课本》第六册里的编辑大意中写道："泰西之学，其旨万端，而德育、智育、体育为三大纲。德育者，修身之事也；智育者，政知格物之事也；体育者，卫生之事也。蒙养之道，于斯为备，是编故事六十课，属德育者三十、属智育者十五、属体育者十五。"由此可见，最早提出德育、智育、体育的人，是陈、杜、沈三位。因此可见，沈心工还是在中国近代教育历史上最早提出德育理念的三人之一。

四　出版《小学唱歌教授法》（译辑）

在教授学生学堂乐歌时，沈心工摸索出了很多音乐教学方面的技巧以及方法，且不断改进并贯穿在他所教授的乐歌课中。随着沈心工乐歌课及学堂乐歌名声日盛，沈心工也颇受当时上海音乐界人士推崇。上海当地众多院校纷纷邀请沈心工前去讲授学堂乐歌，各地教师也不断前来向沈心工请教乐歌教育之方法。久而久之，沈心工心中产生了为老师们撰写一本关于乐歌教学法的书籍，为他们提供教学参考，这样就能使乐歌得到更好的普及，以使中国音乐教育得到更为广泛的发展。

经过长时间考察，沈心工将目光停在了留学日本期间所读到的一本音乐教育书籍上。这本书名为《新编小学唱歌教授法》，是音乐教育家石原重雄所著。石原重雄是日本当时很有名气的音乐教育家，他曾为当时的东京第一中学创作过《校歌》以及《毕业歌》，对当时日本乐歌发展有很大影响。1900年，石原重雄参考欧美等国校园音乐教育书籍撰写的《新编小学唱歌教授法》，也很快风靡全日本。沈心工于1902年到达日本时，正是石原重雄音乐教育思想最为盛行之时。因此，沈心工日后的学堂乐歌创作也不免受到了石原重雄的影响。所以，当沈心工需要撰写一本中国自己的学校音乐教学法书籍时，他第一个想到的借鉴对象就是石原重雄的《新编小学唱歌教授法》。

在结合石原重雄音乐教育法与中国音乐实际发展情况的基础上，沈心工译辑了《小学唱歌教授法》一书（见图4－2），并于1905年6月由上海文明书局出版发行。在书中沈心工明确指出："教育者，仅示其目的，而教授法者，则达此目的的方法也。方法益多，目的遂无一不可达，而利用此教授法者，莫如小学校。故教授法一科，几为小学所独有。"① 由此可见，沈心工刊印此书的目的尽在于达到提高中国音乐教育程度，为中国音乐发展尽一份力。

图4－2　1905年沈心工译辑的《小学唱歌教授法》

沈心工译辑的《小学唱歌教授法》共分为七个章节，第一章：唱歌科之地位；第二章：唱歌教授之目的；第三章：教材之选择；第四章：儿童之声音；第五章：教授之方法；第六章：教案例；第七章：教授上之注意。在这七章中，沈心工多次提到音乐教育的目的、分类和地位，直言音乐具有唤起人们美情、同情、虔敬之心以及国家荣誉感的重要作用，以此来改变人们对于音乐教育不外如是的旧有看法。其后，他还介绍了声音的性质、幼儿变声规律、节拍、乐理知识、伴奏乐器知识以及正确的教材选择方法等内容，对当时的音乐教育启蒙起到了划时代的作用。

陈懋治在《小学唱歌教授法》序言中说："余唯音乐之在今日，其关乎教育也，稍具新知识者，皆知其为切要之务矣。即好言旧学之士，亦能授引古籍，以证三代学制六艺并重之义。然而溯厥先河，我国之言教育者，未闻有习此者也……余感夫虑始之难，而有幸夫教育之日有进步也。为溯其缘起，以念他日之作音乐史者，至君所识者，行世已久不赘言，言也不足以益居也。"② 从这段话中，我们可以看出当时人们对于沈心工《小学唱歌教授法》的评价。

---

① 沈洽：《学堂乐歌之父——沈心工之生平与作品》，台湾作曲家协会，1990，第43页。
② 陈懋治：《沈心工译辑：小学唱歌教授法》，上海文明书局，1905，第1页。

　　在我国 20 世纪初，各种音乐教材相继面世，如沈心工的《学校唱歌集》《小学唱歌教授法》，曾志忞的《乐理大意》《唱歌及教授法》，李叔同的《国学唱歌集》等都在当时社会各界引起强烈反响，极大地推动了中国近代音乐教育的发展。而在这些教材当中，沈心工所撰写的《小学唱歌教授法》是最为系统、最早被学校广泛采用的一部小学音乐教学法的教科书。

第五章　担任附属小学校长十六年

　　1911 年辛亥革命爆发，沈心工（见图 5－1）受革命军之托，率部光复青浦，可当地军民拥戴他任青浦主事时，却遭到他的婉言谢绝。他重返南洋公学附属小学任教，在他的倡导下，提出了新的办学"宗旨"。十年磨一剑，在他的悉心经营下，附属小学教育成就卓越，蒸蒸日上。1911 年（宣统三年），时任大学校长唐文治带头并规劝学生一律剪发辫，并将校名改为南洋大学堂，仍隶属邮传部。这一年小学堂长林祖濬因去苏路公司任职，沈心工遂出任南洋公学附小主事（校长），他开始实践从"三尺童子"教起，为国育才的理想。在附属小学长达 16 年的校长管理工作中，受辛亥革命的影响，学校进入了一个新的发展阶段。沈心工的教育思想，正是在这个背景下逐渐形成的。担任校长的沈心工经常巡视在教学第一线，细心观察教师的教法、教态，观察学生的反映，课后常听取师生意见，便于改进教学。经过 20 多年的探索和追求，研究西方近代各种教育学说，通过广泛的考察和调查，并通过自己亲力亲为的教学实践，沈心工逐渐形成了一整套小学教育的理论体系。他脚踏实地将全部心思都用在附属小学的管理和教学实践上，学校办得十分成功，声名鹊起，得到社会各界和民众的极大好评，也为中学和大学培养了大批优秀人才。

小学部主任沈叔逵先生

图 5－1　沈心工像（图片来源于
　　　　　上海交通大学档案馆）

第一节　制定小学章程和办学"宗旨"

担任校长的沈心工革新管理，重视师资队伍建设，新订一系列规章制度，正是在 1911 年，沈心工主持制订、颁布并出版了《邮传部上海高等实业学堂附属高等小学堂章程》，并以"勤、俭、敬、信"为校训，提出了办学新"宗旨"，并提出学科设置和知识结构之思想。

一　制定小学章程，进行学科设置

其实早在 1907 年，沈心工就开始主持邮传部高等实业学堂附属小学堂教务工作，对附属小学的教育就有了自己的构想。1911 年春，沈心工在参照光绪二十三年（1906 年 7 月）颁布的《商部上海高等实业学堂附属小学章程》的基础上，重新制定并颁布了新的《邮传部上海高等实业学堂附属高等小学堂章程》，这个章程也是附属小学在清末的最后一个办学章程，它包括"总章"（共 13 章）和"规则"（共 9 章）。总章为：第一章：定名（一节）；第二章：宗旨（三节）；第三章：职员（一节）；第四章：经费（一节）；第五章：学科（十二节）；第六章：学额及年限（二节）；第七章：学科程度表；第八章：责任（五节）；第九章：权限（五节）；第十章：入学及应缴费；第十一章：休假（一节）；第十二章：考试及赏罚（四节）；第十三章：规则（二节）。规则为：第一章：门约（五节）；第二章：管理（五节）；第三章：课堂（十三节）；第四章：宿舍（十六节）；第五章：食堂（八节）；第六章：游息（五节）；第七章：请假（三节）；第八章：杂务（七节）；第九章：教范（八节）。

此外，沈心工进一步提出"学科"设置和知识结构之思想，其课程设置为修身、讲经、国文、书法、算术、历史、地理、理科、图画、体操、唱歌、英文等。[①] 这些课程的设置和思想观念对于我们今天的小学教育仍具有十分重要的借鉴作用。具体内容如下。

---

① 《邮传部上海高等实业学堂附属高等小学堂十周年纪念册》，载《学堂纪事》，1911。

1. 修身：其要义在就孝经四书中之微言大义，摘其切近身心及日用事实，委屈讲贯，令其兴起鼓舞，油然生孝悌之心，此时具有爱敬知识，将来即为爱国根基。

2. 讲经：其要义在发明各经大义，皆当一一摘出，俾知经学即哲理之根源，科学之基址。异日学成致用，自无离经叛道之弊。至每日授读之经，必使成诵。

3. 国文：其要义在发明中国之国粹，文知之者，足以提醒国民忠孝思想。大凡国家当全盛时，期著作之才，必有光明俊伟之象，渊懿朴茂之辞；若文气萎靡不振，则其国势亦日趋于弱，六朝五代之文是也。故文章虽小道而古今治乱升降之原及人品善恶高卑之别胥寓于此，尤不可不注意焉。

4. 书法：其要义在讲求姿势体格，书为六艺之一，程明道先生教人恭敬写字云即此，是学乃正笔之意也。学者练习书法，宜端正身体，凝敛精神，勿作倾斜欹侧态。书法成熟。洞悉源流，亦可备后日应时之用。

5. 算术：其要义在使学者预备必需之算理，务须立法简捷，讲说详明，兼详运算之理，并使习熟速算。盖实业无一科不需算术，鼓算术以尤精为尤适用。如少时已能通贯算术，则后日研究各科学，有左右逢源之乐。

6. 历史：其要义在陈述历朝治乱兴衰大略，俾知古今世界之变迁，次及忠良贤哲之事迹，政治沿革之大凡，优胜劣败之公理。虽贵简赅，总以振发自强之精神为主。

7. 地理：其要义在使知地球表面及中国疆域之大概，人类生计之情状，更宜发明地质地文之名类功用，水陆气象之要略，人种竞争与国家形势重要之关系，以养成其合群爱国之知识。

8. 理科：其要义在使知动物植物矿物等类之形象质性，并使知物与物之关系，及物与人相对之关系，可适于日用生计，及各项实业之用，尤当详为解说，以精其观物察理之念。

9. 图画：其要义在使知观察实物形体，教自在画，兼讲用器画，令其心思习于精细，助其愉悦，以备他日绘画机器图及研究各项实业之用。

10. 体操：其要义在使身体各部均齐发育，四肢动作敏捷，精神强壮，志气发扬，以养成其乐群和众，动合纪律之志。

11. 唱歌：其要义在活泼心思，助其发育，为涵养德行之具，并于以上所教各科有直接之关系，如修身、历史、地理，均可举其一事，编成诗歌，令其习诵，则所讲之书，尤易感悟，不复觉记忆之艰苦。

12. 英文：其要义在预备入中学之地位，故至三年级时，即设有英文一科，先审音，次缀字，次学文法。[①]

沈心工严格而科学地规定了附属小学课程设置的门类、内容与知识结构，为中学及大学的人才培养奠定了坚实的学识基础。附属小学第九届毕业生，后来成为土木工程界知名实业家的周浩泉回忆说："我对小学里三年半的学生生活，印象极深，不但校规严、老师严，而且学科多，功课重……附小开设的修身、唱歌、英语等十二门课程，在当时是最完备的。尤其值得一提的是，由于英语教学起步早，要求高，程度深，学生升入中院后接受各门课程的英文讲授及阅读科书毫无窒碍，不但掌握英文更趋精通，也为开始学习法文或德文创造了条件。"[②]（见图 5 - 2）

壬子第九届毕业生

图 5 - 2　1912 年南洋公学附属小学第九届毕业典礼合影

---

① 霍有光、顾利民：《南洋公学——交通大学年谱》，陕西人民出版社，2002，第 40~41 页。

② 霍有光、雷玲：《积厚流光——交通大学附属小学图志（1896~1949）》，西安交通大学出版社，2012。

二　提出新的办学宗旨

沈心工认为，小学为中国本有之国粹，少仪则诸篇存其遗范大要，使人敦守礼法，约其身心，纳之轨物，实则不外一敬字。童而习之，因势利导，不见其苦。本学堂注意整饬学生品行，随时为之，讲明礼意，俾作其恪恭，整肃之精神，五惰慢傲僻之行检。① 因此他提出附属高等小学堂应"恪遵《奏定章程》，以涵养国民之善性，培育国民之实学，扩充国民之知识，强壮国民之体魄为宗旨"②。这一宗旨始终贯穿于他的学校管理和教学实践中，并卓见成效。这一办学宗旨在当时乃至今天的中国教育界来说都是有划时代意义的。回顾中国近代音乐教育思想史，可以强烈地感受到，它有着鲜明的"修身、治世"特质。这一特质的形成，既是风雨如磐的近代史所使然，又自然而然地远承着儒家传统，是这一传统在近代特定历史环境下的一次集中展示。③ 我们从沈心工在 1897 年为附属小学谱写的《四勉歌》就可看出，他对聪颖的幼童寄予厚望。他注重塑造学生良好的学习、生活习惯，注重塑造一流的治学品格，教育学生如何做人。

他重视学生的思想品德教育，注重为学生奠定扎实的文化基础知识，更重视音乐和体育的发展。尤其是对唱歌课提出更高的要求："其要义在活泼心思，助其发育，为涵养德行之具，并于以上所教各科有直接之关系，如修身、历史、地理，均可举其一事，编成诗歌，令其习诵，则所讲之书，尤易感悟，不复觉记忆之艰苦。"④ 在他制定的附属高等小学课程设置中，四个学年中唯有"唱歌"课程从始至终，可见音乐课程在南洋公学附属小学中的非凡地位和重要性。

沈心工办学严谨，但对待学生却如子弟，关怀备至。他的办公室内

---

① 霍有光、雷玲：《积厚流光——交通大学附属小学图志（1896~1949）》，西安交通大学出版社，2012，第 166 页。

② 霍有光、顾利民：《南洋公学——交通大学年谱》，陕西人民出版社，2002，第 40 页。

③ 姬群：《修身治世——近代音乐教育思想的文化特质》，《中国音乐学》2006 年第 2 期。

④ 霍有光、顾利民：《南洋公学——交通大学年谱》，陕西人民出版社，2002，第 41 页。

挂着一副对联："唯天生人皆有用，他人爱子亦如余。"校友赵宪初在他的回忆文章《南洋公学和南洋模范中学》中谈道："沈心工在小学开办之时就来校。沈担任主事一直到1927年，前后共27年，对这个学校，花了很大的心血，做出了出色的成绩。"① 附小毕业的邹韬奋，后来在《永不能忘的先生》一文中写道："校长沈叔逵先生，他是一位很精明干练的教育家，全副精神都用在这个小学校里面，所以把学校办得很好。"②

三　"勤、俭、敬、信"为校训

校训是一个学校的灵魂，是学校为了树立良好校风而制定的，是全体师生共同遵守的行为准则和规范。校训体现了一所学校的办学传统，代表着文化教育理念，是人文精神的高度凝练，是学校历史和文化的积淀。从外院到附属小学堂，南洋附属小学走过了10多年的历程。校长唐文治亲自抓小学工作，撰著多种具有道德精义的教材，1910年，唐文治校长为附属小学制定并颁布了校训："勤、俭、敬、信。"该校训收集在《邮传部上海高等实业学堂附属高等小学堂十周年纪念册》中，并于1921年再次收录在《交通大学上海学校附属高等小学二十周年纪念册》中。分别释义为：勤——指专心勉励，教育学生发奋读书，不能懈怠，浪费光阴；俭——号召学生节俭廉洁，保持气节和操守，发扬中华民族的传统美德；敬——成就杰出人物必须怀有一颗敬畏的心灵，即敬天、敬祖、敬亲、敬长，告诫学生"处事不敬不能成事，即不能成人"；信——诚实守信是人际交往的基本原则（见图5-3）。

沈心工将"勤、俭、敬、信"四字校训作为学生的基本准则，贯穿在日常工作、生活和学习中。他以身作则带领师生严格遵守，并将此校训作为提升附属小学生志存高远的人格境界的座右铭。在他的勤奋努力下，附属小学的学生超拔卓越，从中涌现出了一大批青史留名的栋梁之材。

---

① 《交通大学校史资料选编》（第1卷），西安交通大学出版社，1986。
② 《交通大学校史资料选编》（第1卷），西安交通大学出版社，1986，第278页。

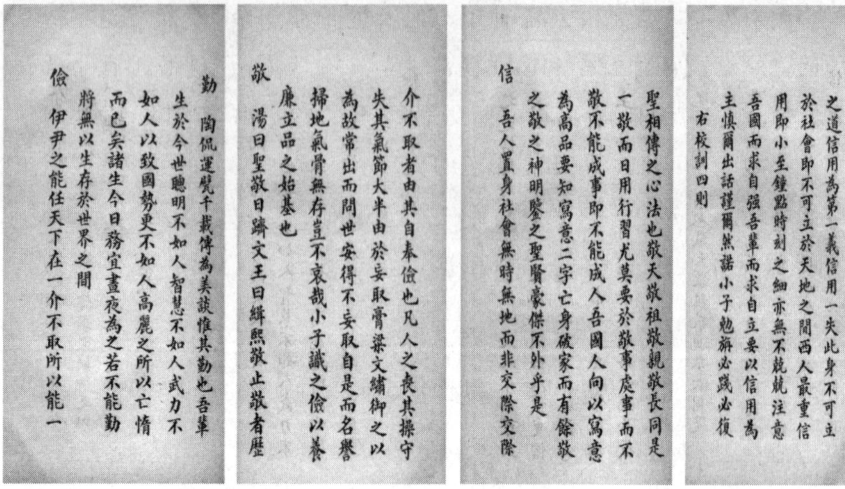

勤　陶侃運甓千載傳為美談惟其勤也吾輩
生於今世聰明不如人智慧不如人武力不
如人以致國勢更不如人高麗之所以亡惰
而已矣諸生今日務宜晝夜為之若不能勤
將無以生存於世界之間
儉　伊尹之能任天下在一介不取所以能一
介不取者由其自奉儉也凡人之喪其操守
失其氣節大半由於妄取膏粱文繡御之以
為故常出而問世安得不妄取自是而名譽
掃地氣骨無存豈不哀哉小子識之儉以養
廉立品之始基也
敬　湯曰聖敬日躋文王曰緝熙敬止敬者歷
聖相傳之心法也敬天敬祖敬親敬長同是
一敬而日用行習尤莫要於敬事處事而不
敬不能成事即不能成人吾國人向以寫意
為高品要知寫意二字亡身破家而有餘敬
之敬之神明鑒之聖賢豪傑不外乎是
信　吾人置身社會無時無地而非交際交際
之道信用為第一義信用一失此身不可立
於社會即不可立於天地之間西人最重信
用即小至鐘點時刻之細亦無不兢兢注意
吾國而求自強吾輩而求自立要以信用為
主慎爾出話謹爾然諾小子勉旃必踐必復
右校訓四則

图 5－3　此图片原载于 1921 年《交通大学上海学校附属高等小学二十周年纪念册》

第二节　五彩缤纷的校园文化生活

沈心工自师范院学生时代就担任了南洋公学附属小学的教学任务，之后又担任附属小学校长，无论是在教学过程中，还是在管理实践中，他始终把增进儿童心智发展、为公学培养合格的中学生源作为教学目标。在几十年的教育生涯中，他十分注重体育、绘画、音乐、手工等科目的教学，同时还注重学生的社会实践。这些有益于小学生身心健康的科目，无疑打破了旧时那种死记硬背、单一灌输的经文教学方式，更加贴近小学生心理和生理发展特点。用通俗的社科知识养成心智，用体育强健身体，用美育陶冶情操，鼓舞意志，振奋精神，培养人格。在教学实践的过程中，他身体力行起到了引领作用。他为南洋公学带来了新式的教育理念和模式，为我们今日学校教育留下了一份重要的精神财富。那一时期的附属小学学生学习紧张而有序，校园文化生活丰富而充实，呈现一派五彩缤纷、生机勃勃的繁荣景象。

一　用体育强健身体

体育为先，无论是小学、中学还是大学，南洋公学的管理者一直将体育和其他课程等同对待。公学宣布"体育一事与中西课一律并重"。沈心工更是在小学章程中规定每天 1 小时课外体操训练，以增强儿童的体质。1905 年 5 月，附属小学堂与中院第一次联合召开运动大会，沈心工亲自担任运动会总司令，并受邀为运动会谱写《凯旋之歌》，在当时引起极大轰动。史料载："本届运动会由中院同学与小学生共同倡议而来……比赛前以乐队、运动员、同学为序，绕场一周，进行了入场仪式。本校师生来宾达 2000 余人，座无虚席。小学教员吴叔厓①先生任乐队队长，沈心工（叔逵）先生任司令。"②

在附属小学工作的几十年过程中，沈心工尤其注重足球运动。著名足球运动员周贤言③、戴麟经④、陆品琳等能够最终成为中国足球运动的佼佼者，都归功于他们在附属小学时打下的基础。

尤其是小学生陆品琳初入学时，由于过于勤读，体质下降，经常咳嗽，疑似肺痨。在沈心工的带领下，他坚持每日清晨进行体育锻炼，1 年后，成为全校闻名的体育健儿。陆品琳擅长短跑、跳高，爱打网球，球艺精湛，1904 年（光绪三十年），他获该校网球冠军，而其足球球艺尤为突出。当时，南洋公学足球队常与英国驻沪海军足球队比赛，陆品琳善取他人之长，补己不足，逐步形成自己独特的踢球风格。其控球能力特强，盘球之际，两足仿佛具有磁性，一得机会，不论任何角度、任何距离，都能发挥其射门威力。陆品琳担任球队中锋，攻守之际，居全队主导地位。他一边盘球，一边回讲指划，手挥目示，指令某人进攻，某人退守，进至何地，如何接应，掌握全局，指挥若定。而其脚下的盘球动作，依然如疾风闪电，不失战机。由于驰骋球场，无人可敌，被群众称为"上海足球大王"。

---

① 吴叔厓（？~1925），南洋附属小学数学教师，在该小学任教 23 年，编写《算术》脚本一部。
② 霍有光、顾利民：《南洋公学——交通大学年谱》，陕西人民出版社，2002，第 24 页。
③ 周贤言，1920 年毕业于交通大学附属小学，后升入该校附属中学。交通大学 1929 级管理学院的同学，交大土生土长的足球门将，是校足球队守门员。
④ 戴麟经（1906~1968），原是解放军八一队足球总教练、国家足球队主教练。幼年考入南洋公学附属小学及中学，后考入交通大学工商管理系，在校期间曾任学生足球中锋兼队长，曾参加了第六届世界杯足球赛。

升入中学和大学后，陆品琳作为当时南洋公学足球队的主力干将曾出发远征，溯江而上，历经镇江、南京、安庆、九江诸城市，直至武汉，所向披靡，闻名全国。因其球艺高超，又被当时公认为全国球坛"一百零八将"之首。

沈心工对于足球运动十分重视，在他的倡导下，果敢的足球运动风靡于附属小学的体育运动中，附属小学活跃着一支独领风骚的少年足球队，成为校园里一道亮丽的风景线。

沈心工在 1931 年发表回忆文章《南洋公学之投壶》，曾对当时南洋公学的体育活动有生动的描述："南洋公学创办之初，总教习张经甫夫子，命师范院生姚曾豫、黄庆澜等曾习投壶者，教外院生投壶之戏，时心工同在师范院肄业，故亦习之。"①

1937 年，他发表文章《南洋旧话——破天荒之南洋公学运动会》，在文中回忆道："未刻续会，来宾愈多场无虚座，总计在二千以上……领奖之后，全体集中会场整队而唱《凯旋之歌》（此歌心工特制，同学先期练习。起句是'请看千万只的眼光，都射在谁身上?'凡三章，今载拙著心工唱歌集内，改动几句，较前稍有不同)"。②

二　用美育陶冶情操

除体育活动之外，沈心工在教学实践中还十分注意用美育陶冶学生的情操，增强学生的心智发展，培养学生的健全人格。随着沈心工对小学乐歌教育的全面改进，1910 年，沈心工在南洋附属小学组建了军乐队，并亲自组织训练，军乐队的表演最终成为当时附属小学重大活动中不可或缺的重要环节。如今，我们还可以看到最早有资料记载的音乐机构便是"南洋军乐队"。据 1923 年出版的《南洋大学学生生活》记载："南洋的军乐队在宣统二年（1910 年）成立。至今已有十四年的历史，每逢校内运动会、纪念会、开学典礼等重大事务，总要军乐队到场。有时校界有集会，也常邀请我校军乐队助兴。"③

---

① 《南洋友声》1931 年第 14 期，第 22～23 页。
② 《南洋友声》1937 年第 48 期。
③ 《南洋学生生活》，1924，第 18 页。

　　为了军乐队的实践和发展，沈心工陆陆续续为南洋公学各类活动以及各类场合谱写过乐歌，如 1903 年 7 月沈心工应邀为附属小学第一届毕业生创作的《毕业歌》（见图 5 - 4），后来成为军乐队为附属小学每届毕业学生演唱时伴奏的歌曲。

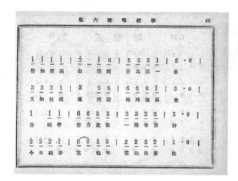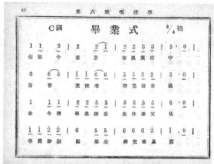

图 5 - 4　《毕业歌》

其歌词如下：

> 佳气分葱葱，春风广座中；吾曹进校来，学业修普通。
> 幸今朝毕业，谢吾先生谢父兄；学问渺无限，毕生研究未易通。
> 比如登高山，须到喜马第一峰；又如赴远道，须游地球偏西东。
> 吾同学努力进取，一得毋自封；今日桃李花，他年翠柏与苍松。①

　　从歌词上看，沈心工所作的《毕业歌》，与他 5 年前为中院所作的《中院院歌》十分相像。但这不是重复，恰恰说明了沈心工对于学生爱国、爱校、爱民的谆谆教诲丝毫不敢放松，同时也是希望小学生们能够不断进步，一路就读到南洋公学的大学课堂中。因此，这首《毕业歌》也作为沈心工《学校唱歌集》的压轴歌曲，排在了最后一卷最后一首歌的位置上，足见此歌之重要。

　　除了军乐队的演出实践，沈心工还十分注重社会实践环节，教学之余，他常常带领学生进行社会实践活动，并通过实践创作了大量乐歌。如

---

① 沈心工：《重编学校唱歌集》（第 6 集），上海文明书局，1912。

1905 年暑假，沈心工带附小学生旅行至吴淞进行实践锻炼；1908 年秋，他又亲自带领学生旅行，从吴淞乘轮船至三峡；1908 年 6 月，带领学生旅行佘山。在这一时期，他结合社会实践创作了《春游》《旅行》《采莲》等曲。1905 年，创作了《五色旗》《扫地》《铁匠》等歌曲。这些歌曲的演唱，增强了学生对大自然的热爱之情和美好生活的向往。他的《学校唱歌集》和《小学唱歌教授法》（译辑）第 2 集就是在这一时期编辑出版的；1907 年，又陆续创作《小兵队》《孔圣人》《促织》《蚁》等歌曲，并出版《学校唱歌集》第 3 集。

此外，他组织小学生积极排演话剧。在附小和附中组织并创立了南洋童子军，他亲自带领和组织童子军学生进行实践锻炼。结合实践活动，他又为救赈徐淮海地区大水灾，创作并导演了话剧《新旧纷争》（又名《儿戏》）。结合小学生的特点，他的创作动力源源不断，内容丰富多彩，为后来出版的《重编学校唱歌集》（1～6 集），积淀了丰厚的内容。而他所提倡的德智体美劳全面发展教育模式，不仅在当时具有极强的前瞻性，对于今天的我们全面推进素质教育的发展也具有极大的指导作用。

总体来讲，南洋公学开办附属小学有其特殊意义，公学是当时中国教育界的支柱，附属小学又是南洋公学的根基。从外院到附属高等小学堂，学校对学生的管理和要求都十分严格，学生一律住校，老师与同学同桌用餐。莘莘学子"立志要做好男儿"，要明白最基本的道理。南洋公学附属小学对于学生的培养起点高、要求严，所培养的学生日后不少都成为近代中国鼎鼎有名的人物，其中就有张光斗、邹韬奋、吴福同、杜定友[①]、徐谟等为中华崛起而作出了巨大贡献的卓越人才，他们的成长与沈心工这样一批呕心沥血的教师的付出是分不开的。

---

① 杜定友（1898～1967），原籍广东南海，1918 年毕业于南洋公学，同年赴菲律宾大学学习图书馆学，是我国近代图书馆事业和近代图书馆学的奠基人之一。

第六章　创作《邮传部高等实业学堂校歌》

一代音乐巨匠沈心工除在学堂乐歌领域取得很高成就外，还开近现代学校校歌风气之先，成为中国校歌创作第一人。他不仅是中国学堂乐歌的开启人和具有远见卓识的教育家，也是一位有良知的文人和有思想的知识分子。沈心工在交通大学工作的 30 余年岁月里，先后参与了 6 首校歌的编撰与谱曲工作。自 1897 年第一首校歌问世以来，这些校歌一直激励交大人要"精勤求学，敦笃励志，果毅力行，忠恕任事"。沈心工在校歌创作上体现出了崇高的民族责任感和深厚音乐文化功底，他几乎是将自己毕生的追求都寄托在了交通大学的教育与发展事业之上，他对于交通大学的感情是深厚的。1907 年沈心工作词填曲（唐文治校长亲自修正）的《邮传部高等实业学堂校歌》问世，这首歌反映了"实心实力求实学，实心实力务实业"，振兴我中华的精神思想。

第一节　大学校歌概述

校歌是学校形象、学校品牌和学校个性的直接展示。国有国歌，校有校歌。校歌之于它的学校，就如同国歌之于它的国家，可以说是校园生活的现代图腾。对于大学而言，校歌不只是一串音符、一簇象征性的符号，更是一种灵魂。校歌是校园文化的重要组成部分，是一所学校文化精神的集中体现，是一所学校对内的号召和激励，对外的展示和宣言，它反映的既有办学者、教育者的理想、要求、愿望，又有受教育者的感受、追求和成长心声。一首脍炙人口的校歌是凝聚人心和鼓励师生开拓创新的精神旗帜，是学校历史和文化的浓缩，是学校精神风貌、办学理念和人文精神的具体体现，更是校园文化的精髓。它的作用在于传承学校人文历史，弘扬学校精神气质，展现学校办学宗旨和特色，进一步推动学校的校园文化建设，提升学校文化内涵。

一　中国近代大学校歌起源和发展

中国的校歌起源于 19 世纪末，发源于上海南洋公学（今日的交通大学）。对于中国人民来说，校歌是真正的舶来品，是于洋务运动后传入我国的一项具有代表性的西方校园文化。

由著名洋务派人士盛宣怀建立于 1896 年的南洋公学，作为当时中国人开眼看世界最重要的窗口，开先河地于建校第二年，即 1897 年 3 月，便创作了中国新式学堂第一首校歌——《警醒歌》。这首校歌由当时南洋公学首任总教习张焕纶作词，并由沈心工与张锡铭、姚立人谱宫调为曲。全曲共四个章节，浓缩了当时的国内外政治形势及南洋公学办学思想，意在呼吁国人醒悟，努力汲取知识，奋发图强，为国效力。《警醒歌》一经发表，便广为流传，引得无数人传唱，扩大了公学的社会影响。国人从《警醒歌》中了解了南洋公学的办学宗旨、办学理念以及办学目的，青年才俊纷至沓来，如李叔同、黄炎培、邵力子等，南洋公学也成为当时中国人才最为集中的几所院校之一。

近代高等学府的校歌创作大多源自民国时期，而民国时期是一个社会动荡、战乱频繁的时期，中国高等教育在跌宕起伏的历史进程中一次次凤凰涅槃般地重生，如当时西南联大的横空出世就成为后世不断流传的佳话。中国大学在夹缝中依然茁壮成长的历史事实，表明中国高等教育从来没有放弃自己的思想价值追求。大学校歌在功能层面无疑与这种追求保持一致，它不仅是校训的具体化，也是大学理念的具体化，它用动感的旋律、激昂的歌词将精神层面的东西符号化。民国时期大学校歌作为文化载体弦歌不断，吟唱至今，无形中保存了中国高等教育的火种，对民国乃至后来高等教育的发展具有不可估量的贡献。

民国校歌文化盛行时，很多名人都参加过校歌的创作。例如朱自清就写过 5 首校歌歌词，而赵元任作为一位热心于文化社团组织建设且爱好音乐的学者，创作的校歌音乐不下 10 首。关于这方面的资料收集和艺术评析工作，也已颇有成果，如马军编纂的《近代中国高校校歌选》。1949年后，我国校歌文化继续平稳发展，特别是在高等教育方面，经过几次高校院系调整之后，出现了一批新的高校校歌，沿用至今。"文革"期间，我国的学校教育事业几乎是全方位地遭受了挫折和破坏。值得注意的是，改革开放后又出现了一波校歌创作热潮，对这种热潮的政治原因、经济原因和文化原因，郭和初《校歌创作初探》一文有详细描述，在此不做赘述。①

二　中国近代早期大学校歌特点

中国自古就主张"以德先人""德才兼备"。《论语》提出"格物而后知至，知至而后意诚，意诚而后心正，心正而后身修"，强调的是道德的先导、引领、统率和调节作用。从孔子到朱熹都强调德行养成，推崇"格物、致知、诚意、正心、修身、齐家、治国、平天下"的理想人才培养模式，这样形成了中国极为丰富和深刻的传统德育思想，现代校歌的许多思想内核，几乎都可以在传统德育中找到理论源头。② 而早期的中国大学校歌，就有不少带着浓重的儒家文化色彩。如《警醒歌》第二段首句"胚羲轩，乳孔孟，神明摇落今何剩？"惊呼伏羲、轩辕、孔、孟为代表的中华文明，摇落飘零，所剩无几。"言愚柔之可耻，庶几愧而思奋也。"只有认清愚昧懦弱的可耻，才能知惭抱愧而奋发。还有创作于1916年前后的《南京高等师范学校校歌》（该校首任校长江谦作词，李叔同制谱，今南京大学校歌），就极为推崇孔子和儒家学说："大哉一诚天下动，如鼎三足兮，曰知、曰仁、曰勇。千圣会归兮，集成于孔。下开万代旁万方兮，一趋兮同。踵海西上兮，江东；巍巍北极兮，金城之中。天开教泽兮，吾道无穷；吾愿无穷兮，如日方暾。"③ 歌词虽然只有73个字，但气势磅礴，意境极为深远，显示南京大学深厚的文化积淀和历史底蕴。

从现今可考的大学校歌资料来看，参与校歌音乐创作的多有中国近代

---

① 魏晓凡：《音乐社会学视野中的校歌功能与传播》，硕士学位论文，中国传媒大学，2009。

② 贺秀兰、康玉堂：《从大学校歌透视大学理念》，《企业家天地下半月刊》（理论版）2008年第10期。

③ 毛翰：《大学校歌面面观》，《杂文选刊》（下半月刊）2006年第4期。

的乐坛巨擘，无论是词作者，还是曲作者，都是名家云集，显然，出自这些音乐巨匠之手的中国高等学府校歌具有重要的音乐价值。从歌词来看，大多都具有极高的文学造诣，词风厚重，节奏顿挫，浑然天成。这些隽永的歌词，要么展现学校的性质，要么突出学校的地域特点，要么彰显深沉的时代感，要么载负厚重的历史感，今人也照样能够感受到强有力的鼓舞和振奋。从谱曲来看，旋律、节奏、和声、曲式结构多有西方名曲的影子，且旋律曲调一般连绵向前，充满动力性和张力。此外，那些在特定时代背景下创作的大学校歌，还通常具有雄伟、庄严、勇往直前的气势。

　　1938 年 6 月，南京国民政府教育部针对校歌编制之事专门颁布训令："音乐一科，为陶冶青年儿童身心之主要科目，自古列为六艺之一。现在各级学校教授音乐，取材虽未尽趋一致，但自编校歌，以代表各该校之特点，而于新生入学之始，则教之歌咏，以启发爱校之心，影响甚为重大。兹为考察起见，各学校应将所编校歌，呈送本部，以备查核。"而各院校也竞相延请各路名家高手为校歌填词谱曲。在那些文辞华美、曲调悠扬的校歌背后，是那个时代众多才杰俊彦的心血创作。从词曲作者的名单中，我们可以看到蔡元培、黄炎培、范源濂、张澜、成仿吾、马一浮、刘半农、萧公权、熊庆来、冯涤尘等名流大家。曲作者中可以发现聂耳、李叔同、赵元任、萧友梅、张清常、程懋筠、嵇文甫、唐学咏、李抱忱、冯孝思、陈歌辛、沈心工等乐坛巨擘。正是在这些名家的积极参与下，当时的校歌呈现极高的艺术水准与文化价值，它们已不仅是一串音符、一曲歌谣，更是学校文化底蕴、教育理念与时代精神的集中体现。

第二节　1907 年诞生的《邮传部高等实业学堂校歌》

一　校歌诞生的历史背景

　　1904 年，南洋公学改隶于商部，1905 年，改校名为商部高等实业学堂，1906 年设立商务专科，同时开设铁路工程班，制定了"讲求实业，以能见诸实用为要旨"的办学方针。同时，打算陆续增设"一、商业科，二、航海科，三、轮机科，四、电机科"等专科，当时所谓的实业包括农、工、商业。同年，清政府改商部为农工商部，增设了邮传部，主管全国"路、轮、邮、电四政"的交通邮电事业。招商、电报两局也由邮传部管辖。因学校的经费来自招商局、电报局，所以也于同年改隶邮传部，改校名为邮传部高等实业学堂。

1907 年（光绪三十三年）八月，唐文治就任邮传部上海高等实业学堂监督（校长），唐文治的办学思想是"尚实"。他常常勉励学生，要以"求实学、务实业为鹄的"，"造就学成致用，振兴中国实业"的专门人才。为了突出"尚实"的办学思想，1907 年，邮传部高等实业学堂诞生了新的校歌。

二 创作

这首校歌（见图 6-1）是唐文治到任校长后专门为学校量身制作的。由唐文治校长亲自审定、沈心工作词而成，歌曲为基督教歌曲的旋律。此首校歌刊登在《邮传部上海高等实业学堂附属高等小学堂十周年纪念册》中。[①]

图 6-1 1907 年《邮传部高等实业学堂校歌》

[①] 沈心工：《邮传部高等实业学堂校歌》，载《邮传部上海高等实业学堂附属高等小学堂十周年纪念册（校训、校歌）》，载《学堂纪事》，1911，第 2 页。

歌词内容如下:

> 珠光灿,青龙飞,美哉吾国徽。醒狮起,搏大地,壮哉吾校旗。愿吾师生全体,明白旗中意,既醒勿睡,既明勿昧,精神常提起。实心实力求实学,实心实力务实业。光辉吾国徽,便是光辉吾校旗。

"珠光灿,青龙飞"指的是清政府的国旗,即青龙旗。"醒狮起,搏大地"指的是学校的校旗,即醒狮旗。所谓"明白旗中意"就是要明白"青龙飞""醒狮起"两面旗帜的丰富内涵。

这首校歌"歌词尤美,曲调益彰",歌词的精神与思想贯穿于曲调之中,传递给每一位交通大学的师生,乃至当时所有的中国人。

三 校歌文化思想

一是做一只警醒的狮子,"国家兴亡、匹夫有责",奋斗目标是"青龙飞"。歌词充满了对国家前途命运的担忧,要求全校师生以关心国家和民族命运为己任,思考、探索救国救民的方法。歌词对宣传爱国主义思想、振兴中华有着相当的渲染和激励作用,要求师生要自强不息,为国旗、校旗增辉。

二是树立实心、实力、实学、实业的"四实精神",要处理好四者的辩证关系。通过一心一意、锲而不舍的实力来求实学,学有所成,学有所得;靠一心一意、锲而不舍的实力来务实业,振兴各业、实业强国。要树立俭朴、勤奋、刻苦的学风,培养良好的思想道德和操守,注重从生活小事中养成良好的学习、生活习惯,不染奢侈之习。以踏实苦干、吃苦耐劳的精神去学习,去掌握科学技术,去振兴我国的实业。

三是校旗与国旗同辉。学校的存在与国家、民族的命运相连通,国家、民族与我同呼吸,师生讲求将国家、民族的使命一揽于身,拥有崇高的民族责任感和历史使命感,树立交大人特有的精神风貌。

这首校歌创作之后,交通大学先后成立了土木工程、机械、船舶制造、铁路以及电气等科系,将西方先进的科学技术教授给当时的国人。并经过数十年的努力,形成理工管三科并重的办学方针,形成当时中国最完备的工程教育体系,以实际行动为振兴中华作出了不可磨灭的贡献,这在那时的大学中是独一无二的。

即使几十年过去了，我们都能听到来自邮传部高等实业学堂的琅琅歌声从时空中穿越而来，直击现代人的心灵。在"醒狮起，搏大地"的号角声中，领悟到"实心实力求实学，实心实力务实业"的思想，感受到振兴我中华的决心！

第七章　创办南洋公学同学会

作为我国最早一批国人自办大学，南洋公学成为当时中国高等教育发展的引领者之一。除此之外，在南洋公学中，还诞生了我国第一个自办高校的校友会组织——"南洋公学同学会"。在南洋公学发展过程中，涌现出无数精英，如蔡元培、邵力子、黄炎培、蔡锷、李叔同、邹韬奋、叶恭绰、张元济、陆定一、茅以升、徐谟、傅雷等。这些著名校友，活跃于当时社会各个领域，对近代中国的命运走向及国家建设作出了重大贡献。为加强校友之间的联系，1910年（宣统二年）夏天，沈心工与南洋公学毕业生雷奋、黄炎培等8人，以"联络情谊，交换智识"为宗旨，发起组织了南洋公学同学会。

在南洋同学会的创立过程中，沈心工作出了极大贡献。这些贡献主要可以归纳为校友会理念的引入、校友的联络以及校友会最初章程的订立三个方面。

在1896年南洋公学创立前，上海地区的最高学府当属美国人开办的圣约翰大学。作为一所创建于1879年的教会学校，圣约翰大学的组织建设、学生培养方式、课程设置都与美国本土大学十分相似。同时，圣约翰大学也是中国第一所成立校友组织的高等院校。[1] 其校友会的组织构成及运作方式基本仿照了西方校友会模式。1895年，在进入南洋公学前一年，沈心工进入圣约翰大学教中文，同时学习英文。在圣约翰大学，沈心工深入接触了西方文化，同时也对圣约翰大学的校园文化以及校友文化有所了解。因此，在进入南洋公学后，沈心工不仅积极从事校园歌曲的创作及学

---

① 饶玲一：《从"同年"到"同学"——圣约翰大学校友会与近代中国社会新型人际网络的建构》，《史林》2010年第6期。

校唱歌课的创设，还将圣约翰大学校友组织模式引入了南洋公学，促使了南洋公学同学会的产生。

1910 年，南洋公学创立了南洋公学同学会，会址设立于上海，同时在北京设立分会。[①] 当时的上海，各国租界林林总总，各类文化思想交融，是中国近代文化程度最高的城市，也是当时中国高等学校最为集中的城市。南洋公学同学会的建立，标志着上海地区首次出现了中国自办大学的校友组织，为交通大学的大学文化及办学精神的传播作出了重要贡献，也为近代校友组织的创办树立了楷模。这对于中国当时高等学校校园文化的提升，以及中国校友文化的传播都具有重大意义。

一 南洋公学同学会的缘起与发展

在南洋同学会的筹建工作中，沈心工积极奔走，联络了众多知名校友加入其中，如中国近现代著名民主革命家、社会活动家、职业教育首创者黄炎培；清末民初著名政治家、报人及教育家雷奋；中国第一所女子学校的创办人吴馨；民初实业家、慈善家穆湘瑶；中国第一部辞典《辞源》的编纂者之一傅运森；历史学家孟森；翻译家吴步云等。他们有的是沈心工在南洋公学师范院时的同学，有的是沈心工在南洋公学特班时的同窗。沈心工与他们群策群力，为南洋公学同学会的顺利创建打下了坚实基础。

为了继承和发扬南洋公学的宝贵精神文化，同学会组织者们仍以南洋公学为同学会组织命名，以示其追根溯源之心（见图 7 - 1）。作为校友文化的重要体现，南洋公学同学会自成立之日起，便是南洋公学校友维系与母校情感的重要桥梁，也是诸位校友相互交流的重要平台，同时还是南洋公学文化精神的重要传播媒介。

南洋公学同学会成立之初（见图 7 - 2），同学会共有会员 338 人。同时发行了"南洋公学同学会第一次报告册"[②]。除了在组织命名问题上有过细致考虑外，南洋公学同学会在组织建设方面也是颇下功夫。为了便于

---

① 柴聘陆：《同学会记载》，《南洋》1915 年第 1 期。
② 霍有光、顾利民：《南洋公学——交通大学年谱》，陕西人民出版社，2002，第 35 页。

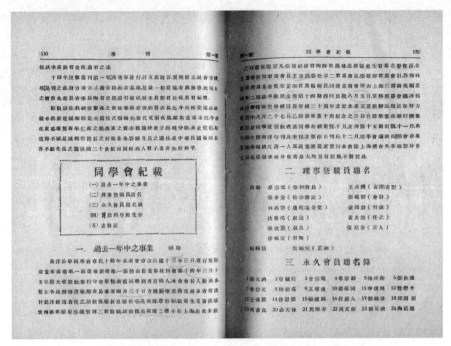

图 7 - 1　《南洋》所载的有关同学会命名缘由

图 7 - 2　1912 年南洋公学同学会合影（前排左四为沈心工）

同学会日常管理及运营，同学会分别设立了会长、理事、干事、评议、通讯等职务及部门，负责处理南洋公学同学会日常事务。沈心工还参与制订了南洋公学同学会的最初章程，同学会规定每月召开常务理事会议一次，每年春季召开同学会年会一次，以便处理同学会重大事务。① 这些章程和运行规则的制订，为南洋同学会尽快走上正轨提供了制度保障。

同学会会员分会员和名誉会员两种。自学校开办以来，已离校或正在母校供职的学生均为会员；凡自学校开办以来的历任校长、教职员等，能赞助同学会的，由董事会推选为名誉会员。会员每月交纳会费 2 元。同学会设董事会，开展会务工作。董事则由会员大会投票选举，董事会下设会长、书记、会计等职。同学会成立之后，开展的工作主要是："创办杂志及教育事业、转递会员之书信、招待会员之往来、担任会员之委托、调查会员之状况……同学录每年刊印一次。"②

另外，在会员问题上，南洋公学同学会也进行了不断的改进和完善。1910 年同学会成立时，仅有会员 338 名，因此管理起来较为方便。而到了 1924 年，南洋公学同学会已经发展成为会员遍及海内外、组织结构庞大的著名校友会。据记载，仅 1925 年上海地区同学会的一次普通校友聚餐，前来赴约的会员便不下百人。③ 因此，为了便于同学会管理，1925 年，南洋公学同学会对该组织会章进行了修改，将会员分为永久会员及普通会员两种。其中，首批产生的 116 名永久会员负有缴纳会费的责任。而南洋公学同学会今后每年也将从永久会员中选举产生 11 名理事，作为该组织的管理人员。④

会章修改规定，以永久会员的会费储作建筑会所之用，增设理事人数为 11 人，改评议为议董，以年级为单位选举，除最初时期的校友数级合选 1 人外，每级推选 1 人为定则，故议董每届毕业后，当适加 1 人，又设基金监 2 人，保管永久基金，其母金永不动用。

随着母校规模及学生人数的逐渐扩大，南洋公学同学会的组织规模也随之扩大至全国各地。为了方便联络，同学会在各地成立了分会，并在各个分会设立通讯部门，以备随时互通消息，报告各处校友情况。后来，随着交通大学校友在世界范围内的扩散，欧洲、美洲等地也纷纷成立同学会分会。南洋公学同学会也因此成为国际化组织（见图 7 - 3、图 7 - 4）。

---

① 《本校四十年来之重要变迁》，载《交通大学 40 周年纪念刊》，1936。
② 《南洋公学同学会章程》，《南洋》1915 年第 1 期。
③ 柴聘陆：《同学会记载》，《南洋》1915 年第 1 期。
④ 《本校四十年来之重要变迁》，载《交通大学 40 周年纪念刊》，1936。

图 7 - 3　1917 年留美南洋同学会驻费城会员合影

图 7 - 4　1918 年交通大学校友合影

二　沈心工与南洋公学同学会

1910 年，作为南洋公学同学会的发起人之一，沈心工当选为同学会首任理事之一，此后他与南洋公学同学会有了密切联系。

1914 年，南洋公学同学会召开第五次选举大会，当天到会人数 37 人，大会添设董事 11 名，并由董事会推选出会长暨各职职员，选举结果由傅纬平任会长，张建斋、郁少华任书记员，吴步云任会计员，沈心工任查账员①，

---

① 霍有光、顾利民：《南洋公学——交通大学年谱》，陕西人民出版社，2002，第 51 页。

负责监督同学会资金动向。大会上校友们还商议制定出了《南洋同学会重订章程》10 节，确立了南洋公学同学会以"联络情谊，交换智识"为宗旨。

1915 年 2 月，沈心工与南洋公学同学会全体董事会商定，同学会于上海设总会，同时在北京、苏州、美国、法国设分会，每年春天举办同学会年会一次。1915 年 3 月，南洋公学同学会创办的季刊《南洋》第 1 期问世，设有言论、本会纪事、同学与母校新闻、文苑、通信、附件等栏目。这一刊物的创办，为交通大学校友建立了交流通讯的最佳平台。《南洋》创刊号上还刊登了沈心工创作的《南洋公学校歌》。1915 年 3 月 28 日，召开了南洋公学同学会理事会，在沈心工的提议下，由同学会会长傅纬平书写了"西摩月镜　东弄日珠"八字赠予交通大学足球队。1916 年，沈心工作为同学会理事参与了南洋公学建校 20 周年筹备活动。同年，同学会第一家海外分会——留美南洋同学会成立，美国分会负责人张行恒专门由美国芝加哥致函沈心工，向其汇报了南洋公学校友在美国工作及学习的情况。1919 年，时任同学会会长的沈心工在校友聚餐时做报告，并与校友及全体学生共同提议为南洋公学创办人盛宣怀设立纪念碑及铜像。1925 年 4 月，沈心工以 159 票当选为改组后的南洋公学同学会理事之一。① 1926 年 1 月，沈心工、沈维桢、杜定友等 34 人成为改版后的同学会会刊《南洋季刊》的特约撰稿人。② 同年，沈心工又当选为交通大学 30 周年校庆筹备委员会委员长，主持负责校庆 30 周年纪念活动。在同年 10 月 9 日举行的校庆纪念大会上，沈心工主持了"饮水思源"自流井落成典礼，该井由以沈心工为首的南洋公学首届毕业生向交通大学捐献。沈心工在典礼上致辞，慷慨陈述了南洋公学师范班史略，并说明了开凿自流井之意义为"饮水思源"。自此，"饮水思源"自流井也成为交通大学的精神文化图腾。有鉴于"学生并本校教员沈心工服务已久、成绩卓著"，交通大学特为其举行了加冕仪式，赠送其花冠一顶、银盾一具。③ 由此一来，沈心工在交通大学及南洋公学同学会中的名望及影响力也达到了顶峰。

---

① 霍有光、顾利民：《南洋公学——交通大学年谱》，陕西人民出版社，2002，第 153 页。

② 《南洋季刊特约撰述员名单》，《南洋季刊》1926 年第 1 期。

③ 上海交通大学校史编纂委员会编《上海交通大学记事（1896～2005）》（上卷），上海交通大学出版社，2006，第 177 页。

三 沈心工与南洋公学同学会的文化传播

自南洋公学同学会成立那天起,创办杂志及教育事业便是其主要业务之一,被沈心工等人写进了同学会最初章程中。① 当时的主要想法是创办与编辑一本科技刊物,而这并不容易。作为我国近代最早培养科技人才的新式学校,这一重担理所当然地落在了南洋公学青年精英学子的肩上。刊物能够为青年学子提供驰骋的空间,也能培养未来的学者和大师。南洋公学同学会秉承创立伊始的目的,不断加强南洋学子之间的交流,并且凭借南洋公学的影响力出版各种杂志,推动当时中国社会的不断进步,改良人的思想,促进科学和民主的进程。

作为中国最早创立的校友组织之一,南洋公学同学会也就成了我国最早对外发行校友刊物的组织之一。据史料记载,南洋公学同学会于1915年3月创办了《南洋》杂志;1921年1月,出版了半年刊《南洋学报》(见图7-5);1928年,同学会又发行了另一份杂志《南洋友声》(见图7-6);1937年,《交大校友》杂志创刊;1944年,同学会编印的《交大友声》出版发行。除此之外,1925年同学会改组后,交通大学驻各地的

图7-5 南洋学会赠送沈心工
《南洋学报》

图7-6 九一八事变后沈心工为
《南洋友声》封面题词

---

① 《南洋公学同学会章程》,《南洋》1915年第1期。

分会也纷纷发行刊物，如两广同学会发行《南针》杂志、江苏武进同学会发行《进镜》杂志、武汉同学会发行《洪钟》杂志。[①] 这些刊物的发行出版，使南洋公学同学会具有了大众媒介属性，极大地增强了其对外传播效果。

由于传播效果明显，传播范围广泛，南洋公学同学会所拥有的大众传播媒介也因此吸引了沈心工。于是，在南洋公学同学会成立后，南洋同学会的各类媒介刊物成为沈心工发表音乐作品、文学作品及个人言论的主要平台。

自 1915 年南洋公学同学会第一份官方杂志《南洋》问世，至 1947 年沈心工去世，南洋公学同学会旗下的杂志及出版物刊登了多首沈心工创作的歌曲。如 1920 年，同学会杂志刊登了沈心工创作的我国第一首以足球为主题的歌曲《南洋足球歌》[②]；之后还陆续刊登了《中院院歌》《孔子圣诞奠乐章》《童子军歌》，以及后来成为南洋公学同学会会歌的《同学会聚餐歌》。

此外，沈心工曾参与创作的 6 首交通大学校歌均发表在同学会杂志之上。其中，南洋公学校歌《警醒歌》和南洋公学外院院歌《四勉歌》最早见诸 1925 年的《南洋旬刊》，是目前我国已知最早的高等学校校歌及小学校歌。[③] 1909 年，南洋公学更名为邮传部高等实业学堂，经时任校长唐文治的议定，沈心工创作的《邮传部高等实业学堂校歌》被纳为学校新校歌，该歌曲后来被附在学生毕业纪念册上广为传诵。[④] 1915 年，沈心工特意创作了《南洋公学校歌》，并将其发表于《南洋》创刊号上，以表示其对同学会文化活动的支持。[⑤] 1925 年，上海爆发了著名的五卅惨案，沈心工弟子、交通大学附中学生陈虞钦中弹身亡，沈心工满怀悲恸之情，与旅法音乐家、交通大学附小音乐家教师朱云望一同创作了《南洋大学校歌》，并特意于 1926 年 10 月 10 日，武昌起义纪念日，即中华民国国庆节发表在同学会旗下的《南针》杂志上，以示其反抗北洋政府强权之意。[⑥] 1938 年，国难当头，沈心工响应学校师生号召，与著名旅德音乐家萧友

---

① 霍有光：《〈同学会聚会歌〉与南洋公学同学会》，《交大校友》2011 年第 3 期。
② 谷玉梅、李啸：《沈心工与足球歌》，《交响》2013 年第 1 期。
③ 张焕纶、沈庆鸿、姚立人：《警醒歌》，《南洋旬刊》（第 1 卷）1925 年第 7 期。
④ 《邮传部上海高等实业学堂附属高等小学堂十周年纪念册》，载《学堂纪事》，1911。
⑤ 《南洋》1915 年第 1 期。
⑥ 《南针》1926 年第 2 期。

梅、著名国学家陈柱①一同创作了今天仍在传唱的交通大学校歌——《为世界之光》。由于战事的影响及交通大学部分院系西迁重庆，该歌曲时隔数年后，才于 1943 年被刊载在《交通大学四十七周年校庆纪念刊》上。2005 年 4 月 4 日，西安交通大学正式下达文件，决定重新启用《为世界之光》作为校歌，启用时歌词与曲谱未作任何修改，反映了当代交大人对这首"老歌"思想内涵与文化价值的认同。

另外，作为一名具有国学功底的文化学者，沈心工在创作歌曲外，还撰写了诸多诗词、文章及戏剧剧本。这些作品也大都刊登于南洋同学会旗下的各类刊物之上（见图 7 - 7）。如 1921 年 1 月，沈心工创作的剧本《雪玫瑰》发表于《南洋学报》②；1930 年 10 月，沈心工在《南洋友声》发表《稚雏——胶游吟草》诗两首③；1931 年 8 月，发表文章《南洋公学之投壶》④；1931 年 10 月，又在《南洋友声》杂志第 15 期发表《张东山小传》一文，并为当期杂志封面题词⑤；1932 年 2 月，在《南洋友声》上发表组诗《归鹤轩六三吟草》⑥；1934 年 6 月，沈心工作诗 3 首，名曰《沈郎（葆琦）文定歌》，祝贺其子沈葆琦新婚。⑦

从 1910 年成立到 1947 年沈心工去世为止的 37 年时间中，南洋公学同学会完成了从一颗幼苗发展成为参天巨木的过程。在这一过程中，南洋公学同学会将南洋公学的办学精神、校园文化融入了自身的组织文化中，最终形成自身独有的文化特质。而沈心工作为同学会的舆论领袖，则对这种文化特质的形成与影响起到举足轻重的作用。

在沈心工时代的上海，各类报纸、杂志如雨后春笋，不断出现，使当

---

① 陈柱（1890～1944），1912 年毕业于南洋大学堂附属中学，后毕业于交通大学电机科，1929 年任交大预科国文教员，1930～1939 年担任交大国文系主任、教授。著作有 120 多种，颇具影响。

② 《南洋学报》1921 年第 3 期。

③ 《南洋友声》1930 年第 9 期。

④ 《南洋友声》1931 年第 14 期。

⑤ 《南洋友声》1931 年第 15 期。

⑥ 《南洋友声》1932 年第 22 期。

⑦ 《南洋友声》1934 年第 31 期。沈葆琦（1900～1991），上海市人，沈心工长子。1920 夏，沈葆琦为南洋附属中学第十二届中学毕业生，并著有《童子军初级课程》。1984 年在中央音乐学院和上海音乐学院设"沈心工音乐奖学金"。1991 年 3 月，沈葆琦在美国逝世，终年 91 岁。

图7-7　交通大学出版的各种期刊

时的上海大众传媒发展呈现一派欣欣向荣的景象。在这种传媒业大发展的格局下，一些富有社会舆论影响力的意见领袖相继出现。这些舆论领袖具有独特的信息传播方式和渠道，能够接触和影响其所在范围内的相关媒介。同时，他们在社交方面十分活跃，常常成为话题制造者，并能深深影响与其具有相同文化背景、社会背景的人。而沈心工作为一名舆论领袖，则深深影响了南洋公学同学会校友文化的传播。

四　沈心工与《同学会聚餐歌》

在沈心工所创作的众多歌曲中，最能体现沈心工与南洋公学同学会深厚情缘的当属创作于 1933 年的《同学会聚餐歌》①。该歌曲全文如下（见图 7 - 8）。

> 我校历史远且长，中外今昔仰南洋。
> 我会与校如母子，母体康健子亦强。
> 先后同学千百辈，岁岁今日聚一堂。
> 情话绵绵新旧雨，同声庆祝共举觞。
> 祝我母校万万岁，我会并寿寿无疆。

图 7 - 8　刊登在《南洋友声》上的《同学会聚餐歌》

这首《同学会聚餐歌》刊登在 1933 年 4 月 1 日出版的《南洋友声》第 23 期上。从时间来看，这首歌曲诞生在交通大学成立 37 周年庆典之际，可谓是对交通大学校庆的一份献礼。但实际上，这首歌曲早在 1933 年 2 月的南洋公学同学会年会上便已传唱开来。据记载，在那天的同学会

---

① 《南洋友声》1933 年第 23 期。

年会上，沈先生与同学全体同仁合唱聚餐歌。① 《南洋友声》杂志也对当天的活动予以了详细记载："本会每年春季，照章举行年会，本年于二月二十五日晚，假座大东酒楼举行，布置妥当。到会者计新旧同学三百人。此前校长蔡孑民（元培）君演说。次老同学沈叔逵君与同学合唱其谱之聚餐歌。"②

这首以南洋公学同学会作为创作主题的歌曲，是目前已知的我国最早一首以校友活动为主题而创作的音乐作品。该歌曲词曲结构安排巧妙，全曲充溢着愉快轻松的音乐风格，这和沈心工多年从事学堂乐歌创作有一定的关系。作品节奏稳健而坚定，旋律流畅而动听，歌曲音乐特征可概括如下。

1. 从旋律、节奏到曲式结构来看，均具有"学堂乐歌"的典型风格。音乐始终连绵向前，充满动力性。

2. 从乐曲旋律和节奏来看，贯穿全曲的始终有一个短音接长音的"抑扬格"的基本乐汇——"x｜x."，使全曲呈现昂扬之态，旋转上升的旋律洋溢着无尽的活力，给人留下极为深刻的印象。

3. 歌曲建立在 F 大调上，四四拍子结构形式，全曲共有 20 个小节，由 10 个乐句组成，每个乐句都采用了弱起节奏的风格特点，在演唱上形成恰到好处的自然气口的换气状态。旋律简朴，句法精炼，音乐情绪饱满而富有活力。歌曲为单二部曲式。具体分析如下：

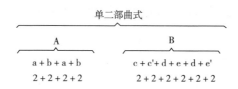

（1）A 段 a 乐句由 4/4 拍的第 4 拍弱起开始，旋律呈 4 度向上进行，道出"我校历史远且长"的首句歌词，有一种召唤的感觉，这种号角性的乐句，使音乐向前推进；b 乐句"中外今昔仰南洋"，节奏紧凑，旋律大气宽广，表现了交通大学辉煌的历史；第 3 乐句是 a 乐句的重复，"我会与校如母子"，道出了南洋校友对母校的热爱和眷恋，音乐上保持 a 乐

---

① 谷玉梅：《〈沈心工年谱〉补订》，《交响》2010 年第 2 期。
② 《民国二十三年年会志盛》，《南洋友声》1934 年第 23 期。

句的节奏与旋律坚实的特点，词曲结合十分贴切；第 4 乐句是 b 乐句的完全重复，加深了听众的印象，"母体康健子亦强"，词曲结合有血有肉，使人心灵有一种撞击之感。

（2）B 段的 c 乐句"先后同学千百辈"，开始向属调的方向进行，有一种亲情温暖和新鲜的意味出现，沁人心脾；c′乐句"岁岁今日聚一堂"，是 c 乐句的音程扩展式模进，音乐又进行到了 F 大调主调上，表现了南洋同学对同学会相聚的期盼；d 乐句"情话绵绵新旧雨"，自然地转向下属调方向，音乐豁然开朗，直奔歌曲的最高音上，词曲结合美妙而动听，表现了校友们欢聚一堂的热闹场面和情景；e 乐句"同声庆祝共举觞"，音乐连贯简练，形成一种阻碍终止，给人一种酣畅从容之感；紧接着又是 d 乐句的完全重复，"祝我母校万万岁"，表现了南洋同学对母校发展的殷切期盼，歌曲更为饱满，音乐更有力量；最后的 e′乐句以总结式的音进行，使乐曲焕发出盎然的生机，同时让人内心油然而生一种按捺不住的激动，一种奔放的活力，完美地结束在 F 大调的主音上，从而坚定地道出"我会并寿寿无疆"的豪迈之情，结束全曲。

这首《同学会聚餐歌》一经传唱，立即得到广大校友的好评和认可，产生了极大的影响。1933 年 4 月 6 日，时任校长黎照寰亲笔致函沈心工，恳请其出席交通大学 4 月 8 日上午 9 时在校庆纪念日上举行的宣怀花园开幕典礼并致辞。[①] 沈心工欣然允诺参加并于庆典当日上台致辞。当日与他一起参加典礼的还有交通大学前校长蔡元培、叶恭绰、王伯群、孙科等。[②] 典礼结束后黎照寰校长还特邀沈心工一起合影留念。

1936 年 4 月 1 日，交通大学即将迎来 40 周年校庆之际，南洋公学同学会邀请沈心工创作新曲，作为同学会会歌。但由于沈心工早先创作的《同学会聚餐歌》已经传唱开来，因此，沈心工并不希望对前曲大加改动。经推敲修改后，由沈心工作词、朱云望[③]作曲的《南洋同学年会歌》

---

① 交通大学，展览会卷二宗，1933 年 4 月。

② 上海交通大学校史编纂委员会编《上海交通大学纪事 1896～2005》（上卷），上海交通大学出版社，2006，第 242 页。

③ 朱云望，又名朱锦章（字织云），上海人，旅法音乐家，在 1922～1925 年曾担任交通大学附属小学音乐老师，在此期间曾与沈心工合作多首歌曲。1926 年 10 月与沈心工合作创作《南洋大学校歌》。

发表在《南洋友声》第 47 期上（见图 7–9）。①

图 7–9　1937 年 4 月《南洋友声》第 47 期刊登的
《南洋同学年会歌》

我们发现，相较于沈心工 3 年前所创作的《同学会聚餐歌》，《南洋同学年会歌》在歌词上只是将最后一句"我会并寿寿无疆"改成了"我会并寿并荣光"，其他歌词部分没有做任何改动。但是，在曲调方面，该曲的曲作者朱云望对曲调的调号做了改变，由原来的 F 大调变成了 G 大调，将调提高了一个大二度，使原来愉快的演唱情绪变得更为兴奋昂扬。在歌曲的第 9 小节，朱云望把原来的主音"do"升高了半音，使旋律变得更为新鲜，富于色彩，使人耳目一新。该歌曲的另一个变化是原来《同学会聚餐歌》采用五线谱排版方式，而《南洋同学年会歌》采用了五

___
① 《南洋友声》1937 年第 47 期。

线谱与数字简谱相对照的版式，这也许是基于简谱调性容易掌握，便于中外各地校友演唱，加大会歌传播的考量而作出的改变。

《同学会聚餐歌》与《南洋同学年会歌》的创作与发表，进一步扩大了南洋公学同学会以及交通大学在当时中国的社会影响力与校友凝聚力，使得同学会迎来了又一个发展高潮。至1937年抗日战争全面爆发前，南洋公学同学会已在全国14个分区建立分会。这14个分区是：京畿特别区（总会）、苏皖区（第一分会）、闽越区、粤桂区、齐鲁区、宛洛区、湘楚赣区、川滇黔区、冀察绥区、秦晋区、陇右宁海区、蒙新区、康藏区、关东区。同时，南洋公学同学会也再次明确了其成立目的："厥在联络情谊，促进校友之团结，以研究交通学术，如大学所谓修齐治平之阶梯也。"[1] 南洋公学同学会由此也一举成为当时中国规模最大的校友组织之一。

今天，纵观全球各个知名高校，校友文化已经成为高校精神得以屹立、传承的重要因素。大学通过自身优秀的学风校风影响、塑造学生，学生在毕业后，又通过自身的社会贡献、个人影响荣耀母校，这种哺育与反哺的关系，便是校友文化的精髓。

作为一名从南洋公学中走出的优秀学子，沈心工用他的歌曲使得南洋公学之学子得以凝聚，用他的实际行动使南洋公学之精神得以发扬。同时，南洋公学同学会作为承载沈心工爱国爱校理念的重要平台，始终都是沈心工抒发个人情感、实现个人音乐理念的重要工具。沈心工通过歌颂南洋公学同学会来歌颂交通大学，通过建设同学会来为交通大学做贡献，这就是沈心工与同学会之间最为深沉与诚挚的情缘。

100余年前，沈心工与他的同学筚路蓝缕地成立了南洋公学同学会。经过百年的岁月浸染，南洋公学同学会已经发展成为了包括上海交大、西安交大、西南交大、北京交大、台湾新竹交大五校在内的交大校友会，其会员遍及全球。花开五支，同为一根。回顾历史，开拓未来。沈心工与南洋公学同学会的时代虽然已离我们远去，但他们因音乐而产生的深厚情缘，以及他们爱国爱校的精神却值得我们永远铭记。

---

① 霍有光：《〈同学会聚会歌〉与南洋公学同学会》，《交大校友》，2011。

结　语

本篇主要介绍沈心工从日本回国任教到沈心工开始接任南洋公学附属小学校长一职初期的教育构想，以及沈心工创作《邮传部高等实业学堂校歌》和沈心工创办南洋公学同学会的足迹。从中我们可以看到一个近代音乐教育先驱的形象，可以看到一个新式教育践行者的形象，可以看到一个多才多艺注重全面拓展国人素质的教师形象。

沈心工作为中国学堂乐歌时代的开创者，1904～1907年间编印了《学校唱歌集》3集，这是我国最早出版的学堂歌曲集之一。由于受到日本留学经历的影响，其中所收集的乐歌大多是根据日本曲调填写歌词。除此之外，他还翻译编辑出版了《小学唱歌教授法》一书。他所创的乐歌题材广泛，有反对封建思想、提倡民主革命、宣传妇女解放等内容；也有号召民众觉醒、要求富国强兵、团结御侮、振兴中华的内容；有倡导民智、提倡科学、兴办实业的内容；也有勉励敬业、友好乐群、诚信守规的内容；还有提倡体育、倡导美育、反映美好自然的内容。总之，乐歌歌词内容深刻，富有教育意义，对小学生人格思想的养成起到了积极的教育作用。

沈心工的伟大贡献，不仅表现在近现代新式教育的改革上，还表现在近现代新音乐教育和普及等方面，并且涉及其他许多领域。例如，早在1907年，沈心工为救赈徐淮海大水灾，就导演了话剧《新旧纷争》（又名《儿戏》）义演赈灾。这部剧借鉴日本明治维新后风行一时的"新派剧"风格，在中国话剧史上被称为"新剧"。

沈心工不但是我国近代音乐教育的先驱和开拓者，他在我国师范教育和小学教育领域也作出了卓越贡献。沈心工在南洋公学附属小学担任校长一职的时间长达16年，在16年中，他带领着附小的老师们一同经历了无数风雨，克服了诸多困难。在他的悉心经营下，终将附属小学从一块尚未开凿的璞玉雕琢成了一块光芒四射的美玉，成为近代中国教育史上的丰碑。正如教育学家蔡元培所称："成绩之优美，为举国学校所仰慕。"随后的每一年，南洋公学附属小学还为交大中院（中学）、上院（大学）输送了大批高质量的优秀学生，其中有许多人成绩显赫，成为国家的栋梁之材。

第三篇
着两袖清风，赢千秋英名

——沈心工的 1911 至 1927

篇前言

从戊戌变法到新文化运动之前,是中国近代高等教育处于改革旧制度、建立新制度的关键时期。至 1912 年,全国有 8 所教会大学,而清政府创办的大学却只有 3 所。新文化运动爆发后,尤其是在五四运动后,中国社会进入了一个思想大变革时期,随着西方各种思潮、学说的大量涌入,西方高等教育的传播也更突出地表现在思想方面。一些西方近代高等教育的著作和思想特别是西方大学的办学思想,不断被介绍到中国来。这一时期已有不少中国留学生是专攻教育学的,许多人回国后担任了教育行政、高校管理及教学方面的职务。他们积极传播西方高等教育思想和经验,对中国近代高等教育的改革和发展起了重要作用。①

1912 年 1 月 1 日,中华民国宣告成立。南京临时政府教育部改称学堂为学校,拟订《学校系统草案》,定高等师范学校修业期限 4 年(本科 3 年,预科 1 年),专门学校修业期限为 3 年或 2 年,高等专门学校修业期限 3 年至 4 年,大学本科修业期限 3 年,预科 2 年。同年 4 月,临时政府北迁。9 月,北京政府举行临时教育会议,参照日本学制,制定中华民国第一个学制,以《学校系统令》形式公布,世称《壬子学制》。《壬子学制》包括 10 月公布的《大学令》与《专门学校令》,11 月公布的《工业专门学校规程》,12 月公布的《法政专门学校规程》《商船专门学校规程》《外国语专门学校规程》《商业专门学校规程》《农业专门学校规程》《药学专门学校规程》等。1913 年 1 月,北京政府又公布《大学规程》。这些法令与规程,合称为《壬子 – 癸丑学制》。《壬子 – 癸丑学制》是中

---

① 李丹青、郭木英:《西方高等教育的影响及中国近代高等教育发展动力浅探》,《宁波大学学报》(教育科学版)1999 年第 3 期。

华民国颁布的第一个学制，也是中国第一个体现近代民主思想的学制。其放弃了"中学为体，西学为用"的主题思想，取消了经学为独立学科的独尊地位，改变了视技术学科为"技艺"的错误观念。这些改变在中国文化思想史和教育史上都是破天荒的大事。《壬子－癸丑学制》还废除了清政府对大学行政管理、教务管理与教学人员命名的职官名称和地位；改为各科设学长；大学以教授高深学术，养成硕学闳才，应国家需要为宗旨。特别值得注意的是，美术与音乐两门艺术学科首次列入中国高等教育的体系之中。1922年9月教育部公布参仿美国学制的《学校系统改革案》，通称为《壬戌学制》。自《壬戌学制》颁布后，中国的公私立大学大为增加，除前述的北京大学、北洋大学和交通大学、东南大学外，清华学校也成立"大学筹备委员会"；同时，各省纷纷把各类专门学校或升格为大学，或合并各专门学校组成大学。①

　　在中国人还没兴办自己的新式教育之前，南洋公学的诞生和成功起到了示范作用，它和其他的中国新式学校一起，抵制了资本主义势力对中国文化教育的进一步入侵。国内的优秀学生有了更多的选择，他们在自己的新式学校里同样可以学到西方先进的自然科学和社会科学知识。这一时期从公学学成的学生中不乏杰出人才。他们中有为革命献身的勇士，如在辛亥革命中牺牲的白毓昆，有著名民族英雄蔡锷，有资产阶级民主革命先锋邵力子，有中国职业教育奠基人黄炎培，还有文化名人李叔同（弘一法师）等。他们推动了社会的进步，是南洋公学的骄傲。② 作为新旧两种教育体制更迭时期的产物，南洋公学具有时代的独创精神和气魄。它加快了封建教育制度的瓦解过程，站在时代前列，于中华沃土上首先培育了一株适合中国国情的"花卉"，为以后的学校教育提供了宝贵经验。③

---

① 刘敬坤、徐宏：《中国近代高等教育发展历程回顾（上）》，《东南大学学报》（哲学社会科学版）2004年第1期。
② 苗体君：《南洋公学和中国近代教育》，《洛阳师范学院学报》1998年第1期。
③ 苗体君：《南洋公学和中国近代教育》，《洛阳师范学院学报》1998年第1期。

第八章　出版《重编学校唱歌集》

中国近代的历史与其说是一个被侵略、被践踏的历史，不如说是一个无数中国人不断觉醒推动中国前进的历史。在那个特殊的时代，有人主张"科学救国"，也有人主张"实业救国"，而沈心工则选择了"教育救国"的途径，凭借他特有的睿智、勇气和献身精神，通过提倡乐歌教育和开设学堂乐歌课来向人们宣传资产阶级民主革命思想，以唤起国人的爱国主义精神和民族自强意识，从而达到他"教育救国"的目的。① 辛亥革命后，沈心工对自己在《学校唱歌集》中大多使用日本曲调深感不满，他希望使用西洋曲调，做一种新的尝试。他在《重编学校唱歌集》的《编辑大意》中说："余初学作歌时多选取日本曲，近年则厌之而多选西洋曲；以日本曲之一推一板，虽然动听，终不脱小家气派，若西洋曲之音节，则浑融浏亮着多，甚或挺接硬转，别有一种高尚之风度也。"② 1911 年 5 月，经教育部审定（见图 8-1）、教育总长范源濂③题词（见图 8-2）、黄炎培作序的沈心工《重编学校唱歌集》1~6 集，由上海文明书局印刷并出版。④

图 8-1　1911 年教育部审定　　图 8-2　教育总长范源濂题词

---

① 赵洪斌：《试论沈心工的爱国主义精神》，《黄河之声》2008 年第 14 期。
② 钱仁康：《学堂乐歌考源》，上海音乐出版社，2001，第 2 页。
③ 范源濂（1875~1927），字静生，湖南湘阴人，近代教育家，1899 年入南洋公学外院学习，历任南京临时政府教育次长、总长，国民政府教育总长等职。
④ 沈心工：《重编学校唱歌集》，首都图书馆藏，1912。

第一节　黄炎培为《重编学校唱歌集》作序

1911 年出版的《重编学校唱歌集》共 6 册，这部歌唱集经国民教育部审定，并由著名爱国主义者和民主主义教育家、交通大学著名校友黄炎培亲自作序。《重编学校唱歌集》收录了沈心工在辛亥革命前后这一时期所创作和整理的乐歌共计 90 首。

一　南洋公学特班学生黄炎培

黄炎培（见图 8-3），字任之，别号抱一，上海市川沙县人。黄炎培是中国近现代著名的爱国主义者和民主主义教育家，是我国近代职业教育的创始人和理论家，他以毕生精力奉献于中国的职业教育事业，为改革脱离社会生活和生产的传统教育，建设中国的职业教育，作出重要贡献。

图 8-3　黄炎培（1878~1965）

1878 年 10 月 1 日（光绪四年九月六日）黄炎培出生于川沙镇内史第，早年父母双亡。年幼的黄炎培在外祖父的教育下广泛接触诗词歌赋，稍长又攻读经史，练习书法，在诗词、文章等方面打下了坚实的基础。1899 年时，黄炎培在松江府以第一名取中秀才。1901 年 5 月，23 岁的黄炎培考入南洋公学首届特班学习，与同在南洋公学师范院读书的沈心工成为同学，结下了深厚的友谊，后来二人同为上海教育界同事，均为中国的近代教育作出了贡献。

南洋公学是黄炎培早期思想形成的一个重要转折点。在南洋公学特班学习的过程中，他抛弃旧文化，选读外文科，系统学习了中西政治、文学、法律、道德等科。南洋公学特班以"系为应经济特科之选，以储国家两栋之才"① 为宗旨，从应过科举的成年读书人中考试选拔，前后共录取了 42 名学生，都是 20 至 30 岁左右在中国文学方面有相当造诣的青年。其中黄炎培、邵力子、谢无量、胡仁源、朱履和、陆梦熊等，均为一时才俊。蔡元培就任特班总教习。蔡元培力倡民权、女权和爱国思想，亲自拟定特班的研究课程，涉及中外历史、政治、哲学、法律、经济、财政、外交、教育、科学、文学、伦理、英文、日文、拉丁文等 40 余门课程。

南洋公学特班学习期间，黄炎培受知于中文总教习蔡元培。蔡元培的教学方法别具一格，既有课题学习，又有课下讨论，甚至开展辩论和演讲活动。授课之余，他为学生开列书单，要求学生写读书札记（见图 8 - 4），并规定每个学生每周将读书札记呈交与他。

此外，蔡元培还教导特班学生关心世界大事和国计民生，鼓励学生练习演说，用语言唤醒民众。新颖的教学方法往往从现实入手，这使黄炎培及特班学生大开眼界。盛宣怀寄予特别希望的特班，多数人后来成了辛亥革命的骨干力量。在特班学习的日子里，黄炎培深受班主任蔡元培赏识，蔡元培对黄炎培的一生，有过多方面的重大影响。黄炎培将这种影响总结为："最初启示爱国者，吾师；其后提挈革命者，吾师。"② 1905 年，黄炎培经蔡元培介绍加入同盟会，当黄炎培发起职业教育运动时，蔡元培又给予有力的支持。1917 年中华职业教育社成立后，其发表的《中华职业教育社宣言书》，标志着以黄炎培为代表的职业教育思潮的形成。

1931 年"九一八"事变后，民族危机加重，黄炎培积极投入抗日救亡运动，创办《救国通讯》，宣传爱国主义，组织上海市民维持会（后改

---

① 盛宣怀：《批复南洋公学呈设特班文》，1901 年（光绪二十七年），上海交通大学档案 508 卷。
② 尚丁：《黄炎培》，人民出版社，1986，第 20 页。

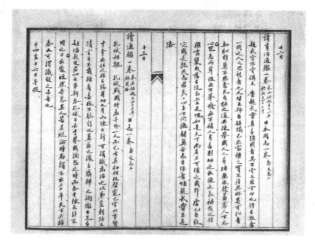

图 8 - 4　黄炎培在南洋公学特班时期的读书札记（一）、（二）

为上海地方协会），支持淞沪会战。抗日战争胜利前后，他频繁奔走于重庆、南京，不遗余力地为国共和谈斡旋、调停，为新中国的诞生作出了重要贡献。1941 年，黄炎培与张澜等人发起组织中国民主政治同盟，一度任主席。1945 年又与胡厥文等人发起成立中国民主建国会。同年 7 月应邀访问延安，写成《延安归来》一书，如实介绍延安。新中国成立后，他担任政府重要职务，主持中国民主建国会工作，对资本主义工商业的社会主义改造起到了极大作用。历任中央人民政府委员、政务院副总理兼轻工业部部长、全国人大常委会副委员长、全国政协副主席、中国民主建国会中央委员会主任委员等职。

黄炎培的主要著作有《黄炎培考察教育日记》《新大陆之教育》《东南洋之新教育》《中国商战失败史》《中国教育史要》《黄海环游记》《断肠集》《蜀道》《抗战以来》《延安归来》《学校教育采用实用主义之商榷》《黄炎培教育考察日记》《中华职业教育社宣言书》《八十年来》《南洋华侨教育商榷书》《我之人生观与吾人从事职业教育之基本理论》《中国关税史料》《对外贸易史料》《淞沪抗日史料》，诗集《断肠集》《苞桑集初稿》《红桑》等。

二 黄炎培为《重编学校唱歌集》作序

在南洋公学特班学习期间，黄炎培与师范院学生沈心工有了更多交往，他们之间建立了深厚的友谊。黄炎培十分赞赏沈心工学堂乐歌思想理念，并积极支持沈心工推行的乐歌运动。沈心工在交通大学工作期间，曾多次邀请黄炎培来校演讲。资料称："十一月十二日晚七时在假大礼堂开第十三次常会，延请教育家黄炎培先生演说。先生曾在本校习经济科。来会演讲爱校之心，爱同学之心油然兴起。前由小学主任沈叔逵先生介绍。次由先生演讲，略谓今日鄙人颇愿演讲与实业团游美参观会情形。唯闻余日章先生已先道，及重复谈论无意味。故别开生面，讲旧金山城市之勃兴及美国汽车公司之宏大理论周详，语言诙谐。最后，复归本科学之重要，于同学并再三勉励。"①

作为南洋公学杰出校友，1910 年他与沈心工一起在上海发起成立了"南洋公学同学会"，对当时南洋公学同学会的发展作出了积极贡献。1911 年，他亲自为沈心工编写的《重编学校唱歌集》作序（见图 8-5）。

吾国十余年前，学校课唱歌者尚少。沈君心工雅意提倡，自制歌词任教授，一时从而和之如响，斯应论蓝算开山之功。沈君足于其间占一席焉。顾余雅不欲以是功沈君以谓，沈君之所以足为我教育界良导师者，不惟以其得风气先，尤以其所制小学校用歌词，大注意儿童心理。其所取材与其文字程度，能通俗而不俚，其味隽而其言浅，虽

---

① 《〈记载〉之〈本会记事〉》，《南洋学生杂志》（第 2 卷）1918 年第 3 期。

至今日作者如林，绝不因此减其价值，且与岁月同增进焉。而沈君复不自足，十年以来虽作夜思，积岁月而所的弥富，乃网罗其所谓歌词，增益修订，重付剞劂，以饷世而索余为序。余所欣然，欲乘机负背吾一言于担任唱歌教授诸君者，则以余比年所见小学校教授唱歌，易蹈数弊：其一，选择歌词与音调往往不合儿童思想与其生理发育之程度；其二，授唱歌而不讲明其词义，致儿童能唱不能解，无从发抒其情感；其三，选取歌词未能与他科联络；其四，未能注意于实地应用，致儿童于唱歌但认为功课之一种，而不能应用之于其时其他与其人。凡此种种盖有相互关系。而沈君所为歌词，早已有鉴于此，尽力去其病根。俾教者稍稍注意，即不至或蹈此失。吾言如是苟获见采，于读者，或于小学校涵养德性，发扬精神之重要教科不无小补，倘亦沈君所深许乎，时为民国四年四月十一日舟渡太平洋赴美国，乘客奉耶教者方集大厅事诵圣经唱歌，歌声、琴声与风声、水声相激应也。①

图 8 - 5　黄炎培《重编学校唱歌集》序

作为沈心工挚友和同学的黄炎培先生，在序言中对于沈心工的乐歌创作给予十分肯定和高度评价，称其乐歌创作和教授唱歌的举措乃有开山之功；先生的乐歌注意儿童心理，通俗而不俚，味隽而言浅。在沈心工《重编学校唱歌集》出版之后，从事乐歌创作的作者如林，然而沈心工的乐歌经过岁月的洗礼，其价值不但没有降低和过时，反而与日俱增。

---

①　黄炎培：《学校唱歌集序》，载《重编学校唱歌集》，上海文明书局，1911，第1～2页。

第二节　唐文治为《重编学校唱歌集》撰写歌词

一　唐文治与沈心工

唐文治（1865～1954），字颖侯，号蔚芝，别号茹经，江苏太仓人。教育家、文学家、国学大师。1907 年（光绪三十三年），唐文治就任邮传部上海高等实业学堂（后改为交通部上海工业专门学校）监督（校长）（见图 8 - 6）。

唐文治曾是政府官员，后因种种原因退出仕途，决心从事教育，期望通过教育培养一批出色人才，进而发展实业，使中国有振兴之望。唐文治主持学校工作达 14 年之久，是新中国成立前交通大学任期最长的校长。在唐文治校

图 8 - 6　1915 年的唐文治校长

长主政时期，他费尽心血将交通大学发展壮大，培育了交通大学优良的教学传统和良好的校风，为交通大学成为国内外著名的理工科大学奠定了基础，为中国工业建设造就了一批出类拔萃的人才。唐文治的办学思想是"尚实"。为了使学生免受"学而优则仕"的旧教育思想影响，他带领师生剪去发辫，呼吁改革图新。他常常勉励学生，要成为"求实学、务实业为鹄的""造就学成致用，振兴中国实业"的专门人才。在校任职 14 年，唐文治精心擘画，将学校引向理、工、管三足鼎立的黄金时代，奠定了学校发展的雄厚基础。在培养人才过程中，唐文治坚持民族自尊，以我国悠久传统文化的精华来培养学生，他身体力行，大力倡导崇德尚实风范，深入人心，成为学校向上发展的基石和塑造人才的根本。他十分重视人文精神的教育，把西方先进经验大胆拿来，为我国培养科技人才所用，为振兴中华贡献力量的一流人才，为国家培养一流理工人才树立了榜样。

学校 50 周年校庆时，交大校友和师生募捐修建大礼堂，并将其命名

为"文治堂"（见图 8 – 7），以资纪念。唐文治于 1954 年 4 月在上海病逝，终年 90 岁。著作有《茹经堂文集》《十三经提纲》《国文经纬贯通大义》《茹经先生自订年谱》等。

图 8 – 7　1946 年校友及师生募捐修建的"文治堂"

唐文治在校任职期间，与沈心工往来密切，合作极为融洽，这一时期也是沈心工附属小学教育管理成绩显著、乐歌创作最为鼎盛的时期。1907年，唐文治就任邮传部上海高等实业学堂校长，他对沈心工极为肯定和赏识，并委以重任。在他的支持下，沈心工开始主持邮传部高等实业学堂附属小学堂教务工作。1909 年，经唐文治审定，沈心工作词创作了《邮传部高等实业学堂校歌》，被定为校歌刊登在附属小学十周年纪念册中。1910 年夏，唐文治支持沈心工、黄炎培等人发起成立"南洋公学同学会"。1911 年沈心工继任附属小学主任（小学校长），开始了他在小学长达 16 年的校长管理工作。1915 年经唐文治修正，沈心工创作了《南洋公学校歌》并公开发表在南洋同学会主办的《南洋》第 1 期刊物上，在唐文治的支持下，沈心工主编的《重编学校唱歌集》经教育部审定公开出版，并作为全国小学用书。

唐文治是清朝翰林，虽说是一个十足的老夫子，对四书五经不能忘情，但对音乐体育运动等新文化亦毫不排斥，可以说是一位真正意义上学贯中西式的人物。他除重视体育外，还十分重视学生美育培养。唐文治本人的音乐才能也让人叹为观止，每当师生们欢聚一堂联欢之际，他都要击节高歌。1948 年，在他 84 岁高龄之际，还灌音朗诵国文唱片 10 张，又发行通用集 5 张，由大中华唱片厂监制。① 目前留传下来的国文朗诵唱片中，还录有他的昆曲唱腔。虽然由于年代久远，唱片已经有了杂音甚至失真，但人们还是能够领略到先生当年在音乐上的才华。

他曾多次为学生讲授《礼记·乐记》。他认为，礼乐是教育的一项必要手段，学生的浮躁乖张和心境不纯是缺乏礼乐教育修养的缘故。因此，唐文治在明确了"教育救国""实业救国"的办学方向后，他请沈心工创作校歌，对沈心工的作词亲自修正，再由沈心工填写欧美曲调，教学生歌唱。

二　尊孔活动的开展

唐文治任校长期间，在教学过程中将尊孔作为奠定学生文化根基的一项重要的措施。校园内设置有"先师室"，每年祭孔大典是学校最为隆重的节日。为纪念孔子诞辰，唐文治身体力行亲自组织参与。1914 年，他和沈心工、学生杨锡冶②（杨左陶）按文庙丁祭而谱作奠孔新乐十余章，即《孔子圣诞奠乐章》（见图 8－8）。每逢孔子诞辰之日，学校还组织学生在孔子像前集体吟唱《孔子圣诞奠乐章》。

据沈心工回忆当年在"圣位"前颂唱歌曲时的情景："每朔望，总理何公梅生（何嗣焜）暨张师（指总教习张焕纶）率师范同学全体，均穿礼服（大帽、大袖对襟天青马褂、长袍、尖头靴），至圣位，行三跪九叩礼。礼毕，赞礼员黄圃生提出此歌章目，师范生乃应声而唱歌词。奏乐者以箫管和之。当时一种庄严气象，今尚留印于之脑中也。"③

《孔子圣诞奠乐章》歌词为：

> 大哉孔子，先觉先知。与天地参，万世之师。祥徵麟绂，韵答金丝。日月既揭，乾坤清夷。予怀明德，玉振金声，生民未有，展也大成，俎豆古今，春秋上丁。清酒既载，其香始升。式礼莫愆，升堂再献。

---

① 引自《唐蔚芝先生读文传播会读文灌音片缘起》。
② 杨锡冶，又名杨左陶，交通部上海工业专门学校第七届中学毕业生（1915 年）。
③ 《南洋旬刊》（第 1 卷）1926 年第 7 期。

图 8-8　孔子圣诞奠乐章

响协鼓镛，诚孚岳巇。肃肃雍雍，举髦斯彦。礼明乐淑，相视而善。自古在昔，先民有作。皮弁祭菜，于伦斯乐。惟天牖民，惟圣时若。口伦攸叙，至今木铎。先师有言，祭则受福。四海宫黉，時敢不肃。礼成告彻，毋疏毋渎。乐所自生，中原有菽。凫绎峨峨，诛泗洋洋。景行行止，流则无疆。聿昭祝事，祀事孔明。化吾蒸民，育吾庠胶。[1]

唐文治校长亲自为《孔子圣诞奠乐章》作序，"由小学部主任沈叔逵君按丁祭礼乐教练舞生一班，吾校孔子圣诞节之有乐舞，盖自此首"[2]。

①　《上海工业专门学校学生杂志》（第 2 卷）1915 年第 2 期。
②　《上海工业专门学校学生杂志》（第 2 卷）1915 年第 2 期。

《孔子圣诞奠乐章小序》。其内容为：

> 呜呼，孔教之，论胥甚矣。其桀骜者公然，抨击不遗余力，其柔懦者胸无定见相率，盲从吾孔教之。微言大义甚少有能研究者，人心至此夫复何言，夫东西洋各国所以致治保邦之本要在，在保护其本国之文化，未有淘汰文化而能自存者，独吾中国则诋毁孔教，自入于无礼义无教化之，途悍然而不顾，呜呼，其可痛矣。哉民国以来，文明埽地黉舍失脩，祀孔之礼，亦且废异，独吾校以尊孔为宗旨，发愤行之，十载于兹，迄不懈。而杨生锡业复殚精竭思，以祀孔乐章，谱入西乐器，诸同学咸大喜，相与鼓吹之，配以佾舞，一时彬彬焉、雍雍焉，称极盛矣。今岁诸同学将以杨生乐谱刊入杂志，属于为之弁诗有之，自西自东自南自北，无思不服心理之同，岂第一方隅为限，吾知此乐章纵不行于今日，将有行于后日者矣。吾知吾教从不行于中国，将有行于他国者矣，论语载，仪封人言曰二三子，何患于丧，乎天将以夫子为本铎善斯，言也，万古不磨之论也。唐文治谨序。①

正如唐文治所言，在那段旧时道德制度崩坏的时期，唯独交通大学仍以尊孔为宗旨。沈心工也认为读经尊孔对学生大有裨益。还专门编写了祭奠孔子的学堂乐歌《孔圣人》②（见图8-9），教学生传唱。

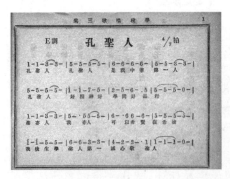 

图 8-9　沈心工创作《孔圣人》歌曲

---

① 唐蔚芝：《孔子圣诞乐章小序》，载《上海工业专门学校学生杂志》（第2卷）1918年第2期。
② 沈心工：《重编学校唱歌集》，首都图书馆藏，1912。

此歌登载于《重编学校唱歌集》第 3 集中，歌词是："孔圣人，孔圣人，是我中华第一人；孔圣人好精神，好学问好品性。圣亦人我亦人，可以希贤复希圣，我后生学圣人，第一诚心敬圣人。"歌曲为 E 大调，并采用 4/2 节拍形式的颂歌形式。歌曲教育小学生，中国是一个具有悠久教育传统的文明古国，孔子是儒家学派的创始人，是中国文化的奠基者之一。

三 唐文治撰写《祝中华民国歌》歌词

在唐文治就任交通大学校长数年后，辛亥革命就爆发了，上海随即在 1912 年宣布共和，中国长达两千年之久的君主专制制度随之结束，这一事件在思想上给唐文治带来了极大的鼓舞与冲击。他并不为旧王朝的覆灭而伤感，也不为旧时代的逝去而失落，在唐文治内心身处，他对民主革命所倡导的共和思想深有认同。因此，为表达其对民国成立所带来的喜悦，唐文治满怀激情地拟就了一首《拟国歌》歌词（见图 8 - 10），并请音乐名家张涣珊神甫编制乐谱，报送交通部。这首歌后更名为《祝中华民国歌》，于 1911 年收录于沈心工编写的《重编学校唱歌集》第 6 集中。

歌词是：

> 我国初哉首磐龙皇，唐尧虞舜相禅让，共和政体肇元良。孔孟继起儒者王，大同世界神游翔。秦汉以来专制横，一治一乱纷玄黄，民生凋敝困且僵。我民国开国宙合发其祥，振兴实业农工商，五金地质开宝藏。教育覃敷，弦歌不辍，我国民士气扬。枕戈待旦，起舞鸡鸣，我国民兵气强，出入相亲，守望相助，我国民志节久而昌。从兹我国旗飞且飚，照耀五洋。唯我民国五族万岁万岁寿无疆。

这首歌虽因南京临时政府的行政问题没有得到采用，但在当时已被广泛地传唱。学生杨左陶曾撰文："本校关于音乐方面发展者，民国二年（1913）有国歌之颁制。请音乐名家南汇张涣珊神甫主撰，除谱入军乐按班训练已广为流传外，并发布内务教育外交各部，请为审查立案，讵当时政务紊乱，各事废弛，初无心细校，而正国乐之统一，故迄今未得到实之

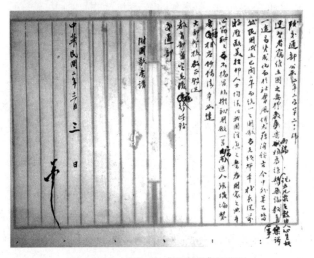

图 8-10　唐文治《拟国歌》手稿

音信，殊可惜也。"①

　　尽管如此，但唐文治这一举动体现了他作为前清翰林、遗老，并不为旧时代所禁锢，而是能够在新时代的影响下积极顺应时代发展，接受新潮思想，追求社会进步，难能可贵。当时的交通大学在这样一位开明、坚毅的校长带领下，屹立于中国高校之前列。

　　此外，唐文治还是我国早期主张道德教育的开拓者，在任交通大学校

———————

① 杨左陶：《本校之音乐》，《上海工业专门学校学生杂志》（第 2 卷）1918 年第 2 期。

长的 14 年里，他坚持把道德品行放在人才培养的第一位。他重视学生德智体美的全面发展，与沈心工一起采取了一系列有效措施，为我国早期素质教育的发展积累了宝贵的经验。

第三节 《重编学校唱歌集》内容

《重编学校唱歌集》（1~6 集）是沈心工为初等小学生和高等小学生专门编写而成的。他在《重编学校唱歌集》的《编辑大意》详尽介绍了歌集编写情况，他说道："余自甲辰至丁未间，曾编辑《学校唱歌集》三册，先后出版。嗣后不多作歌，故积至今春始得三十余篇，乃合新旧各篇，一一修之，复益以友人之佳作数首编为六集。初二三四集足供初等小学校四年之用，按其程度尚觉相当；五六集程度较高，拟供高等小学校之用。唯集中有若干首，稍染词章气息，恐学生不能完全领悟耳。但此等之歌或志国耻，或写形胜，或颂礼式，或慨时局，亦为唱歌中不可不备之作，故录之。"①

他编选的歌曲选用了不少德、法、英、美的民歌和学生歌曲曲调，这不仅丰富了学校歌曲的音乐语言，也是最早将西方音乐介绍到中国的一次实践。尽管选取的外国曲调多了，沈心工也并未忽略本土的音乐发展情况，慢慢地他也在学校唱歌中介绍我国的传统民歌和由我国音乐家作曲的歌曲，并亲自为自己和别人写作的歌词作曲。当时用我国民歌曲调填词的有《苍蝇歌》、《缠脚的苦》（均用《孟姜女》调），《蝶与燕》、《剪辫》（均用《茉莉花》调），《采茶歌》（用《凤阳歌》调）等；先生自作歌曲请朱织云、许淑彬等人作曲的有《美哉中华》《请君对镜》《连环歌》《童子军歌》《新村》《木人戏》等；他自己作词作曲的有《革命必先格人心》《军人的枪弹》《采莲曲》等。此外，先生还为杨度（暂之）作词的《黄河》歌谱了曲，黄自先生盛赞此曲"雄沉慷慨"，说"国人自制学校歌曲有此气魄，实不多见"。在现代音乐史上，我国作曲家谱曲的学校歌曲，当以这一批歌曲为最早。

---

① 沈心工：《重编学校唱歌集》，载《编辑大意》，上海文明书局，1911，第 2 页。

《重编学校唱歌集》（1~6集）共有歌曲90首，歌曲题材广泛，音乐语言的生动，歌词浅而不俗，简明易解，极具儿童特点，深受儿童喜爱。根据歌词内容可将歌曲分为以下几种类型。

一　倡导爱国奋进、团结进取的思想精神

列宁曾说："爱国主义就是千百年来巩固起来的对自己祖国的一种最深厚的感情。"这种对祖国、对人民的深厚感情，就成了沈心工从事学堂乐歌创作，编写乐歌唤起民族的觉醒、配合其"教育救国"的精神支柱。爱国富民，追求创新发展也贯穿在他编写的乐歌作品中。

在他的《重编学校唱歌集》中既有直接表达爱国奋进的歌曲，也有表现对于国人沉沦的担忧的歌曲；有赞颂资本主义民主共和的歌曲，也有歌颂祖国河山的歌曲。这一类型的歌曲有《爱国》《从军》《革命凯旋歌》《何日醒》《黄河》《美哉中华》《青青竹》《五色旗》《扬子江》《祝中华民国歌》等，此系列的歌曲数量众多，而且大多歌词较短，但是每首歌曲都铿锵有力，充满战斗的激情和强烈的感情号召。

我们对《爱国》、《从军》以及《美哉中华》进行探讨分析（见图 8 - 11、图 8 - 12）。

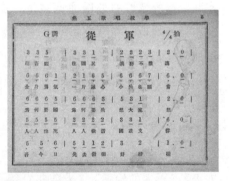

图 8 - 11　《爱国》《从军》

《爱国》这首歌歌词十分精简短小。"同胞同胞须爱国，国强国弱分荣辱。今吾国势危且急，要图强速速速！"歌词中开篇明义，即号召国人站起来，与国家命运同进退，末句的三个"速"字，三叠音把音乐的节奏感带得非常急促有力，将国人要奋起的紧迫感表现得淋漓尽致，更显示

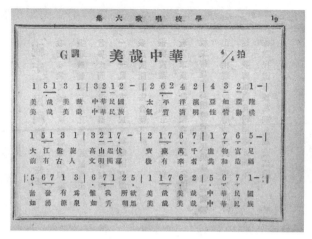

图 8 – 12　《美哉中华》

了沈心工心里无限的焦虑和担忧。司马迁有句名言："常思奋不顾身，而殉国家之急。"沈心工用他的歌曲真真切切地表达了这种对国家的深切感情。

　　沈心工的《从军》显然受到了邹容《革命军》的影响，鼓舞国人从军报国。"往吾愿往国民，义务不推让。全身勇气，一片诚心，小兵也愿当。为何要国，为何要兵，想大家想。人人怕死，人人偷活，国谁支撑。吾今日先去做个好榜样。"整个歌词都洋溢着要上阵去打仗、为国捐躯的思想感情，所谓"国家兴亡，匹夫有责"，大丈夫应该一肩担起这国家赋予的责任与义务。邹容在其《革命军》中以极大的慷慨言道："吾于是沿万里长城，登昆仑，游扬子江上下，溯黄河，竖独立之旗，撞自由之钟，呼天吁地，破颡裂喉，以鸣于我同胞前曰：'呜呼！我中国今日不可不革命，我中国今日欲脱满洲人之羁缚，不可不革命；我中国欲独立，不可不革命；我中国欲与世界列强并雄，不可不革命；我中国欲长存于二十世纪新世界上，不可不革命；我中国欲为地球上名国、地球上主人翁，不可不革命。革命哉！革命哉！我同胞中，老年、中年、壮年、少年、幼年、无量男女，其有言革命而实行革命者乎？我同胞其欲相存相养相生活于革命也。吾今大声疾呼，以宣布革命之旨于天下。'"沈心工的这首《从军》也颇有邹容文字间洋溢着的那份浓烈的革命情怀，报国捐躯之情显露无遗。

《美哉中华》（沈心工词、朱织云曲）见于沈心工编写出版的《重编学校唱歌集》第6集。作品表达了作者对于中华民国的赞美，全曲洋溢着对推翻帝制、建立民主共和体制的欢欣鼓舞之情，也充满对于泱泱大中华无限的憧憬。歌词为：

> 美哉美哉，中华民国，太平洋滨，亚细亚陆。大江盘旋，高山起伏，宝藏万千，庶物富足。奋发有为，唯我所欲，美哉美哉，中华民国。
>
> 美哉美哉，中华民国，气质清明，性情勤朴。前有古人，文明开幕，后有来者，共和造福。如涌源泉，如升朝旭，美哉美哉，中华民国。

歌词的意思不难理解，这里要稍微讨论的是歌词的结构。歌词共分两段，每段都以"美哉美哉，中华民国"的颂词来首尾呼应，从而达到最大程度地歌颂中华民国民主共和体制的效果。第一段的整段歌词可以用"状景寓情"来概括写法，即通过状写神州大地的景物来讴歌；第二段的整段歌词则可以用"以史明志"来概括写法，即通过纵览历史来赞颂。总体来说，整首歌词都洋溢着浓烈的对于中华民国的歌颂之情，并且充满了沈心工对于未来美好生活的向往。

《黄河》（杨度词、沈心工曲），是沈心工乐歌中非常著名的一首代表作（见图8-13）。歌词为：

> 黄河黄河，出自昆仑山，远古蒙古地，流入长城关。古来圣贤，生此河干。独立堤上，心思旷然。长城外，河套边，黄沙白草无人烟。思得十万兵，长驱西北边，饮酒乌梁海，策马乌拉山，誓不战胜终不还。君作铙吹，观我凯旋。

这首歌以象征中华民族的黄河为题材，曲调紧密配合歌词，开阔而豪迈，仿佛使人看到千军万马战胜敌人之后凯旋的景象。铿锵有力的节奏，排比句式般的旋律进行，起伏跌宕的情感，生动地唱出了在辛亥革命前夕，广大中华爱国青年面对祖国山河破碎，立志投笔从戎，"誓不战胜终

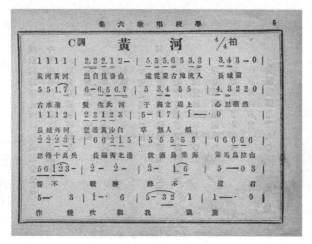

图 8 – 13　《黄河》

不还。君作铙吹，观我凯旋"的慨然之情。

沈心工是我国最早借鉴西方音乐创作经验而谱写学堂乐歌的作曲家，从《黄河》的音乐创作手法上来看，这首作品采用了典型的西洋大调式，歌曲调式色彩与歌词的雄伟豪迈之势相得益彰，极具震撼力。歌曲具有一字一音的音节式旋律特征，旋律进行上较多采用了以音程级进为主的方式，只有"铙吹"二字出现了小六度的音程大跳，其余均为级进或者小跳进模式。词曲配合自然贴切，歌词的气魄和激情得以体现，每次歌唱，歌者都能感受到词曲作者想表达的浓烈的爱国主义情感。

《黄河》的独特价值就在于它是中国人最早采用西洋作曲技术而创作的歌曲之一，开创了中国新音乐创作道路的先河，有力地推动了乐歌运动的纵深发展，对学校音乐教育和现代音乐创作产生了深远影响。沈心工的学生，近代著名音乐家黄自在《心工唱歌集》序中评价这首歌说："这个调子非常的雄沉慷慨，恰切歌词的精神，国人自制学校歌曲有此气魄，实不多见。"我国著名文学家茅盾先生也曾在《我的学生时代》一文中写道："对于音乐我是喜欢的，音乐用的是沈心工编的课本，其中有一首《黄河》……曲调悲壮，我很喜欢。"1992 年 11 月 17 日，沈心工作品《黄河》入选为"20 世纪华人音乐经典"作品。

二 劝勉学生勤奋努力，注重学生养成教育

养成教育是培养孩子养成良好习惯的教育，在养成教育的培养过程中，必须按照一定的目的进行长期的训练和教育。沈心工长期从事小学教育，他注重从行为训练入手，综合多种教育方法，全面提高附属小学学生的综合素质。《重编学校唱歌集》里的歌曲大多是为小学学生教唱所用，因此，收录了大量的关于小学生日常生活、游戏所适合吟唱的歌曲。这些歌曲都十分生动，将学生的生活状态写得有趣而鲜活，同时，这些歌曲又有寓教于乐的作用，它们中的许多内容都有劝诫学生勤奋努力、养成好习惯的教育作用，例如：《孔圣人》《始业式》《孙唐》《铁匠》《休业式》《早起》《上学》《客来》《小学生》《纸鹞》等。

以《始业式》和《早起》为例（见图 8 - 14）。

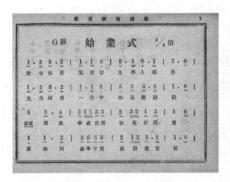

图 8 - 14 　《始业式》《早起》

这首《始业式》歌词如下：

> 兼旬修养气从容，上学人都勇，先生同学一堂中，相见乐融融。家庭期我学成致用，教养仔肩重，应如何，勤学守规，庶几慰父兄。

歌词十分简短和浅显，但却没有显出一点的平俗和乏味，反而露出许多的温馨和安详。歌曲采用 2/4 拍子，音乐采用附点八分音符为主的节奏，具有推动力，词曲结合贴切，朗朗上口，深受孩童喜爱。

《早起》这首歌曲更显得清新自然，完全是小学生早晨起床时所应有的生活节奏，整首歌明快畅然，给人以轻松愉悦之感。

歌词如下：

> 早起早起，鞋袜一件件要穿整齐，钓起蚊帐敞开窗户，理卧具，散污秽气。杂物衣服眼前不用清理，好归箱笼里。然后扫地，拂拭板凳，一件件要放整齐。

歌词里满载了沈心工对于学生养成生活好习惯的谆谆教诲。著名心理学家威廉·詹姆士曾经指出："播下一个行动，收获一种习惯；播下一种习惯，收获一种性格；播下一种性格，收获一种命运。"由于沈心工十分重视对学生习惯养成教育的培养，接受这种教育的附属小学学生均受益匪浅。他用这些优美的乐歌陶冶了小学生幼小的心灵，润物细无声，使他们养成良好的习惯，使他们的品德和行为变得高尚。

分析沈心工《重编学校唱歌集》关于小学生日常生活、游戏所吟唱的歌曲类型，可以看出他的这方面歌曲，满足小学歌曲应有的一些特点。

1. 鲜明的主题，生动的情节。如《听听听》《上学》《小小船》《小羊》《摇床》《竹马》《卖布》等歌曲，就是根据学生身心发展规律、审美心理特征和已有的生活经验，结合音乐自身的审美功能，以生动的情节贯穿始终，综合地将学生的感受与鉴赏、表现、创造、音乐与相关文化有机地融为一体，从而促进学生的身心健康，开阔学生的知识视野，提高学生的知识水平。

2. 浓郁的国学特色，丰富的民族音乐调式。如《孔圣人》《乐群》《促织》《蚁》《春雨》《良马》等歌曲，具有鲜明国学文化特色，在音乐进行中采用了富有浓郁民族色彩的调式，使学生在歌唱时也能受到民族文化思想的熏陶。

3. 联系学生生活，培养学生兴趣。《重编学校唱歌集》根据不同年级对教材内容的需要和学生的年龄特征，循序渐进，由浅入深，并以图文并茂的形式展现，非常符合不同年龄段学生的学习需求。如歌曲《孙唐》《蛙声》《磨豆腐》《旅行》《一老店》《采莲》《话别》《客来》《扫地》《龟兔》等作品，结合少年儿童喜闻乐见的趣事、游戏、谜语、故事，创作和设计了歌词，让学生产生兴趣，并能愉快地学习。

三　崇尚科学，培养学生形象思维

幼儿的科学教育是科学启蒙教育，重在激发幼儿的知识兴趣和探索欲望，作为教育工作者的沈心工，深知儿童是天生的"探究者"，因此，他对小学生科学教育投入了更多的关注。作为教育者和创作者，沈心工选择生活化、游戏化的歌词内容，在充分了解儿童的基础上，在编写《重编学校唱歌集》的过程中，增加大量崇尚科学、培养学生科学的思维能力为主题的歌曲。如歌曲《飞行艇》（见图 8 - 15）、《地球》（见图 8 - 16）、《轻气球》、《运动会》、《黄河桥》、《云》、《时计》、《阳历》等。

图 8 - 15　《飞行艇》

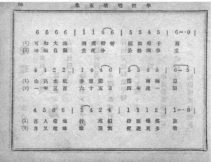

图 8 - 16　《地球》

歌曲《飞行艇》歌词写道：

飞行艇飞行艇，仿佛一个大蜻蜓，天空里声扑扑，盘旋升降灵。能载客通电信，练成军队更堪惊。叹西学日日新，吾辈须竞争。

沈心工将飞行艇比喻成一只大蜻蜓，让学生将这些科学的思考与日常经验有机结合起来，培养了学生形象思维。为了促进学生科学思维能力和创造能力的提高，他又启发学生了解飞行艇的交通作用和它的通讯功能，以及今后用于军事上的愿景，从而激励学生学习西方先进的科学技术。在他的教导和鼓励下，附属小学的学生刘道夷成为中国历史上的早期飞行家。1917 年 4 月 26 日举行的附属小学 20 周年校庆上，刘道夷驾驶飞机绕母校上空 50 里范围内，抛撒庆祝母校万岁彩纸的场景，成为交通大学校庆历史上的一大奇观。

《地球》也是一首激励小学生探索宇宙奥秘的作品，歌词为：

南北东西大海边，远望来去船。去船何所见，船身先下水平线。来船何所见，水面先露旗杆尖。可知大地到处弯弯，圆如橙子面，山高水低，赤道膨胀两极扁，吾人环行地，宛似橙面蚁盘旋。放眼天空气青青，恒星数不清，太阳光热天，吸引其属水金星，地球火木土，天王海王循轨行。坤轴自动昼夜分，公动四季定，一年三百六十五日，四年逢一闰，月又环地球，照我夜游更多情。

在这首歌曲中，沈心工大量采用通俗语言引导孩子对地球及宇宙的奥秘进行认识、理解和探索，在通过人类对于"地球"和宇宙的发现基础上，从地球的概念入手，使学生对地球的形状、天空的位置、太阳的位置和功能，地球的自转和公转都能获得一个清晰的认识。学生感受到地球的神奇、可爱，了解到人类已知的围绕太阳运行的行星。

通过创作这样一首歌，学生在演唱过程中学会动嘴说科学，使用多种感官参与科学活动，做到了"动嘴唱，动眼观，动脑想"。通过优美的歌声，引领孩子们在科学探索中来满足好奇心和求知欲望，教会学生用自己的双眼探索周围的世界，告诉学生，人类对宇宙的认识和探索是永无止境的。这为儿童将来的科学学习和形成正确的科学观念打下坚实基础，有助于培养学生的形象思维和健全人格。

四　歌曲格调高雅，注重学生审美能力的提高

沈心工重视附属小学学生的音乐教育，其目的不是培养音乐家，或仅仅满足让学生学会唱歌熟悉一两种乐器演奏的技能，而是以音乐审美为核心，用优美健康的音乐使审美主体获得美感，将音乐美真正渗透于孩子们的心灵深处，真正提高他们的音乐文化素养及审美能力。他把音乐课程真正作为一门培养学生情感和审美能力的课程，并注重音乐教学中的教学内容的创新和实践。在《重编学校唱歌集》中，他创作了多首格调高雅的歌词，并使用优美的音乐旋律与之结合，来作为教学中的内容。如《菊》《蝶》《萤》《五色旗》《凯旋》《良马》《卖花》《小学生》。这些作品词曲格调高雅，极具个性、充满了时代精神。既是一种价值取向，同时又是一种审美心理活动，作用于学生的情感世界。我们主要选取《菊》（见图 8 - 17）、《良马》、《小学生》（见图 8 - 18）三首歌曲进行简要分析。

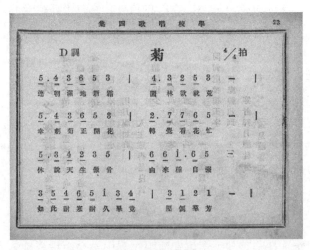

图 8 - 17　《菊》

《菊》并没有像唱歌集中许多其他歌曲那样直抒胸臆，而是采取状物言志的手法，通过歌唱菊在寒冬下的绽放来表达自强不息的精神。

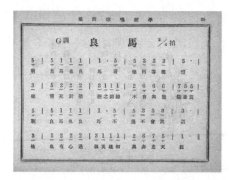

图 8-18　《良马》《小学生》

歌词如下：

连朝满地新霜，园林欲就荒。辛亏菊正开花，转觉看花忙。休说天生傲骨，由来种自强。如此耐寒，耐久毕竟压倒群芳。

这首《菊》与毛主席的著名词作《卜算子·咏梅》有着颇多相似的地方，所要传达的感情和渲染的精神都有相通之处。都通过状物言志，表达了美丽、积极、坚贞的品质。不是愁而是笑，不是孤傲而是具有新时代革命者的操守与傲骨。格调明朗轻快，拟人化的写法突出了鲜明生动的品性。语言也平易流畅，清丽自然，毫无雕琢和浓艳之气，意境高远，耐人寻味。

《良马》这首歌依然像《菊》一样，状物抒情，通过描写马的气度和精神，教导人们自强不息。歌词如下：

啊，良马也良马，看他何等声价。他宁死于槽，枥之间总，不肯与驽骀并驾。啊，良马也良马，不过不会说话，他也有心遇个英雄，相与奔走天涯。

《小学生》这首歌直抒胸臆，歌词直接表达沈心工对于小学生的谆谆教诲，歌词是：

小学生，小学生，须有好精神。体操也，运动也，处处要精勤。须晓得，吾与他邦，必有大战争，身体强壮可取胜，勉哉小学生。

　　歌词十分简明，就是希望小学生要多运动，要有自强精神，歌词中提到"吾与他邦，必有大战争"，作为处于当时社会环境中的沈心工来说，能作出这样的判断，说明其高瞻远瞩，具有相当的气魄。这种提出小学生就要强身健体，他日为国效力的做法是值得我们学习的。

　　以上分析了沈心工的很多歌曲，了解到沈心工多样化的创作，但由于时间久远，现今，有的歌曲要么已经散佚，要么已经毁坏，留存至今的作品并不全。但是通过这些歌曲，我们还是可以了解到，在那个时代，沈心工并没有只是局限于音乐创作的一个方面，而且，他不断结合当时的社会历史环境，提出自己的想法，引导时人不断进步。

　　从他的歌曲中，我们不仅听到了"富国强兵""救亡图存"的政治呼声，同时也感受到了他为了唤起民族觉醒、挽救危难民族而大力提倡乐歌运动、发展音乐教育的伟大爱国主义情怀和音乐审美思想的独特性、创造性。

第九章　震撼沪上的南洋童子军

如果说"学堂乐歌"是沈心工为中国近代音乐作出的巨大贡献的话，那么，沈心工倾注毕生心血创立和发展的南洋童子军则是他留给我们的一笔重要精神财富。

1915 年，身为交通部南洋大学附属小学堂校长的沈心工在附属小学和附属中学分别成立了两支童子军队伍，分别被编为上海童子军总会第 9 团及第 10 团，人称南洋童子军。这支童子军队伍活跃在上海及国内各大型公益活动和各种运动赛事中，并频频走出国门，为国争光、南洋童子军成为交通大学一张响亮的名片，大大弘扬了中华民族精神和爱国主义情操。

这批童子军成为第一批接受沈心工音乐教育的中国儿童，也成为在中国现代音乐教育培养下全方位、高素质的祖国栋梁。群星璀璨的南洋童子军中，涌现出一批像张光斗、邹韬奋、吴福同、杜定友、徐谟等为中华崛起而作出了巨大贡献的卓越人才。

第一节　南洋童子军概述

童子军最早源自于欧洲。第一次世界大战期间，培养童子军是为了战备之需。在当时的欧洲，几乎每市每村都设有童子军。尽管由于年龄原因还无法作为士兵使用，但是他们可以作为战场上的救生人员参与作战。我国在借鉴欧美等强国经验的同时，也开始设立童子军，目的是训练和培养青少年儿童的心志，振奋他们的精神，培养他们的智力，涵养他们的道德，最终获得国民军的资格。

童子军虽然冠以军名，但实际上并非军事性质，其原名为 Scouting 含有侦察之意。此外，童子军更加重视日用救生、体魄和智力等方面的培养，最终的目的是要增强中国青少年的实用知识。这一点从童子军的十规三誓可以得到印证。《南洋学报》称："On my honor I promise that I will do my best：1，to be loyal to my country；2，to help other people at all times；3，to obey the Scout Law."[1] 意思是我们愿竭力忠心爱国，辅助同胞，服从命令。世界上最初的童子军（Boy Scout）是英国爵士贝登堡先生于20世纪初在英国创立的。贝登堡鉴于当时英国青年道德堕落，体格衰弱，研发出一套可行的训练方法，试图改变这种现象。贝登堡召集了20名儿童，到英国南部的白浪岛露营，这就是世界上第一支童子军。从此童子军成为一个国际范围内的青少年组织，1912年，中国出现了第一支童子军。

一　南洋童子军的创立

交通大学的南洋童子军是民国四年（1915年）发起成立的，当时的南洋公学附中及附小在沈心工的带领下相继成立童子军，即上海童子军第九团及第十团。[2] 当时学校聘请了英国人 A. H. Leslie（李思廉，见图9－1）为总教习。民国五年童子军便开始了正式的训练。《南洋学报》载："本校中学一、二年级的学生入童子军为上海童子军第九团，小学童子军为第十团。民国八年春，有上海童子军大比赛，民国十年改组交通大学，中学学生的童子军就变为自由加入了。十一年春中学部第九

图9－1　南洋童子军总教习第九团、
第十团团长李思廉

---

① 杜定友：《本校童子军》，《南洋学报》第4卷第1号，1921。
② 《交通大学上海学校附属高等小学二十周年纪念册》，1921。

团裁撤，只余小学部的第九团。"① 1918 年，总教习李思廉征得沈心工同意，上报上海童子军总部，聘请英国人 A. C. Biggs（培克斯）为第十团团长，小学教员沈同一②为副团长，杜定友为副团长兼庶务长。1918 年春，沈同一担任附小童子军团长。

当时南洋童子军由在校的附属小学和中学学习的青少年组成，杜定友当时在《南洋学报》撰文发表："夫青年者，国家之基石也；而童子军者，培养青年之良法也。他日国家之兴盛，责在青年；国家之衰亡，亦在青年。倘青年而不知自省，不知求学，于此可贵光阴，不求实用之智识，则他日欲求而为国家之栋梁，岂可得哉。"③他认为如果只是重视学业，而忽视了体能和道德上的教育，不懂得世故人情、日用常识，甚至缺乏智勇的情操，缺乏对弱者的仁爱之心，那学得再多，对国家和人民而言都不会有太大益处，因此，设立童子军显然是刻不容缓的。

南洋童子军成立后，发展迅猛，震撼沪上。沈心工常常教导童子军要三育并进。第一，讲究卫生，勤于锻炼体魄；探险阻、跋涉川，尝无限之艰辛，不为患难所困，不为疾病所缠，不假手于医药，为疾病不侵。第二，童子军不嗜烟酒之少年也，盖此辈少年不能任事也。童子军为未来之国柱，前途万里，正当兴其志向。力求进取以，以建业立功，若溺于烟酒之中，则以可宝可贵国家重托之身躯，转成残废，可不惜哉。第三，清晨之光阴，实童子军最宝贵自己之时，则清晨尤为重要，且早起可以多吸新鲜之空气，于精神上身体上，无不裨益，故早起者，实延年益寿之良方也。第四，笑能增康健。静默缄口，必增愁思，故一日不笑者，病即随之矣。唱歌及各种行乐，皆兴笑有同等致功用。童子军既能尝苦行艰，则其行乐，亦当所于他人。

南洋童子军的壮大和发展，引起校方及社会各界的关注，那一时期交通大学学生杂志中专门增设了一个栏目，用来报道南洋童子军情况。杜定友在《本校童子军》一文中做了详细报道："中国童子军近日发达颇速，

---

① 《南洋学生生活》，1923，第 16 页。
② 沈维桢（1889～1966），又名沈同一，1911 年到南洋附小任体育教师，曾担任过上海童子军总教练，1928 年担任私立南洋模范中学校长。
③ 杜定友：《本校童子军》，《南洋学报》第 4 卷第 1 号，1921。

通都大邑，几无处无童子军团，良以童子军之设立不容缓也。余常叹西国童子军之发达，异常敏速，皆由于书籍之多，易于研究，且有童子军之杂志，专载国内童子军之进行及各种童子军专件，得以互通消息，互相研究，此所以进步之速也。余乃就商于本校南洋学会之出版部，于学生杂志中添设童子军一部，专载童子军之记载，以助国内童子军之进行，非独可以联络各团感情，互通消息，抑且可以相互研究，切磋磨琢，以补缺憾而求进步，且省印刷编订之费，使利益无穷，谅亦诸君所乐闻也。"①

二　南洋童子军的训练

南洋公学童子军团员各制制服一套，以黄色为衣，蓝色为裤，颈巾亦为黄蓝各半，盖所以表吾校所著之色也。因为南洋附小对童子军模式的积极提倡，当时担任校长的沈心工也常常自己穿着童子军服装，与同学一起活动，并带领一些学生干部，以童子军的名义，暑假到日本去旅行，增长见闻。②

童子军成立之后，便开始进行训练（见图9-2，图9-3），首先由团长教授各队队长，然后由他们分别去教授队员，每星期二四晚7时至10时为训练时间，星期二晚则由团长教授童子军救护、测量、旗语、制图、造桥、烹饪等各科目，作为考试之前的复习指导。要成为童子军合格队员，必须经过三级考试，成绩合格方被认可，分别是初级考试、二级考试和首级考试。尽管分了三级，但是内容并不高深复杂，均是普通常识。如初级考试中的结绳，二级考试中的医术旗语，首级考试中的烹饪簿记等。除了这些基本常识外，还单独设有专门科目50余种，像救护、书记、机械向导、看护、烹饪、通译、音乐、武术、测量等，经过学习后，发给证书和徽章。如果在日常生活中遇到上述相关事情，应当尽力帮助完成。譬如戴有救护或看护徽章的童子军，一旦遇到受伤的人，能够救护则应尽力救护，这便是拥有此徽章者的重要责任，也是童子军团颁发徽章的本意。每星期四晚练习体操即为星期六野战活动进行准备工作。童子军团的

---

① 杜定友：《本校童子军》，《南洋学报》第4卷第1号，1921。
② 上海交通大学校史编纂委员会编《上海交通大学纪事1896~2005》（上卷），上海交通大学出版社，2006，第175页。

野战活动主要是锻炼队员的智力，比如是否机警，觉察力是否灵敏等，同时还锻炼队员的体力，如在跋山涉水、窥探敌情、左右进退中锻炼身体的协调力与敏捷度等。[①]

图 9-2　南洋公学童子军在训练

图 9-3　童子军在旗语操练

　　沈心工安排附属小学体育教师沈同一负责和组织童子军日常活动。沈同一也是沈心工一手培养出的得意门生，他曾带领两名南洋童子军去丹麦参加世界童子军大会，为中国童子军取得了荣誉。1926 年，沈心工与沈同一率南洋大学附小童子军团代表团访问日本。由于在南洋童子军训练中积累了丰富的经验，经沈心工推荐，沈同一后来还担任过上海市童子军总教练及附属小学的校长。沈心工要求他将体育课改为童子军课，学生入校必须当童子军，除训练队列体操外，还教一些军事性的知识，如打结、救

　　[①]　杜定友：《本校童子军》，《南洋学报》第 4 卷第 1 号，1921。

护、旗语、方位、烹饪、缝纫、架桥、露营等。上海"一·二八"事变时，上海童子军还与当时蔡廷锴的十九路军一同抗击过日本侵略者，在当时留下了一段佳话。[1]

三 南洋童子军的军纪

沈心工在执教附小时相当严格，并因其小学教育成就卓越而成为当时上海无人不知无人不晓的人物。对此，校友赵宪初在他的回忆文章《南洋公学和南洋模范中学》中谈道："沈心工在小学开办之时就来校。沈担任主事一直到1927年，前后共27年，对这个学校，花了很大的心血，作出了出色的成绩。"[2]

另一位交大校友周浩泉于1979年写的文章《回忆南洋公学十二年》更是将沈心工当时执教之严厉描写得惟妙惟肖，文中记载："老师教书极严，大家静听不敢多问，如老师认为无故多问者，即作不敬师长论，轻则斥责，重则记过。最严的老师要算沈叔逵（即沈心工），他除教唱歌外，还担任每级的修身课。这两门虽不是主要功课，但因他是教务主任，各人的品行分数及升级留级都由他最后决定，故大家不但对修身课要强记强背，就是对唱歌一课也不敢不重视。更因他目光炯炯，非常尖锐，故上课时大家都不敢正视，背地里有的叫他'阎罗王'。他对于顽皮不听教训的学生，常个别传进办公室，按情节轻重，分别采取训斥、立壁角及打手心等处罚方法，因此即使十分倔强的学生见他也极为害怕。"[3]

沈心工对小学的"教育惟严政策"是有思想基础的。他采用了日本小学教育制度，并结合当时已经废止的中国私塾教法，博采众长，取其精华，去其糟粕。他的教育方法也得到了许多老师的配合，其中如教算术的吴叔厘及教物理的顾树森等，均不同程度地遵循了这个方法，体操老师沈同一尤其信奉。抗战时，沈同一接办南洋模范中小学以后，仍奉行"教育惟严政策"，一直到新中国成立为止。可以说，这所学校的成绩

---

[1] 上海交通大学校史编纂委员会编《上海交通大学纪事 1896～2005》（上卷），上海交通大学出版社，2006，第148页。

[2] 《交通大学校史资料选编》（第1卷），西安交通大学出版社，1986，第27页。

[3] 周浩泉：《回忆南洋公学十二年》，载《交通大学校史资料选编》（第1卷），1985。

之所以能被后人奉为模范，与沈心工的教育方法是离不开的。

但除了对学生严厉之外，沈心工还是很爱护学生的。走进南洋附小主事办公室，墙上的一副沈心工手书对联赫然入目：

> 唯天生才皆有用
>
> 他人爱子亦如余

正如对联中所说，他要求自己和教师们要像爱护自己的孩子一样爱护学生，相信每一个学生都能够成材，这副对联也是他教育思想的体现。

四　校园里的童子军"司令"——沈心工

在南洋公学童子军的建立和发展中，曾涌现出许多杰出的人物，而沈心工在带领童子军训练中有许多趣闻轶事流传至今。

在赵宪初先生所写的《南洋公学和南洋模范中学》一文中有这么一段记述描写了南洋附小对童子军的积极提倡："校长沈叔逵常常自己穿着童子军服装，与同学一起活动，并曾带领一些学生干部，用童子军的名义，暑假到日本去旅行。"可见沈心工对童子军重视的程度，他积极参与童子军的各项训练，还穿着童子军军服在校园内巡视，这绝对不是沈心工心血来潮的举动，这来源于他在日本留学期间亲眼见到日本童子军教育的繁盛所受到的极大冲击与震撼，让他坚信童子军对于振奋国人精神和塑造坚强体魄有极大裨益。

除了参与带领童子军训练和督促童子军的日常体育活动，沈心工还带领童子军参与各项社会活动。1917 年（民国六年）12 月，上海八省旱灾急赈筹款，上海学生联合会举行游艺大会，各校均有节目参演，本校学生担任军乐及科学游戏。沈心工带领附小的童子军表演了他创作的著名短剧《雪玫瑰》，最后在观众的强烈要求下连演三场，受到了社会各界的赞许。[1] 1920 年，在南洋附小 20 周年纪念会上，童子军演剧四场：中国历史戏《双忠墓》、外国历史戏《三问答》、国语戏《连环教歌》、警世戏

---

[1]　上海交通大学校史编纂委员会编《上海交通大学纪事 1896～2005》（上卷），上海交通大学出版社，2006，第 111 页。

《神仙布》。① 内容中西结合，雅俗共赏，发人深省，表演者演技精湛，声情并茂，感染力极强，在观众间引起强烈共鸣。1922 年 12 月 22 日（冬至）全校停课一日，沈心工还冒雨前往小学观看童子军演剧并担当裁判。②

在沈心工的带领下，童子军拓展了南洋附小学生的课余活动，并且将机械、乏味的课余内容转变为具有时代意义的军训、演剧、操练、体育比赛等，这种做法一方面对于尚处于系统教学探索期的中国近代教育有启示意义，另一方面对于我国近代社会风气有着一定的感召作用。在我国古代，已经出现了课外活动这一教育形式。《学记》中记载："大学之教也，时教必有正业，退息必有居学。"所谓"正业"就是指的课堂教学，"居学"就是指课堂教学以外的活动，即受教育者在课堂学习之外，还要进行与课堂学习有关的课外活动。这样，才能使受教育者"安礼""乐学"，从而实现"安其学而亲其师""乐其友而信其道""虽离师辅而不反"的目的。

沈心工不断开展童子军的各项课余活动，对于附属小学学生有着极大的意义。作为教育中的一条十分重要的途径，它在人的身心发展中有着重要的意义和作用。

1. 不仅能加深、巩固和扩大课堂上所学到的间接知识，而且能不断地获得新的知识。学生可以把在课堂上获得的知识运用于实际，加深对知识理解。内容丰富多彩、形式多种多样的课外活动，还可以激发受教育者的学习动力，推动受教育者不断地去探求知识，刻苦学习，并且能够培养和发展受教育者的创造才能以及手脑并用的能力。

2. 可以培养受教育者的良好思想品德，丰富和活跃受教育者的精神生活。通过多种形式的体育教育、军事教育，提高受教育者的思想政治觉悟，培养受教育者热爱祖国、热爱人民的情感。参加社会公益劳动，争做好人好事，可以培养受教育者的良好道德品质，同学们因此可以得到多方面的锻炼，更加有利于自身的发展。

---

① 《童子军演出四部话剧》，《交通大学上海学校附属高等小学二十周年纪念》，1921（民国十年）。

② 沈烈炎：《本校附属小学童子军演剧比赛侧记》，《交通大学月刊》1922 年第 1 期。

3. 可以提高受教育者的体力、审美能力、劳动能力。

4. 课外活动内容丰富，形式多样，可以促进人才的早期培养。学生个人的志趣、爱好、特长以及各种才能都可以在活动中得到充分的发挥和表现。因此，教育者可以从中发现在某一方面有特殊才能的人，并及时培养和训练。

5. 有利于受教育者个性的形成和培养，并防止受教育者走上歧途。童子军活动是学生个性得以充分施展的最好途径。通过课外活动，不仅使受教育者的业余时间得以利用，而且使他们获得了知识，发展了能力，并且防止他们从事不利于身心健康发展的活动，使其愉快而有意义地度过课余生活，同时，还是锻炼他们独立生活能力的一个极好机会。

6. 可以训练学生的社会交往能力。生活在一个关系丰富而复杂的社会环境里，每一个人都应该学会如何去认识他人，评价他人，都应该学会与人交往。社会交往能力的学习与训练，能为受教育者在未来的工作、家庭、社会生活中，接触各种人、应付各种环境做好准备，为受教育者走向社会、适应和认识社会打好基础。

五　走出国门的南洋童子军

南洋童子军自创建以来，就一直处于全国童子军的大家庭中，并起到了积极引领作用。在沈心工与沈同一的带领下，南洋童子军除了与其他地区童子军相互学习、参观以外，还与国外童子军有广泛的联系和交流，由于上海特殊的地理位置，这些体现在两方面。

第一，南洋童子军与本埠童子军的交流。上海西人童子军会每届秋季都有分团比赛，均邀请上海本地童子军参加，由于外国教练担任南洋童子军教练，南洋童子军更是在被邀之列。中西童子军一起联合举办过多次活动，如足球年赛、联合露营、野战演习等。其中足球赛是南洋童子军与西人童子军经常比赛的项目。如申报报道：1926 年 4 月 10 日，在上海南洋大学操场举办了足球年赛，5 比 4 的成绩，南洋童子军获胜。① 1926 年 4

---

① 《上海中西童子军足球年赛记》，《申报》1926 年 4 月 11 日。

月，南洋童子军15人，法国童子军35人，联合露宿。① 1926年沈心工还带领南洋童子军参加中西童子军在上海举行的一次联合野战。这些活动联络了中西童子军的感情，增进了友谊。

第二，南洋童子军走出国门，加强与世界各国童子军的联系。南洋童子军自创立以来，在沈心工的带领下，童子军团曾数次走出国门，到国外考察和访问。史料记载：1924年10月26日晚，南洋附小童子军欢迎本校代表（我国童子军赴丹麦代表团成员）归来，沈同一、张江泉均作演讲，名誉教练沈心工亦有训词。② 1926年7月19日，南洋附小童子军团乘日轮长崎丸号赴日访问，本次访问由日本少年团邀请，并负责在日全程接待，东京《每日新闻》社、大阪《日日新闻》社出资补助往返旅费。南洋附小赴日成员主要有：总代表沈心工，总教练沈同一，总队长徐肇和，翻译杜定友，队员20余人。8月6日下午4时，先生率领童子军团乘上海丸号由日本顺利返沪。③

第二节　南洋童子军的艺术活动

南洋童子军的设立不仅是当时国民教育的需要，同时也是丰富校园文化生活的需要，除了日常训练以外，音乐活动也是童子军活动中重要的一环。童子军在接受准军事化训练的同时，也是当时南洋附小音乐艺术活动的主要实践主体。如交通大学校庆30周年纪念会上，"童子军体操步伐整齐，引观者齐声赞叹，校庆期间，本校素为各地小学之模范。学生百余人皆活泼精神、做事敏捷机灵，校庆之日他们热情参与，自觉布置各种反映学习成绩以及书法绘画手工等展品，这些都是三天前突击制成，五光十色，丰富多彩，童趣盎然"④。1925年10月11日，南洋附小举行童子军

---

① 《上海中西童子军旅行露宿》，《申报》1926年3月31日。
② 上海交通大学校史编纂委员会编《上海交通大学纪事 1896～2005》（上卷），上海交通大学出版社，2006，第149页。
③ 上海交通大学校史编纂委员会编《上海交通大学纪事 1896～2005》（上卷），上海交通大学出版社，2006，第175页。
④ 上海交通大学校史编纂委员会编《上海交通大学纪事 1896～2005》（上卷），上海交通大学出版社，2006，第94页。

成立 10 周年纪念典礼，全天均为童子军操练表演，凌鸿勋①（交大校长）、沈心工、李颂唐（上海童子军会会长）等以及各界来宾学生家长两千余人莅临学校参观。10 月 29 日，小学童子军参加全沪童子军联合大露宿共 4 天，经比赛结果统计，在所进行的 3 大项、15 个小项的竞赛中，南洋附小童子军获得 13 项甲等，在参赛的 11 队中，名列前茅。②

纵观交通大学百年发展历史，可以清楚了解当年沈心工带领童子军进行艺术活动的真实情况。

一　组建南洋童子军演剧队

沈心工将南洋童子军按照年龄的不同和按照动物名称，依次组成各种分队，最常见的分队有狼队、公牛队、水牛队、马队、鹰队、熊队、水牛队、狮队、虎队（见图 9-4）、鹿队等。他组织这些分队进行旗语比赛和演剧比赛，演剧队定期进行演剧比赛活动，每次演出沈心工必定亲自前往观看，并担任评判长。

图 9-4　南洋童子军虎队

史料记载，1922 年冬，南洋童子军有 6 支演剧队进行比赛。即一狼队，二狮队，三猎犬队，四马队，五鹿队，六虎队，除每个队的队长由中

---

① 凌鸿勋（1894~1981）字竹铭，广东番禺人。1915 年毕业于交通大学土木工程科，后赴美深造于 1918 年回国。1924 年~1927 年担任交通部南洋大学校长。1948 年当选"中央研究院"院士，1981 年病逝于台北。

② 上海交通大学校史编纂委员会编《上海交通大学纪事 1896~2005》（上卷），上海交通大学出版社，2006，第 161 页。

学生担任以外，其余队员全部由小学生组成。"十二月二十二日即夏历十一月二十四日，值冬至令节，全校停课一日。午后小学生主任沈叔逵先生前往小学参观童子军演剧，并属评判。是日苦雨乍晴，欣然从往，至则来宾同学已济济一堂矣。先由童子军教练沈君同一报告演剧宗旨。略谓童子军时时以当仁不让为心，处处有行乐及时之趣，而尤以利用时机为本。今日即利用此假日之时机，鼓娱乐之兴趣，而藉作比赛焉。"① 1922 年出版发行的《交通大学月刊》上，沪校职员沈烈炎记载了当时附小童子军演剧比赛的过程。文章如下：

　　所演剧目当由各队自行报告。而比赛之结果则请在座诸位先生及来宾评判甲乙，其分数拟剧情得百分之三十，表演得百分之三十，而此次演剧完全以娱乐为宗旨，尤以兴趣浓郁为优胜，故兴趣得百分之四十，唯此项比赛，本尚未拟举行，适以与会所致，遂于假期提前为之，故于练习布置均多欠缺，表演失宜之处在所难免，倘荷诸位先生加以指示，曷胜感幸云云，报告毕，各剧即逐一开演，兹记其大略如下。

　　第一剧　和平乐（狼队）。此剧以欧战和平大会议缩军备战等影视简练而成，先乐歌，后跳舞，颇具融融泄泄之象，倘节奏中乐歌与跳舞更迭为之，似尤胜也。

　　第二剧　Happy Miller（狮队）。剧中表示约翰之自乐乐人，大有日出而作日入而息之概。歌声曼度，令人躁释矜平。

　　第三剧　爱国之童子（马队）。剧中表演一童子军队员，值国际战争，合室避兵，途中与家人相失，为敌军所掠迫充钱役。后探得敌军进攻方略，逸归报告本国军队。因得先事预防，借获胜利，军官以总统所赐勋章转赠童子，其奖勉数言，激昂慷慨，令爱国之心油然勃发。

　　第四剧　童子军与教育（鹿队）。此剧为社会剧，幕启处寿幛高系，华堂璀璨，盖某翁六十诞辰也，顷之贺客纷至，寒暄杂作。内一

---

① 沈烈炎：《童子军演剧比赛》，《交通大学月刊》，1922。

客为主人之甥，于祝寿之余，即言现在本校附属小学肄业，甥遂自述为童子军，并言童子军之作用，原原本本，态度从容，尤为不脱童子军演剧本旨，此剧纯系本地风光，庄谐并出，允推首选。

第五剧 童子军之一斑（虎队）。此剧亦社会剧，而纯以滑稽出之。剧情为某富翁有爱子，一时以入童子军聒老翁，而翁弗善也。一日子自校归，途中为学童群殴致伤，经童子军救护而返，翁始信童子军之有益，允其子之请，而属救护之童子军介绍焉。剧中以技击昆曲为点缀，尤觉涉境成趣。至饰老翁一角之诙谐入妙，精神抖擞，始终不懈，犹其余事也。

第六剧 诚（猎犬队）。此剧之情为一人欲携其幼甥赴德，以期造就工业人才，而未知其甥之诚否，因设法试之。甥守童子军不欺之规则，事事诚信。其舅遂挈之西行云。此剧临时以该队队长因病未能到场，稍觉减色，然以道德为前提，亦自成馨逸者也。

统观六剧，或鼓吹和平之旨，或表示娱乐之怀，或唤起爱国之心，或注重道德之本，要皆各有所长，而四五两幕，尤臻绝妙，以十余龄童子描绘世情，至于此境，洵非易易。某十年琴剑，南北饥驱，回首儿时，驹光一瞬，今者偷闲半日，豁我双眸，喜青年佳与之葱茏，祝吾校前途之无量，寒宵呵冻，略记数言。

文章详细介绍了当年南洋童子军的艺术表演活动，生动再现了附小童子军所具备的较高艺术素养，为我们今天的教学提供了极好的参考和借鉴。

二 为童子军创作话剧和戏剧作品

在担任附小校长和乐歌教授之外，沈心工还历任南洋公学同学会理事、会长，校庆30周年纪念筹备委员会委员长，并积极参与学校的各种活动中，比如筹建体育馆、学生会集室、养病室，为建学校图书馆积极募捐等。在繁忙的社会活动与教学管理工作之余，还从事音乐艺术创作，他曾与李叔同一起根据美国斯托夫人同名小说改编的话剧《黑奴吁天录》，这是中国最早创作的话剧之一。他还为童子军创作了多部话剧和戏剧作品，如根据历史戏《赵氏孤儿》改编和导演了昆剧《双忠墓》，外国历史戏《三问答》、国语戏《连环教歌》、警世戏《神仙布》。这五部剧目都是那个时期童子军的保留剧目，在交通大学及上海均反响强烈。

从 1919 年至 1922 年，沈心工还创作并导演了话剧《雪玫瑰》《忠勇之童子》《神仙布》《棠棣之花》，并在有的话剧中加上音乐，这在当时也很少见。沈心工还在南洋公学附小创建 20 周年纪念会上演出，他在剧中采用了昆曲的三四十首不同曲牌，受到包括昆曲名家在内的观众的高度赞誉。

童子军副团长杜定友十分敬佩沈心工对南洋童子军的关心和重视，曾感慨道："人之做事，视兴趣为转移，然兴趣之生，要在主其事者。办理之得法，鼓励之有方。夫如是，则前途之希望将方兴而未艾，一盛而不衰。吾团今日既有此盛矣，是办理鼓励之得其道也。吾望其蒸蒸日上，进步无疆也，是非主其事者是望耶。"[1]

三 童子军的募捐演出

募捐活动是南洋附小童子军活动的一个重要方面。南洋童子军创建后，沈心工积极鼓励童子军向社会募捐，支援政府。他亲自创作话剧，组织童子军排练，并带领他们走上街头和剧院进行募捐演出。据交通大学学生刊物《南洋学报》记载："上海学生会于 1921 年 12 月进行急赈游艺会，邀请沈叔逵及其附小同学演出短剧《雪玫瑰》，演员表情周密，服装艳丽，颇受来宾欢迎。"[2]《雪玫瑰》（见图 9-5）剧本为沈心工 1917 年亲自创作，于 1921 年（民国十年）1 月正式刊登在《南洋学报》上。[3]沈心工通过这样的一幕话剧，对当时的小学生进行了深刻的素质教育。演出的成功既体现了沈心工在音乐艺术上的造诣，也反映了在沈心工带领下的附属小学的良好音乐文化氛围以及学生们精湛的表演才华。

1935 年，全国水灾严重，上海童子军总会决定举行全市童子军总动员以进行募捐。最终，此次募捐共募得 35814 元，为历届童子军募捐总动

---

① 杜定友：《上海第九团童子军记事》，《壬戌丛刊》，1921。
② 《南洋学报》第 3 卷，南洋公学同学会主办，1921。
③ 《南洋学报》第 3 卷，南洋公学同学会主办，1921。

图 9 – 5　1921 年赈灾义演《雪玫瑰》剧照

员最高纪录，其数已超过历届童子军募捐成绩 2 倍。为此《大公报》以《不辞劳苦为灾民请命》为题，特地撰文歌颂了上海童子军的光辉事迹。南洋附小童子军在此次募捐中表现积极，国民政府特地制作了一面锦旗以资鼓励，并对募捐中的佼佼者发放了奖品。对于南洋附小童子军的优异表现，宋庆龄还亲自前往慰问，并合影留念。①

四　人才辈出的南洋童子军

德智体美劳的全面培养，使南洋童子军中人才辈出。他们中的很多人在此后的人生道路上都以在童子军时期所学为人生准则，无论做人还是做事都严于律己，一丝不苟。他们为中华民族的崛起付出了一生的心血乃至生命，都体现了南洋童子军坚贞不屈的精神。如在五卅运动中牺牲的交大在校学生中为国捐躯第一人陈虞钦，他在 1924 年由附小毕业升入附中，在校期间曾任学校童子军总队长，还当过乐队号手。还有积极参加反对国民党腐败统治的民主活动而遭突兀杀害的费巩。

另外还有很多童子军的毕业生，将他们所学带到了日后的工作以及生活中，如著名的政论家、出版家邹韬奋，自 1912 年考入交大附小后，他的中学、大学时光都是在交大度过的。交大的系统培养使他具备了高超的

---

① 《大公报》1935 年 12 月 8 日。

素质，童子军时期的艰苦经历使他拥有了坚强的意志。在他日后所写的《二十年来经历》一文中，曾着重描写了沈心工对于他的影响。邹韬奋一生致力于社会进步，将一切精力奉献给了中国的民主事业。周恩来曾对他有过这样的评价："邹韬奋同志经历的道路是中国知识分子走向进步、走向革命的道路。"

还有水利水电工程专家、工程教育家张光斗先生，密云水库、丹江口水利枢纽、葛洲坝工程等建设中都凝聚着他的智慧和创新。他任教期间严于律己，注重理论联系实际，为国家培养了大批水利、水电建设科技人才。这一切都离不开童子军教育的启蒙。

此外，还有数学家吴文俊之父吴福同，我国第一位图书馆学家杜定友，现代著名法学家、政治学家、外交家徐谟。他们无一不是中国社会的栋梁之材，他们取得的成就都离不开在南洋童子军时代打下的良好基础。

自 1915 年南洋童子军创立，至 1927 年沈心工离开交大的数十年间，沈心工的"学堂乐歌"以及他的教育理念，一直留存于每一个童子军毕业生心中。张光斗回忆他在交大附小上学的几年："思想上增强了爱国主义，言行上讲求诚实正直，有道德，对人要和蔼；在学习上培养了认真细心，一丝不苟，努力用功；在生活上培养了艰苦奋斗，勤俭节约的精神。"研究考证沈心工与南洋童子军的深厚渊源，不仅是对交大百年历史的尊重，更有助于当今交大学子思古怀今，重新学习南洋时期交大前辈那种一丝不苟的治学精神。南洋童子军所提倡的这种德智体美劳全面发展教育模式，不仅在当时具有极强的前瞻性，而且对于今天我们全面推进素质教育的发展也具有极大的指导作用。

第十章　推行新式教育理念

　　1911 年辛亥革命爆发，推翻了满清政府及中国实行了两千多年的封建皇权制度，建立了中华民国。从思想史的角度看，辛亥革命也是一场深刻的思想启蒙运动，它使民主共和观念深入人心。自汉代董仲舒以来的中国儒家思想中，君臣关系是"三纲五常"中三纲之首，皇帝不仅是政治上的权威，也是文化中诸多价值观念的重要依据与合法性的来源。辛亥革命推翻了帝制，在打破了帝制政治的价值观和政治思想的同时，也对于中国传统以儒家为主的诸多价值观的权威性产生冲击，致使在其后的新文化运动中一度出现打倒孔孟、"全盘西化"等民族虚无主义思想。文化权威的消失，也造成这一代知识分子产生前所未有的焦虑感，因此如无政府主义、自由主义、三民主义、社会主义（尤以具有明确进程的共产主义）等具有完整系统的新价值体系，成为大批中国知识分子的新信仰。但是，辛亥革命并没有像西方资产阶级革命那样，重新建构社会结构。参加辛亥革命的更多的是军人、旧式官僚、各地士绅，这些人在辛亥革命后仍然掌握权力。虽然其主要领袖孙中山出身平民知识分子，但中国贫穷的平民阶层没有参加辛亥革命，因此辛亥革命后，生存条件没有发生根本性的改变。

　　1915 年，陈独秀创办《青年杂志》，次年改称《新青年》，高举"民主"和"科学"两面旗帜，猛烈抨击封建主义旧文化，提倡新文化，随后，还提倡白话文代替文言文，并在"文学革命"的口号下，提倡新文学。1917 年俄国十月社会主义革命的胜利，在中国人民中产生了巨大的影响，中国的先进分子开始用无产阶级的宇宙观作为观察国家命运的工具。1918 年 11 月李大钊发表的《庶民的胜利》《布尔什维主义的胜利》

等文，代表了中国先进分子的新觉醒。新文化运动不仅为五四爱国运动做了思想准备，同时随着这次运动而更加深入发展，社会主义思潮逐渐代替资产阶级思潮而成为运动的主流。1919 年 5 月 4 日，在北京爆发了中国人民反对帝国主义、封建主义的爱国运动，即"五四运动"。

在五四运动以前，中国文化战线上的斗争，是资产阶级的新文化和封建阶级的旧文化的斗争。学校与科举之争，新学与旧学之争，西学与中学之争，都带着这种性质。那时的所谓学校、新学、西学，基本上都是资产阶级代表们所需要的自然科学和资产阶级的社会政治学说（说基本上，是因为中间还夹杂了许多封建余毒）。在当时，这种所谓的新学思想，有同中国封建思想做斗争的革命作用，是替中国资产阶级民主革命服务的。可是，因为中国资产阶级的无力和世界已经进入帝国主义时代，这种资产阶级思想只能上阵打几个回合，就被帝国主义的奴化思想和中国封建主义的复古思想的反动同盟给打退了。这个思想上的反动同盟军稍稍一反攻，所谓新学，就偃旗息鼓，失了灵魂。"五四"以后，一支政治生力军即中国无产阶级和中国共产党登上了政治舞台，而它的文化生力军，就以新的装束和新的武器，联合一切可能的同盟军，摆开了自己的阵势，向着帝国主义文化和封建文化展开了英勇的进攻。这支生力军无论在社会科学领域还是在文学艺术领域中，在哲学、经济学、政治学、军事学、历史学、文学、艺术方面，都取得了极大发展。

这一系列重大事件的爆发，给当时身处大上海的沈心工以巨大的冲击，沈心工也开始不断探索新的教育教学理念和办学宗旨。同时，邮传部上海高等实业学堂（即原南洋公学）也有了一系列的变迁，我们有必要了解交通大学的这一段变迁历史。

第一节　交通大学的历史变迁

1904 年，南洋公学改隶商部，成为南洋公学建校史上的一个重要转折，从此办学方针以"讲求实业，以能见诸实用为要旨"①，试图实现

---

① 《商部高等实业学堂章程·设学总义章》，1906 年（光绪三十二年）。

"教育救国""实业救国"的梦想。当时的所谓实业，包括农、工、商业。高等实业学堂就是培养从事农、工、商业的专门人才，相当于今天大学专科性质。这样，它进入了培养工、商业实业人才的专门学校时期，从而结束了南洋公学时期专业设置经常变动的局面。

1906 年，清政府改商部为农工商部，增设了邮传部，主管全国"路、轮、邮、电四政"的交通邮电事业。招商、电报两局也由邮传部管辖，商部高等实业学堂也因此更名为邮传部高等实业学堂。唐文治上任校长后，设置铁路专科和电机专科，将商务专科裁撤，这样，学校就由商部高等实业学堂培养商务为主的实业人才，转而成为培养工程技术方面的实业人才，学校开始集中发展为工业专科学校。唐文治曾经是政府官员，后因种种原因退出仕途，决心从事教育，期望通过教育进而发展实业，使中国有振兴之望。他曾说："鄙人办学时，不自量力，常欲造就领袖人才，分播吾国，作为模范。区区宏愿，尝欲兴办实业，自东三省起点，迤北环内蒙古到天山南北路，迤西迄青海以达西藏，借作十八省一大椅背，而南方商业，则拟推广到南洋各岛，固我屏藩，故三十余年前曾在北平创办高等实业学堂，迨回沪后办理本校，并在吴淞办商船学校，此志未尝稍懈。"①1909 年，学校增设了航海专科，1911 年将航海专科移入商船学校。

1911 年 10 月，武昌革命胜利后，学校借机更名为工科大学，10 月底宣布改邮传部高等实业学堂为南洋大学堂，1912 年 1 月，报批南京国民政府。不久因袁世凯篡权，政府迁往北京，学校又再次呈报北京教育部，却就此搁置，并将学校划归交通部管辖，学校就此更名为交通部上海工业专门学校（见图 10 - 1）。经过多年苦心经营，至民国初，该校已蜚声国内，教育部亦承认"该学校程度实在高等以上……"②按照当时惯例，必须设立三个专科，方能成为大学，但因为时局动荡，段祺瑞和黎元洪的军阀争斗，申办工科大学始终是镜花水月。尽管不能从名义上成为大学，但学校没有灰心，开始力求在实力上符合条件，于是在这样的背景下，铁路管理专科诞生了，这标志着学校的系科设置从原来的工科走向工管结合，

① 唐文治：《上海交大第十三届毕业典礼训话》，《茹经堂文集》三编卷一。
② 《收交通部函》，1913 年（民国二年），西安交大档案 1361 卷。

也是我国近代高等教育史中的一个创举。同时，经交通部审批，学制也从3年改为4年，至此，一所近代的、以工科为主、工管结合的大学终于屹立于沪滨。

图 10 - 1　交通部上海工业专门学校校门

第一次世界大战后，帝国主义各国加紧了对中国的侵略和掠夺，它们扶植和利用中国的封建军阀争夺地盘，各军阀之间混战不已，造成了中国人民的深重灾难。由于政局的混乱，学校先后进行了三次改组。1920年8月，叶恭绰首次出任北洋政府交通总长。交通部令本校教员凌鸿勋暂行代理唐文治辞去的校长职务。同年12月，叶以"交通要政，亟须专材"①为由，第一次提出关于改组交通部部属学校的意见，呈文北洋政府。经国务会议议决后，着手改组，改名为交通大学，由叶恭绰兼任交通大学校长。

叶恭绰（1881～1968）（见图10 - 2），字裕甫、誉虎，自号遐庵，广东番禺人，祖籍浙江余姚。祖辈、父辈都是举人、进士。他先后任北洋军阀政府交通部司长、局长、次长等职，曾于1918年游历欧美、日本等地，回国后主张交通救国，并为交通大学的改组与合并积极奔走。为进一步阐述自己的教育思想，叶恭绰于1922年出版了《交通救国论》一书。抗日战争时期，他始终保持一个

图 10 - 2　叶恭绰

---

① 《交大概况》，《交通总长叶恭绰呈大总统文》，1920。

爱国者应有的骨气，以卖字画度日，拒绝了日本政府、汪伪政权的多次邀请。1947 年交通大学 51 周年校庆时，校友出于对于叶恭绰的尊敬和缅怀，改工程馆为恭绰馆。

叶恭绰在筹划交大期间，对交通与教育的关系十分重视。他认为："国家实力之展拓，以交通之发达为始基，而一切事业之设施，尤以人才之适用为先着，是交通与教育二者，倚伏相同，关系密切。"[1] 他在研究了我国交通事业和交通教育的实况后提出："近年以来，我国交通事业迄无发展，深求其故，实由专门人手缺乏，不敷应用。而专门人才之所以缺乏，是由于现有各学校学制之不能统一。学制不能统一，即教授不能适应，而所造就之人才，仍不能适合如实际上之需要。"[2] 在这样的认识下，叶恭绰开始着手调查交通部所属学校的实际教学情况，筹划改组。

交通部当时有部属学校四所：上海工业专门学校、唐山工业专门学校、北京铁路管理学校和北京邮电学校。他提出"以南洋为中坚"[3] 合并成为一所学校，定校名为交通大学。[4] 唐山工业学校改为交通大学唐山学校；北京铁路管理学校和北京邮电学校改为交通大学北京学校；上海工业专门学校改为交通大学上海学校（简称交大沪校或沪校）。

改组后，上海工业专门学校成为交通大学的一部分，除原有的电机科外，又新增设了机械科，学校规模日益扩大，1921 年 8 月 1 日，正式改名为交通大学上海学校。这一校名沿用至 1922 年 6 月，由当时的交通总长高恩洪提案，国务会议议决："将交通大学改设两校。上海——校名曰'交通部南洋大学'；唐山——校名曰'交通部唐山大学'，各设校长，均直辖于本部。其北京学校各科，分别编入沪、唐两校。"这是交通大学的第二次改组，其中的北京学校在一年后又重新恢复。1927 年 6 月底，南京国民政府命令"南洋大学停办，听候改组"，交通大学又进入了第三次改组时期，分别将交通部直辖的三所学校：上海的南洋大学改称为交通部

① 《交大概况》，《交通总长叶恭绰呈大总统文》，1920。
② 《交大概况》，《交通总长叶恭绰呈大总统文》，1920。
③ 叶恭绰：《交通大学之回顾》，《南洋大学三十周年纪念征文集》。
④ 交通大学这一校名及改组蓝图，为当时在交通部工作的本校电机科 1911 年级毕业生钟秉锋所设计。详见《盖簪四集》，交通大学美洲校友总会，1980。

第一交通大学；唐山大学改称为第二交通大学；北京交通大学改称为第三交通大学。改组后的第一学期，开始第一次招收女生，实行男女同校。因北伐战争，外籍教师纷纷离校回国，自海外留学归国的钟兆琳、俞汝鑫等受聘任教，至此，学校全部为本国教师。通过以上的三次改组，南洋公学正式更名为交通大学。

第二节　探索新的教育理念

盛宣怀、何嗣焜、唐文治、叶恭绰、凌鸿勋、蔡元培等历任校长，为学校不同时期的发展四处奔波，付出了巨大心血，奠定了学校发展的牢固根基，使交通大学成为中国高等教育史上的佼佼者。20世纪20、30年代的交通大学，于纷乱的政局中，创造了现代中国高等教育发展的奇迹。当时的交通大学，群贤毕至，大师云集，活跃着一批学贯中西、志向高远、对民族对国家具有强烈责任感的大教育家和实业家，呈现理、工、管三足鼎立的气象。

一　严谨的治学态度和办学理念

经过几十年的苦心经营，沈心工将附属小学雕琢成了一块光芒四射的美玉，成为教育界纷纷观摩学习的榜样。附属小学不单单招收上海本地学生，还招收全国各省市的小学生，据附属小学六十周年纪念册记载，当时的生源来自江苏苏州、昆山、无锡、常熟、南京、南通，浙江吴兴、慈溪、嘉善、绍兴、杭州，安徽舒城、歙县；湖北汉口；广东顺德、潮阳、南海、香山等地。他们都是慕名来报考附小的。可以说沈心工与唐文治、叶恭绰、凌鸿勋、蔡元培等一起，共同开启了交通大学的黄金时期。

办学理念就是信仰和价值追求，是引导学生前进发展的动力源泉，它具有多元性、开放性、平等性、民主性、自由性、终身性、系统性、完整性等特征，既是大学教育历史演进的宝贵成果，也是社会发展制约和影响下的必然产物。办学理念既不能冥顽不化、故步自封，也不能以牺牲教育特质为代价，而要使学校与社会保持适当距离，以保证高等教育有充分的时间与空间对社会现实作出审慎思考。"真正的教育应先获得自身的本质。教育须有信仰，没有信仰就不成其为教育，而是教学的技术而已。"①

1922 年（民国十一年），沈心工担任交通大学上海学校总学监②，同时兼任大学部训育主任。这期间沈心工不断探索适合时代变化和发展的教育教学思想，在交通大学三十年的岁月里，他的治学态度和教育理念使交通大学附属小学成绩显赫，由此为中学和大学输送了一批批优秀人才。蔡元培在 1917 年就曾这样称颂南洋公学"成绩之优美，为举国学校所仰慕"。也包含了对沈心工所执掌的附属小学的高度评价。值得我们今天总结和借鉴。

1907 年～1911 年，唐文治担任校长期间，曾与沈心工一同为南洋公学附属小学制定了"勤、俭、敬、信"四则校训，并将此校训收集在《邮传部上海高等实业学堂附属小学堂十周年纪念册》中。1921 年经校长叶恭绰认同，作为交通大学的校训再次收录在《交通大学上海学校附属高等小学二十周年纪念册》中。

　　勤　陶侃运瓦千载，传为美谈，唯其勤也。吾辈生于今世，聪明不如人，智慧不如人，武力不如人，以致国势更不如人。高丽之所以亡，惰而已矣。诸生今日务宜昼夜为之，若不能勤，将无以生存于世界之间。

　　俭　伊尹之能任天下，在一介不取。所以能一介不取者，由其自奉俭也。凡人之丧其操守，失其气节，大半由于妄取膏粱文绣，御之以为故常。出而问世，安得不妄取，自是而名誉扫地，气骨无存，岂不哀哉！小子识之：俭以养廉，立品之始基也。

　　敬　汤曰圣敬日跻。文王曰缉熙敬止。敬者，历圣相传之心法也。敬天、敬祖、敬亲、敬长，同是一敬。而日用行习，尤莫要于敬事。处事而不敬，不能成事，即不能成人。吾国人向以写意为高品。要知写意二字，亡身破家而有余。敬之敬之，神明鉴之，圣贤豪杰，不外乎是。

　　信　吾人置身社会，无时无地而非交际。交际之道，信用为第一

---

① 潘懋元：《民办高等教育持续发展问题》，《浙江树人大学学报》2006 年第 4 期。
② 《南洋学报》第 4 卷，1922。

义。信用一失，此身不可立于社会，即不可立于天地之间。西人最重信用，即小至钟点时刻之细，亦无不兢兢注意。吾国而求自强，吾辈而求自立，要以信用为主。慎尔出话，谨尔然诺。小子勉旃，必践必复。

另外，沈心工还提出了其"教育惟严政策"的治学思想，这一点可以在周浩泉《回忆南洋公学十二年》（节录）中予以阐释：

> 沈叔逵对小学的"教育惟严政策"是有思想基础的。他不但采用了日本军国主义的小学教育制度，并结合了当时已经废止的中国私塾教育方法，不但得到唐文治监督及林康侯小学主任的支持，同事也获得许多老师的配合。其中如算术的吴叔厘、教历史地理的吴采人及教物理的顾树森等，均不同程度地遵循了这个方法，体操老师沈同一信奉尤笃。抗战时，沈同一接办南洋模范中小学后，仍一贯奉行这个"教育惟严政策"，一直到解放为止。有人说，这个中学的成绩所以能称模范者，沈叔逵的教育方法与有功焉，其然乎，岂其然乎？

从这段话中，我们可以清楚地了解到，沈心工是一位怎样的教育者，他推行"教育惟严"的治学思想为中国近代培养了多少的杰出英才，这其中有很大一部分都应归功于沈心工。

今天在我们探讨学校办学理念以及好的校风的思考过程中，我们完全可以借鉴沈心工推崇的"勤、俭、敬、信"四则校训及他的"教育惟严政策"的治学思想，反思我们对一所学校应该秉承什么样的教育理念，为我们今天的学校教育提供帮助。

二　音乐教育理念的探索

1912 年至 1919 年，我国杰出的教育家蔡元培先生出任教育总长期间，提出包括美育在内的"五育"并重的教育宗旨，颁布了一系列教育法规，规定从初小、中学到师范教育等各层次的学校，乐歌为必修课，高小为随意课。从此，音乐教育作为学校美育课程的地位从法规上得以确立，这不能不说是我国教育制度的一大进步和一次质的飞跃。从现代审美教育的标准衡量，学堂乐歌虽很不成熟，但它是在 20 世纪初中国民众缺少美育、人们呼唤美育的饥渴中诞生的，因此，具有旺盛的生命力。它的兴起从一开始就体现了鲜明的社会性、审美性特征，是我国音乐教育发展的转折点，是由封建社会的"学艺"体系向现代社会的"育人"体系转变的重要标志。它的蓬勃发展在客观上加速了我国音乐教育发展的进程，开创了我国国民音乐教育的先河。从此，封建僵死的音乐教育制度终于被充满生机和活力的学堂乐歌所替代。①

1912 年，民国政府规定中学将乐歌列为正式科目，每周授课 1 小时。在进行学制系统改革的同时，也对各类学校的音乐课程作了明确要求，如1923 年的《初级中学音乐课程纲要》规定中学音乐教育的目的为：

（一）使学生明了普通乐理；
（二）使学生能唱单复音的歌曲；
（三）涵养美的情感与融合乐群的精神；
（四）引起欣赏文艺的兴趣。

在教学内容上歌唱为"基本练习"和"歌曲"2 项；乐理分"读谱法""音乐常识""和声学初步"3 项，必要时还加"小歌曲作曲法"。由此可见，正是学堂乐歌的不断向前发展，才使得近现代学校音乐教育初具规模，教学目的、教学内容也逐渐趋于规范，成为学校教育中不可或缺的一个重要组成部分。②

这一时期的沈心工，以其极大的魄力和前瞻性，开始在附属小学大力推行唱歌课。作为一个音乐匠才，同时又作为一个教育者，沈心工深知唱歌对于教育学生、国人的重要意义。沈心工在 1912 年 5 月所写的《重编学校唱歌集编辑大意》中，阐述了他对于当时自己创作乐歌的状况和当时国内小学音乐教育中存在的问题，沈心工这样写道："国文算术等科，儿童不可不用书，而唱歌则异。是故余编此歌集时，专为教师取材计，凡

① 袁善琦、周刚：《论学堂乐歌在中国音乐教育发展史中的地位及作用》，《音乐研究》1999 年第 2 期。
② 王菊香：《论"学堂乐歌"对我国近现代音乐教育的影响》，《连云港职业技术学院学报》2006 年第 4 期。

歌义之浅深、乐曲之难易,以及时令之先后等,仅约略分之而不求细密也。至于教授成规,具详于《小学唱歌教授法》(庆鸿译辑,文明书局发行),兹不及。"① 沈心工告诉我们,音乐教学要使学生明白学习音乐是学习人类之间交流的一种基本形式。音乐是由灵魂说向灵魂的一种语言,是一种比其他任何语言形式渗透力更强的语言,不同于国文、算术等科目。音乐教学不光是为了教学生音乐,更多地应该培养学生建构接受知识的方法和思维的能力。学习音乐要走一条认识、判断、感悟、享受的思维阶梯。通过音乐所反馈出的信息,把握住内在深层的内容,以判断感悟的思维方法,最终到达享受音乐的最高境界。

随着南洋大学堂更名为"交通部上海工业专门学校",南洋公学逐渐成为一所注重理工科的高等院校。沈心工身处这样一所工科为主的学校的附属小学之中,也大力挖掘音乐在教育中的一些独特之处。

1. 追求教学过程的欢愉

重视艺术教育教学,强调学生参与过程的欢愉。把"知者不如好知者,好知者不如乐知者"的精髓运用到整个教学过程中,使学习内容变成学生自觉地吸收,并达到教育、教学的效果和目的。沈心工这样写道:

> 本集每册之歌不过十五六首,或者疑其少乎?一歌练习多日,或又虑学生之生厌心乎?不知教授儿童唱歌,不应多授新歌,而在能熟,必使之随时随地皆能独立应用。而唱歌之效乃著。至儿童之厌故喜新自是公理,然教师能善变方法,利用机会,使之温习,彼等自然乐从。即极陈旧之歌,自有一种新趣味也。余观社会现状,家庭少隙地,城市无公园,彼天机活泼之儿童,若无正当之游乐地,自然发生种种败德伤身之事矣。欲求补救之方,唱歌其一也。余愿教师及儿童之父母皆注意于此而利用之。②

沈心工打破了以往死记硬背、单一灌输经文的教学方式,而是采用音乐教学的快乐手段,贴近小学生的心理和生理发展特点,用通俗的社科知

---

① 沈心工:《重编学校唱歌集》,上海文明书局,1911,第 2 页。
② 沈心工:《重编学校唱歌集》,上海文明书局,1911,第 2 页。

识养成学生心智,陶冶他们的情操,追求学习过程中的快乐。这种教学手段和方法,引起社会的广泛赞誉,1912 年《重编学校唱歌集》1～6 集出版后,被全国各地学校广泛使用,并于 1915 年 4 月再版。

2. 建立双向互动的教学活动运作模式

改变以往由教育者主导第二课堂的局面,变为被教育者可以根据自身兴趣和发展需要主动提出开展活动的内容和形式,构建一个开放的双向互动教学活动运作模式(见图 10－3)。

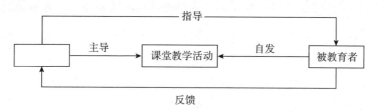

图 10－3 双向互动的课堂教学活动运作模式

附属小学以增进儿童心智发展,培养合格的中学生源作为办学宗旨。除了国文、算术、英文、历史、地理和理科等教学科目外,体操、绘画、乐歌、手工等科目都是学生必修课程。教学中,沈心工注重建立双向互动的教学运行模式,注重培养和启发学生积极思考问题的能力,他常常参与学生的各种活动,体验和收集学生活动中提出的问题,并结合这些问题编创成新的教学内容,满足被教育者的需求。尤其是对唱歌课提出要求:其要义在活泼心思,助其发育,为涵养德行之具,并于以上所教各科有直接之关系,如修身、历史、地理,均可举其一事,编成诗歌,令其习诵,则所讲之书,尤易感悟,不复觉记忆之艰苦。①

3. 培养真正意义上的校园文化精神

沈心工十分重视校园文化精神的培养,他通过多种途径和形式的艺术活动,使学生的艺术素养得到全面提升。那一时期的附属小学音乐、体育和美育教育走在上海乃至全国的前列,小学生在果敢的体育与优美的音乐中,培养了自己健康的体魄。交通大学附属小学童子军在沈心工的支持下,还成立了各种各样演艺团队,对校园文化的开展起到了推进作用。

① 霍有光、顾利民:《南洋公学——交通大学年谱》,陕西人民出版社,2002,第 41 页。

　　总之，沈心工所推行的学校唱歌课极大丰富了学堂乐歌的内容，也拓宽了学生的视野。从其对学校音乐教育方面的影响来看，学堂乐歌改变了我国旧式私塾"无乐无歌"的教育形式，从而有了正规的音乐课课时安排。它在产生的同时也明确了中国最早的"学校音乐教育"的目的、内容和程度。它是中国"近现代新式音乐教育"的里程碑。这种以班级为集体的音乐教育模式一直沿用至今。①

　　学堂乐歌这一艺术形式极具凝聚力和活力，它唤醒了国民，极大鼓舞和振奋了国民的精神，它为五四运动后群众歌曲体裁的进一步发展打下了坚实的基础。在新民主主义革命时期乃至新中国成立后，仍是我国独具特色的群众集体歌唱形式。到 20 世纪 20 年代末 30 年代初，集体歌唱成为社会时尚，以学校生活和少年儿童生活为主要题材的少年儿童歌曲、学校歌曲、集体歌唱曲以及黎锦晖创作的歌舞表演及儿童歌舞剧广泛流传，形成近代歌唱文化的一大潮流。②

第三节　教育理念的实施

一　"阎罗王""东洋叫花子"之由来

　　沈心工任职南洋公学附属小学期间，在学生管理方面制订了极为严格的章程。学生全部在学校寄宿，平时不准走出小学校门，星期日才允许出去，到中学部和大学部去看望亲友，但也不准离校回家。每隔 4 个星期才能回家一次。平时每天晚上学生必须晚自修，逢到星期六回家，星期日晚上也必须回学校自修。外地学生必须有家长或亲友来领才能离校。

　　学生一天的作息极有规律：清晨学生听到钟声立即起床穿衣直奔操场，有训育主任在宿舍外面的走廊里督促，体操教师组织学生做健身操，早操以后才准许盥洗。早、中、晚三餐必须先在礼堂排队，1 至 6 报数以后，由训育老师吹着哨子带领学生鱼贯进入餐厅，6 人一桌（因为都是小

---

①　徐杰：《20 世纪初学堂乐歌初探》，《湘南学院学报》2007 年第 4 期。
②　李冰：《论"学堂乐歌"在中国音乐发展中的作用》，《大众文艺（理论）》2009 年第 16 期。

孩，餐桌也小），而校长或训育老师总是临时插入某一桌，和学生共同用餐。下午4时下课以后，学校工友借打扫教室为名，把学生统统赶出教室，打扫后教室上锁，除了童子军、学生自治会等活动以外，其余学生全部在操场开展球类活动。直到晚餐前半小时，训育老师吹哨集合，准备晚餐。晚上7时至8时上自修课，8时以后自由活动。训育老师再吹哨组织学生按照排好的名单洗澡，老师还要到浴室点名。9时15分打睡眠钟，老师到每间卧室点名，9时30分打钟熄灯。一天的作息到此才算是完了。

在学生生活方面，按照校训"俭"字的要求，有严格的规定。学生有三不准：不准存钱，不准带钥匙，不准带吃的东西进校。每间卧室12个学生睡木板床铺，洗澡、理发都排定日程，由训育员和理发师傅按照名单来找学生。据当年附小的学生回忆："每学期缴费时附缴零用金25元，学生每周可开单购物一次，由学校照单代购，多少钱只要签个字，出纳员代付并代记账，买的东西不外文房四宝和皂巾等，吃的只准买1角5分钱一磅粗而且厚的饼干，还得校方贷于白铁盒集中保管。4时下课后，饼干开放约20分钟，过时不候。肚子饿得咕哩咕叽时别小看这几片粗饼干，真是香甜松脆，这是唯一合法的零食。学生衣箱上钥匙，集中挂在训育处墙板上，大约是怕小孩子丢了钥匙难办，同时在上课时间，训育员尽可安心进入学生卧室检查箱笼，看看有无违禁品。"① 学校执行校规十分严格，对于违规的学生，轻则记过，重则开除。据校友周浩泉回忆："当时有三个四年级的学生，都熟谙撑竿跳，夜间用竹竿撑过小河，私出学校购买食物，被学监发现，给予二人记过、一人开除的处分。"② 由此可见办学者不尚浮虚、平实任事、辛勤培养学生的一片苦心，而日后南洋模范"生活朴实"的优良校风也源起于此。

附小在管理中间对学生进行为人处世的养成教育。这里摘录附小的章程中有关寄宿的几条"附则"：

---

① 张学鼎：《忆南洋模范中学》，载《交通大学校史资料选编》（第1卷），西安交通大学出版社，1986，第297页。

② 周浩泉：《回忆南洋公学十二年》，载《交通大学校史资料选编》（第1卷），西安交通大学出版社，1986，第292页。

学生行李除卧具外勿过三件，勿带高大箱笼。

额外携带银钱概存学监处，否则查出记过，遗失不究。

学生各备白夏布蚊帐一、白布被褥单各二、白布枕衣二、褥照海尺长四尺五寸阔二尺三寸、帐顶准此（注意），以上各种物件及学生所用牙刷、漱口杯、阳伞等种种用品，不得用日货，违者查出处罚。

学生如有正当费用向家中索取银钱，须以本校通告为凭（本校通告均印有本校图章）。

凡易霉烂不易消化之食物，学生切勿带来，家中切勿送来。

短短几条规则，全无虚文，要求学生行李简单，生活俭朴；向家中索钱，要凭通告，为人诚信；特别可贵的是在 20 世纪 20 年代，学校能够严格要求学生用品"不得用日货"，违者要受处罚。勤俭敬信、爱国自强的教育，全在日常生活的潜移默化之中。

在周浩泉 1979 年所写《回忆南洋公学十二年》（节录）里记载了沈心工一段有趣的轶事：

一次，有个同学唤尤济清（即敌伪盘踞上海时期的经济汉奸尤菊荪），因患深度近视眼，不知他的厉害，上课时偷吃鸭肫干，被他远远看见，用铜尺撬开牙床，取出示众，记一大过。从此，所有同学都对他格外害怕，背地里有的叫他"阎罗王"，也有的叫他"东洋叫花子"（因他留学过日本，长于唱歌，曾用沈心工名字出版几本唱歌书，内容采取日本调子，谱上中国字句）。他对顽皮不听教训的学生，常个别传进办公室，按情节轻重，分别采取训斥、立壁角及打手心等处罚方法。因此即使十分倔强的学生见他也害怕。

沈心工对于学生教育的思想在上文有所提及，其教育唯严的理念和力求修身治学的态度影响了一代又一代的南洋人。至今，在交通大学所推行的办学教学思想里仍然有着他的印迹，在上海南洋模范中学里仍建有纪念沈心工的"叔逵楼"。

二　注重对学生养成教育的培养

沈心工在交通大学工作的 30 年岁月里，虽然家在上海，却很少回家，他总是与学生同吃同住，对待学生极其严格又富有爱心。如校长凌鸿勋1976 年在《交通大学十年忆旧》一文中讲道"交大自南洋公学时代起，即办有附属中学和附属小学，这原本为打好大学基础起见。附中和大学同在校区本部，一切管理规章和生活完全相同，唯附属小学则在本部之南另辟一个大门，管理上严格得多。说起当时小学主任沈叔逵先生，上海教育界的人无有不知道，真是专心致志，诲人不倦的一位教育先进。"① 毕业多年后已经工作的学生黄楷培，曾从汉阳铁厂致函沈心工，信中详细汇报了其日常工作学习情况，并附自己的自修课程表。② 学生张行恒 1914 年毕业于交通大学第四届电器机械科，同年 8 月，被选派赴美国电厂实习，他于 1915 年由美国芝加哥致函于董事沈心工，汇报了自己在美国工作、学习情况以及美国的天气。可见沈心工对学生生活习惯养成影响之深。③

交大校友曾在《南洋义务学校历史述略》一文中回忆："学校建立起来以后，每二星期并开一训话会，使学生对于做人之道，有正确的观念。本校创办人侯绍裘君、前主任茅以新君，小学主任沈叔逵先生等，先后莅校训话。"④

在学生眼里他是一位既严厉又淳朴的师者，永远是一顶瓜皮帽，一袭长衫，两只布鞋，淳朴可敬。他与学生的感情深厚，他涌泉般的乐歌创作，来源于真实的学校生活。著名实业家吴性栽⑤民国初年在附小读书，回忆当时的情形说："规矩很严，学校的周围有一条小河，进校就得通过一座桥，校门就叫大桥门，门有门房，学生进出统统在在门房眼中。我是寄宿的，隔两三星期由家长领回去一次。所有身上零钱，统要缴给会计。如果私出校门，记大过一次，三次大过便被开除。"⑥

沈心工几十年如一日以身作则，对学生严格要求，附属小学为中学乃

---

① 《交通大学校史资料选编》（第 1 卷），西安交通大学出版社，1986，第 306 页。
② 《邮传部上海高等实业学堂附属小学堂十周年纪念册》，载《学堂纪事》，1911。
③ 《南洋》1915 年第 1 期。
④ 《交通大学校史资料选编》（第 1 卷），西安交通大学出版社，1986，第 687 页。
⑤ 吴性栽（1904～1979），中国电影事业家。南洋公学附属小学学生，曾拍摄《渔光曲》《神女》等优秀电影。
⑥ 霍有光、雷玲：《积厚流光——交通大学附属小学图志（1896～1949）》，西安交通大学出版社，2012，第 10 页。

至大学输送了一批批优秀人才，最终成为国家的栋梁。

三 注重社会实地考察和调查

沈心工非常重视社会实地考察和调查，他的乐歌大多是在社会实地考察中创作的。自1905年开始，他带领学生利用暑假时间积极进行社会实践活动，从未中断过。如1905年暑假带领学生旅行至吴淞进行实践锻炼，1908年秋带领学生乘轮船至三峡。小学堂与中院第一次联合召开运动大会，沈心工担任运动会总司令，并受邀为运动会谱写《凯旋》歌一首。[1] 1915年成立附小、附中童子军后，沈心工对童子军模式积极提倡，常常身着童子军服与学生一起活动，并曾带领一些优秀童子军，利用暑假去日本旅行，增长见闻。

史料载："本校附属小学主事沈叔逵先生将历届旅行采集标本，教师、学生遗赠之物品，设置一室以备观览，而志纪念。异日收罗宏富陈列繁多。即为吾校之博物院云。凡吾同学均将新奇之物，珍异之长，随赠母校，以留纪念乎。"[2] 字里行间对沈心工的社会实践和馈赠行为考察充满了敬仰之情。

1920年冬，学校足球盛行，足球健将遍及各班，为了鼓舞球员在竞技场上的斗志，沈心工编写了《足球歌》，这些歌曲对当时球赛起到了很好的激励作用。

1922年夏，上海持续高温，为了减少疾病的传播，在沈心工和数学老师吴叔厘的倡导下，附小推行捕捉苍蝇，这年夏日一共捕捉苍蝇12224只。由于这一活动在交通大学附小开展得很好，故而沈心工创作《苍蝇歌》以激励学生。

---

[1] 霍有光、顾利民：《南洋公学——交通大学年谱》，陕西人民出版社，2002，第24页。
[2] 《博物院之起点》（第1卷），《南洋学生杂志》1916年第3期。

第十一章　铸就新的历史辉煌

第一节　创建负有盛名的南洋军乐队

为了配合学校各项活动的开展，彰显交通大学在社会各界的影响，在唐文治的支持下，沈心工于 1910 年（宣统二年）创建了南洋附属小学军乐队（见图 11－1）。

图 11－1　南洋附小军乐队合影（1915 年）

校友杨左陶在《本校之音乐》称："本校军乐队组织特别早，各地仿组乐队者，莫不依为模范，有乐器十有二种，都四十余件，历年队员，虽时有盈绌要皆成一完全乐队，队员程度虽微有参差，要合奏戏曲大调，虽不足以执牛耳于海上，亦不视于海内矣。"①

诞生后的南洋军乐队活跃在交通大学校园里的各项活动中，更是成为当时上海地区大学足球对抗赛中的主要助威团队，为人们所熟知。

---

① 杨左陶：《本校之音乐》，《上海工业专门学校学生杂志》（第 2 卷）1918 年第 2 期。

早在 1905 年 5 月 5 日，附属小学堂与中院第一次联合召开运动大会，沈心工就萌发了要成立附属小学南洋军乐队，为运动会助威的设想。1910年军乐队终于诞生，自 1912 年开始，学校每年春季举行一次运动会，而每次的运动会比赛，军乐队都是在沈心工带领下，全副武装为运动会开幕式助威。对此，我们从沈心工 1912 年所写的《运动会》歌（见图 11 - 2）可一窥当时军乐队伴奏情景。

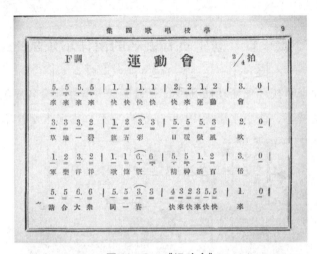

图 11 - 2　《运动会》

歌词写道："来来来来，快快快快。快来运动会，草地一碧旗五彩，日暖微风吹，军乐洋洋歌慷慨，精神添百倍，请合大家同一赛，快来快来快快来。"①

"军乐洋洋歌慷慨"充分体现了当时的沈心工带领的南洋军乐队激扬的演奏情景。校友杨左陶在《本校之音乐》中说："吾校为中原首创之校，当时社会之于音乐，故毫不经意。东学渐渡，教育稍振。今本校小学主任沈叔逵氏首采其章。享我学子，是谓吾国新学时代音乐转入之嚆矢，亦吾校之光也。其后渐习鼓号而军乐而笛乐而细乐等。每一组织，听者莫不啧啧称赞，誉满大江南北焉。"②

---

①　沈心工：《重编学校唱歌集》（第 5 集），上海文明书局，1912。
②　上海交通大学校史编纂委员会编《上海交通大学纪事 1896～2005》（上卷），上海交通大学出版社，2006，第 93 页。

附属小学的军乐队带动了南洋大学军乐队的发展和壮大，在当时校园音乐文化发展上起到了重要作用。据记载，南洋公学上院比中院更大，建筑也新一些，外围是一个半圆形的花园，屋顶有一个很大的钟楼，其钟声能传一里以外。中央竖立一根旗杆，常飘着五色国旗，或蓝黄色的校旗，壮丽而灿烂。上院门一直进去就到了大礼堂，内有座位800个，有一座高高的讲台，进口的上边还有一个月楼，也可容纳一二百人，这就是用来作为奏军乐的地方。"当每学期开学时，全体八百余人唱起《卿云烂兮》的国歌和《壮哉吾校旗》的校歌，声响充室，却能见南洋全体的精神咧。"① 1916年春，学校举行春季运动会，运动员入场由校军乐队出场伴奏。② 1920年冬，上海学生联合会举行游艺大会，为8省旱灾急赈筹款，本校学生担任军乐队及科学游戏表演（见图11-3）。③

图11-3　1920年的南洋军乐队合影

据1936年担任交大军乐队队长的何绍贤讲："军乐队——这种音乐团队的组织是旁的学校所不多有的，所以可说本队是交大音乐的一个精彩，因为单独购备这铜乐器练习的人很多，并且这种乐队的全套乐器所费极贵呢！"④ 交通大学对军乐队十分重视，学校曾为了保持这个良好的传统，

---

① 《南洋大学学生生活》，《南洋的历史与环境》，上海商务印书馆，1923，第44页。
② 《南洋大学学生生活》，《南洋的历史与环境》，上海商务印书馆，1923，第88页。
③ 上海交通大学校史编纂委员会编《上海交通大学纪事1896～2005》（上卷），上海交通大学出版社，2006，第109页。
④ 何绍贤：《述本校音乐》，《交大学生》1936年第1期，第103页。

投入大量经费购置乐器，并定期聘请最好的音乐专门人士组织训练。《交大三日刊》载："东方音乐擅长于旋律，所以它的气魄和表现能力，比较薄弱。但是在充满了沉默的气氛里，亟待需要的是强烈兴奋和慷慨激昂的高歌，只有军乐才能表现出来；所以学校当局亦竭力提倡，各种乐器均由学校购备，乐队的指导亦由校方聘请。"①

通过大量资料我们获悉，当年军乐队是全校所有学生社团组织中经费最为充裕的一个队伍，学校极为重视，还为军乐队专门制作空军式样的服装，使军乐队员英姿勃勃，精神焕发，成为交大一道亮丽的风景线。据《交大三日刊》刊载："军乐队为焕发诸队员之精神起见，遂有缝制军服之举动，此讯早已刊登在上数期期刊上，据悉：该制服已经于上周制作好，系空军式，非常壮观，也的确可以起到振奋队员精神的目的。"② 这时的军乐队，排练十分投入和认真，除了承担足球比赛的演奏以及校方指定的重大节日演出活动外，他们还定期在校内举行演出活动，并频繁被邀到社会各界演出。"军乐队拟定定期表演消息，上学期本刊早已告知，现该队以乐器及制服，均经办就，气象一新，该队拟表演一次，以响诸同学。本学期开学迄今，该队队员，俱精神焕发，日日在军乐队室练习，以为表演之准备。"③

当时军乐队已达到很高的水平，军乐队阵容十分庞大，乐队队员们对于演奏十分感兴趣，每至课余组织训练，"康耐""克来耐""倍司"等声，不绝于耳。他们演奏的曲目主要有进行曲、小夜曲、波兰舞曲、圆舞曲、幻想曲等有较高难度的曲目，这从当时的一份表演节目单上可以得到印证。

1. 进行曲　　　　交通大学军乐队

a. Drums and Bugle ED Chenctte

b. "Forward" March Lester Brockton

2. 小夜曲　　　　交通大学军乐队

① 何绍贤：《述本校音乐》，《交大学生》（第 5 卷）1936 年第 1 期，第 103 页。
② 《军乐队队员制服业已知就"系空军式"》，《交大三日刊》，1934。
③ 《军乐队定期表演》，《交大三日刊》，1935。

Trumpet Serenade Schubert

3. 波兰舞曲　　　交通大学军乐队

Interesting Polka

4. "波利罗"曲　交通大学军乐队

Attila bolero (From Verdi's Opera) J. Riuere

5. 进行曲　　　　交通大学军乐队

America Medley March E. Brooks

a. Mary land My Maryland

b. Sherman's March

c. Carry Me Back to Old Virginny

6. 圆舞曲　　　　交通大学军乐队

Sobre Las Olas (Over the Waves) Juventino Rasas

7. 幻想曲　　　　交通大学军乐队

Orpheus Ernst Lilliers[①]

据载，军乐队每次举行音乐演奏会都人潮涌动，整个会场的气氛简直可以媲美一些大型音乐会。那个时期，军乐队这种音乐团体组织在高等院校中并不多见，由此可见当时交通大学在全国的实力和领先地位。

军乐队的成立，极大地调动了学生奋发向上的学习热情，营造了良好的校园文化氛围，并提高学生的个人素养。音乐艺术带给他们快乐的同时，也成为他们爱国爱民之精神的一大寄托。随着校园活动的不断发展，南洋军乐队逐渐发展壮大为交通大学管弦乐队，很多交大学生在完成了繁重的课程任务之余，仍然以十分高涨的热情参与校园音乐艺术活动，而日后被誉为"中国导弹之父"的钱学森，就是这些学生中的佼佼者。

1929 年秋，18 岁的钱学森怀抱着振兴祖国的宏伟壮志，考入交通大学机械工程学院，至 1934 年毕业，他在交通大学度过了 5 年紧张而又愉快的生活。钱学森酷爱音乐，他认为真正的音乐会使人的心灵变得崇高、

① 《军乐队下周三举行音乐会》，《交大三日刊》，1935。

丰富而宽广。因此，除了学习之外，音乐成为占用他时间最多的事情。在交大的 5 年中，这所具有优良音乐传统的学校，给了钱学森以音乐实践活动的机会，令人难以置信是，他同时参加了 4 个音乐艺术社团。他曾是学生会雅歌社（合唱团）的合唱团员、口琴社的吹奏员、管弦乐队的演奏员，又是军乐团中一名出色的圆号手。1932 年钱学森还参加了学校组建的管弦乐队（见图 11 - 4），并受到上海工部局乐队德国教练 C. J. VanHeyst 的严格训练。

图 11 - 4　管弦乐队合影（前排左一为钱学森）

钱学森对于自己的母校十分关心，曾多次回母校考察，并看望自己的老师，尤其是对交大青年学子的成长特别关心，多次强调艺术素质教育对一个人创新能力培养的重要性。在钱学森 94 岁高龄时，曾对前来看望他的温家宝总理讲了我国新一轮的科技发展规划和今后的重点发展项目和指导方针。在谈话中，钱学森语重心长地对总理说："我要补充一个教育问题。培养具有创新能力的人才，既要使其有科学创新能力，还要有文化艺术修养。"

对于钱学森来说，科学和艺术如车之两轮，鸟之双翼，成就了钱学森的事业。在钱学森的一生中，是交大严谨求实的学习氛围使他懂得了作为一名研究者，应该怎样用踏实、理性的方式处理科学研究问题，而同样是沈心工奠定的交通大学火热积极的音乐文化氛围，教会了他应该怎样以积极向上的生活态度面对各种困难与挫折。理性的科学与感性的艺术，完美的在钱学森身上得到了共存。这也昭示出，交大其独特的音乐艺术教育的目的，即使学生从感性认识与理性认识中找到平衡，让他们真正成为中国的建设人才。

第二节　主持附属小学 20 周年校庆

1921 年，久负盛名的交通大学附属小学迎来了建校 20 周年校庆（见图 11－5），举行了演说、展览和音乐活动，沈心工亲自策划和主持了庆典大会，并主笔撰写了《校史述略》，出版《交通大学上海学校附属高等小学二十周年纪念册》，用以表彰过去，策励未来。

图 11－5　附属小学 20 周年在职教师合影照片（前排右三为沈心工）

一　策划并主持附属小学二十年校庆庆典

经过精细策划和安排，附属小学于 1921 年 6 月 10 日至 12 日举办了隆重的庆典大会，附属小学的学生在这 3 天的校庆活动中大显身手，赢得了社会各界的广泛赞誉。据报道称，当时会场内外，观者环若堵墙，大有万人空巷之盛。

6 月 10 日上午在大礼堂召开纪念大会。开幕式上，全校师生在沈心工带领下，高唱校歌，欢呼万岁。据报道：校庆当日各界人士超过 7000 余人，各地同学纷纷赶来莅会。当日，交通部特派部员到校致训词，校长张铸①（剑心）主任致开会报告，前校长唐文治特派代表致训词，沈心工

_____

① 张铸（1885～?），字剑心，江苏江浦人，1921～1922 年曾任交通大学上海学校主任。

特邀张元济和马相伯①进行了精彩演讲。

6月10日下午在大操场举行兵式礼操，有4000余名观众观看。几百名小学生身着整洁鲜亮的童子军服装，在军乐队伴奏下，以标准有力的动作，整齐流畅的队形变化，展示了小学生团结、健康、向上的良好精神面貌，赢得全场观众的喝彩和赞扬。

下午4时起，天气晴朗。飞行家刘道夷，即附属小学毕业生，校庆期间自北京航空学校赶回母校庆祝。当日他驾驶飞机，扶摇直上，飞机在附属小学上空50里内盘旋，抛撒庆祝母校万岁之五色彩笺及南阳兄弟烟草公司之广告，如彩蝶飞舞。爆竹声隆隆大起，观众欢声雷动，成为交通大学校庆历史上的一大奇观。"片片蝴蝶舞，万首仰望，掌声动于远近者，诚千古未有之奇也"，校友刘道夷的精彩表演为校庆活动增添了一道亮丽的风景线。

晚间7时半进行音乐表演及幻术影戏，晚会到晚上9时半结束，观看者2000余人。

第二日，即6月11日，除了成绩展览、幻术影戏、音乐会，晚上还安排演商务印书馆时式影片。最重要的是童子军演剧四场：国语戏《连环教歌》、外国历史戏《三问答》、中国历史戏《双忠墓》、警世戏《神仙布》。这四场表演全部都安排在室内表演。

第一场为国语戏《连环教歌》，小学生表演的抑扬抗坠，响遏行云；第二场为外国历史戏《三问答》，小学生个个了不起，英语口齿伶俐，从容镇定；第三场为中国历史戏《双忠墓》，是沈心工得意之作，淋漓悲壮，悱恻动人。演至抚孤及哭墓二幕，观者为之泣下。第四场为警世戏《神仙布》。诙谈百出，亦谐亦庄。每幕布景，不减于沪上有名之舞台。

童子军四场演剧都是沈心工的心力之作，附小学生的精彩演出，给观众留下深刻的印象，同时也为久负盛名的交大附小增添了历史的光辉。后来每逢节日，只要条件允许，沈心工就会组织学生进行演剧比赛，充分发

---

① 马相伯（1840～1939）字湘伯。祖籍江苏丹阳，中国著名教育家、复旦大学创始人、震旦大学首任校长、著名爱国人士。杰出教育家蔡元培、民国高官于右任、邵力子为其弟子。

挥他们的创意及热情。①

二　出版《交通大学上海学校附属高等小学二十周年纪念册》

除了安排为期 3 天的校庆庆典活动外，沈心工还组织附属小学师生出版了《交通大学上海学校附属高等小学二十周年纪念册》（见图 11－6），登载了沈心工亲自撰写的《校舍述略》及附属小学近年来发行的部分教学图书目录。这些图书分别是沈心工创作的历史剧本《双忠墓》、《学校唱歌集》（1～6 集），吴叔厘的《算术教科书》，祝梁若译著的《孙唐体操图说》，沈葆琦的《童子军初级课本》等。纪念册由时任校长张铸作序，纪念册序言中载："本校为国树人之功伟大而以小学培其本，

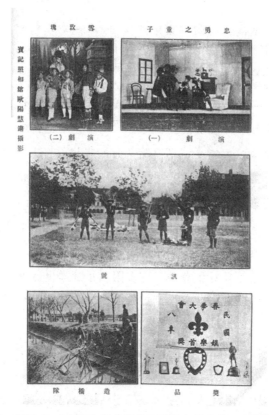

图 11－6　1921 年《交通大学上海学校附属高等小学二十周年纪念册》

---

① 《交通大学上海学校附属高等小学二十周年纪念册》，1921。

小学成绩有真实之证据，若此是以良好之舆论归焉，海内外教育界来沪参观小学者咸啧啧焉，称吾校小学为模范小学之冠，由此观之吾校小学二十周年纪念诚有可纪之价值，吾于是不得不归功于小学部主任沈叔逵先生。"①

在《校史述略》中，沈心工也详尽地介绍了附属小学的办学特色。②

一是招生时严格挑选学生，所谓"门槛高"。由于学校附属于大学之内，校舍与上中院成鼎足之形，与其他小学相比较，规模宏大；而且学制从小学一直到大学，总共 12 年而无须转学。社会上财力宽裕、志趣远大的家长，都愿意将自家子弟送到附小来学习，因此，每年学校招收五六十个学生，总会有三四百名学生来报名，学校就必须通过严格考试，择优录取学生。

二是教学程度高，所谓"要求严"。附小能够实行高标准、严要求，有其独特的基础和环境。由于招生的门槛高，学生的文化程度就略有根底。而交大中院学生的程度年年在提高，附小的毕业生要与中院的要求相衔接，就不得不奋起直追，加之附小隶属于交通部立学校之下，教育部门对此也就不加干涉。而教师的因材施教，使学生不觉其难，不知不觉之间就会出现"舟随潮长而增高，马喜路宽而加速"的喜人情况。

三是经济上得到社会各方的支持。学校日常开支全靠学生学费和公家补贴，而校舍修理等费用则得到家长们的慷然资助。

四是同仁爱生敬业的精神。全校员工穷年累月与学生共同生活。学校遇到困难，无不共赴艰险，愿为学校贡献自己的绵薄之力。

此外，纪念册中还详细登载了许多附属小学学生课外活动时珍贵的摄影图片，包括学生听取讲座、演剧以及所获的奖品等内容。

第三节 筹建南洋大学 30 周年校庆

1926 年 10 月，南洋大学迎来了三十周年庆典，身为交通大学总学

① 张铸：《交通大学二十上海学校附属高等小学二十周年纪念册序》，1921。
② 张铸：《交通大学二十上海学校附属高等小学二十周年纪念册序》，1921。

监、南洋公学同学会新任理事的沈心工，担任了校庆筹备委员会委员长，全面负责筹办了校庆一系列活动。校庆期间，沈心工通过自身回忆，书写了南洋公学首届师范院入学的40名同学名单；组织出版了《南洋大学三十周年纪念同学录》和《南洋大学三十周年纪念征文集》；募捐建筑科学馆和举办了工业展览会；决议通过了交通大学新的校徽、校服和校歌等一系列重要事项。1926年1月23日，凌鸿勋校长宣布正式启用校徽（见图11-7）。"校徽中心为铁砧、铁锤，砧上置中西书籍若干册，示工程教育工读并重之意。砧座有阿拉伯数码1896四字，示本校创办之年份。用世界公历者，取其便也。砧外为齿轮，外框像车轮，皆寓工程与交通之意。框与轮之间，上半题篆体南洋大学四字，下半题 NANYANG UNIVERSITY 英文字。"①

图11-7　南洋大学校徽

一　担任30周年校庆筹备委员会委员长

1925年8月，凌鸿勋校长宣布组织校庆30周年纪念会通告，推定委员长1人，副委员长1人，委员16人，并加学生代表2人，宣布沈心工担任筹备委员会委员长②，委员会下设总务处和4个委员会。③ 沈心工不

---

① 霍有光、顾利民：《南洋公学——交通大学年谱》，陕西人民出版社，2002，第166页。

② 《南洋旬刊》（第1卷）1925年第8期。

③ 上海交通大学校史编纂委员会编《上海交通大学纪事1896~2005》（上卷），上海交通大学出版社，2006，第177页。

负此任，立即着手开始筹划，并与张元济、唐文治、叶恭绰、福开森、黄炎培等 11 人一起作为发起人，拟募捐为学校建筑工业馆一座。史料载："为发展本校工业教育，拟募捐 5 万元建筑工业馆一座。学校向社会公布《南洋大学三十周年纪念工业馆募捐启》，发起人有：张元济、虞和德、王清穆、陆梦熊、唐文治、王宠惠、叶恭绰、福开森、黄炎培、张宗元等 11 人。"① 募捐启示公示以后，他首先通过组织南洋公学同学会召开常务理事会，通过议案一件，"拟就母校三十周年机会，向全体同学募捐建筑科学馆一所，赠送母籍留永远纪念"。1925 年 12 月 8 日，在以沈心工为委员长的校庆筹备会的带领和积极努力下，建筑工业馆的募捐进行得十分顺利。凌鸿勋校长致函交通部："报告本校募捐情况，提议请奖名单：张铸、张廷金、顾惟精、周仁、沈叔逵等 11 人均为本校募捐建筑有功之人，请交通部给予奖励。"② 1926 年 5 月，筹备募捐后的交通大学建筑工业馆得以顺利建造，为随后学校举办工业展览会提供了有力保障。

1925 年 11 月 29 日，沈心工邀请南洋公学首届师范院学生（见图11-8）回校聚会，并一起讨论了为交通大学 30 周年校庆捐赠"饮水思源"自流井事宜。史料记载："忽忽三十年，或仕或师，或农或商，或主论坛，或事武备，而不幸者则委世事而去。返校共 12 人，他们是沈心工、张惕铭、朱口之、张石师、黄涵之、潘若梁、张云抟、陈景韩、赵瑞侯、孟纯生、傅纬平、林质斋。"③

二 主持 30 周年校庆活动

1926 年 10 月 9 日，沈心工亲自主持了交通大学校庆活动。校庆主要纪念活动有：纪念典礼、工业馆揭幕、工业展览会、庆祝大会、音乐大会、话剧公演、学术演讲、童子军表演、球类比赛、礼品致谢等。当日《申报》报道："自本日至 11 日学校举行 30 周年校庆纪念活动，由沈叔逵主持所有活动，鸣炮、升校旗、全体行注目礼。礼毕，唱校歌，由西乐

---

① 霍有光、顾利民：《南洋公学——交通大学年谱》，陕西人民出版社，2002，第 170 页。
② 谷玉梅：《〈沈心工年谱〉补订》，《交响》2010 年第 2 期。
③ 霍有光、顾利民：《南洋公学——交通大学年谱》，陕西人民出版社，2002，第 161 页。

图 11-8 南洋公学首届师范院部分同学合影

队伴奏，唱罢，鞭炮齐鸣，全场三呼'南洋万岁'。"[1] 校庆活动过程中，为了营造更浓厚的学术氛围，沈心工还邀请了郭沫若、胡适、马相伯等文化名人来学校演讲。

如上所述，沈心工还带领南洋公学师范院校友为母校捐建了一口自流井，取名"饮水思源"井。1933 年 4 月，学校 37 周年校庆时，又有学生念及母校培育之恩，在他们当年入住的执信西斋前，建造了一座以校徽为中心的喷水池，并立一石碑，上刻"饮水思源"。交大"思源校训"自此而来。

如今，"饮水思源"碑成为交通大学标志性建筑，也见证了百年交大的光辉历史。今日在西安交通大学、上海交通大学、西南交通大学、台湾交通大学、北京交通大学校内均设有"饮水思源"碑。西安交通大学、西南交通大学校训均采用 1937 年交通大学校训："精勤求学，敦笃励志，果毅力行，忠恕任事"。上海交通大学于 1995 年设立校训为"饮水思源，爱国荣校"。北京交通大学校训为"知行"。

---

[1] 上海交通大学校史编纂委员会编《上海交通大学纪事 1896~2005》（上卷），上海交通大学出版社，2006，第 176~177 页。

校庆前夕，沈心工还投入极大心血，组织和带领筹备组进行了《南洋大学三十周年纪念同学录》收集整理工作，并于 1926 年 10 月校庆期间出版。《南洋大学三十周年纪念同学录》刊登了曾在学校工作过的全部外籍教员，全部在校教职员，大学部、中学部以及小学部学生全部名单及籍贯，并在《南洋季刊》创刊号上刊登了南洋公学同学会理事暨职员名单以及"南洋公学同学会永久会员题名录"。

三 举办第一次工业展览会

建校 30 周年之际，经过 5 个月的积极筹备，在沈心工主持下，南洋大学举办的工业展览会于 1926 年 10 月 9 日隆重开幕，历时 5 天，来校参观人数 5 万有余。这是学校举办的第一次工业展览会，其规模之大，内容之丰富，当时在全国乃为首创。史料载："当时参展单位中国 49 家，日本 19 家，英美德奥瑞士瑞典等国 33 家。陈列的展品包括：各种电机、各种机械、大宗建筑材料、五金农用家用器具，以及各种样本、图表、照片等。此外，还有轻便铁道形式引擎机车一部，会场上可做载人表演。展出结束后，许多单位将展品赠予本校。"[1]

展览会期间，引人瞩目的是轻便铁道形式的小火车开进了交通大学校园，其路线蜿蜒全校，每次载客 10 余人，数分钟内即可周游学校一圈。当日由校长凌鸿勋陪同嘉宾乘坐并参观展览，引起极大轰动。小火车既为本校学生提供实习之所，又为展览会增添一道风景线。

展览会陈列的展品多达 2000 余件，这次的展出加快了交通大学向具有国际影响的综合性、研究型、国际化的大学迈进的步伐。

1926 年 12 月，南洋公学同学会主办的《南洋季刊》第一卷第四期"机械号"出版，其中专门介绍了交通大学 30 周年工业展览会盛况，并附有照片插页加以说明。期刊详细介绍了展览馆各展馆展出概况，分别是中国行家陈列馆 1～3 个展厅、奇异公司总厂全景、奇异公司所造最大蒸汽透平发电机、实验科学生工程师试验大号发电电动连接机、实验科学生工程师试验大号蒸汽透平发电机。

---

[1] 霍有光、顾利民：《南洋公学——交通大学年谱》，陕西人民出版社，2002，第 178 页。

四　《南洋大学三十周年纪念征文集》问世

1926 年 10 月 9 日，在沈心工等校庆筹备委员会的努力下，备受师生关注、反映交通大学 30 周年纪念庆典的《南洋大学三十周年纪念征文集》出版了。本书封面由校长叶恭绰题签，发表了唐文治、凌鸿勋、叶恭绰、福开森、张铸、蔡元培、关赓麟、陆梦熊等 44 篇文章。文章包括"唐蔚芝先生序；凌校长序；叶恭绰：交通大学之回顾；福开森：南洋过去及将来；张铸：南洋毕业生服务问题；蔡元培：中国古代之交通；关赓麟：我国三十周年来交通事业之概况；陆梦熊：我国电信事业的前途；钟锷：中国电话事业之概况；朱善培：电政之危机及目前挽救之计划；约翰生：美国铁路运输之新迁；陈章：电机铁路与中国；梁兴贵：中国运输动力宜改用电器之意见；厉汝燕：中国航空事业之概况及前途；王植善：教育今昔之经过；庄泽宣：我国工程教育之前途及母校之责任；梁士超：我国今日工程教育上应注意之问题；茅以升：工程教育之研究；王清穆：答客问太湖流域水利计划；王洪熙：整理永定河工程之意见；陈柱：三十年来墨学述评……"等计 25 万字，售价 1 元，由徐名材、范永增、柴福沅等 8 人组成出版物委员会。《南洋大学三十周年纪念征文集》的问世，推动了南洋大学学科发展，扩展了学生的知识视野，为交通大学的科学探索奠定了基础。

第四节　奔走于各种社会事务

在交通大学的 30 年岁月里，沈心工为母校的发展不遗余力，作出了积极贡献，著名艺术大师李叔同、近代著名作曲家黄自都曾受业于他。1948 年 7 月，著名教育家黄炎培曾在大公报上发表了《音乐教育家沈心工传》文章，黄炎培称赞沈心工："待学生和自家子弟一样，在职一天，没有一天离开过学生群，计算先生在一个教育机关里，前后服务了三十年，而绝大部分目力和精力，都尽瘁在以乐歌为中心的教育上，从没有移动过一步，而他的思想是前进的。"[①] 可以说沈心工将自己一生中最宝贵

---

① 黄炎培：《音乐教育家沈心工传》，《大公报》，1948。

的 30 年都献给了交通大学。除了为附小的发展呕心沥血，四处奔走以外，1922 年沈心工担任交通大学上海学校总学监，同时兼任大学部训育主任。笔者将沈心工 1922 年至 1925 年间的部分工作呈现于读者，可以清晰地看到沈心工绝大部分精力都用在了学校的发展上。

一　为母校发展不遗余力

1922 年 1 月 13 日、16 日，沈心工同张铸、张廷金①等 5 人访问上海各界名流，联络募捐"三大建筑"，并致函沪上名流黄炎培、张锡恩等人，寄奉已编就的《交通大学上海学校建筑募捐概要》，请代其向社会各界广为宣传。"三大建筑"是指交通大学根据发展，准备筹建体育室、学生会活动室、养病室。据交通大学上海学校《南洋学报》"本校纪事"栏目中"筹建体育室学生会集室养病室志略"一文报道："本校自改组以来，对于校务整顿，积极进行。顷因体育室、学生会集室、养病室等尚未设备。拟募集捐款十六万元。经营此等建筑。由张剑心主任委任教职员张贡九、沈叔逵、李松涛、沈同一等十余人为临时筹备员。担任规划一切顷已拟就大概办法。略谓体育室、学生会集室、养病室三者关于学校体育及卫生至为重要。现在各处大学均有此项设备。而本校尚付阙如。势非提前建筑不可。顷已由筹备诸君拟就大概办法是以。继由小学主任沈叔逵报告办法内分下列各项。"

1923 年 3 月 4 日，南洋公学同学会在一品香饭店举行年会，沈心工报告《南洋公学附属小学发展状况》。

1923 年 4 月 19 日，南洋公学同学会在一品香饭店召开董事会。到会者有黄炎培、张宗元、凌鸿勋、沈心工、张世鉴、张廷金等 10 余人。

1925 年 2 月，沈心工回忆书写了光绪二十三年南洋公学首届师范班入学的 40 名同学名单，名单包含了同学姓名、别号、籍贯等详细内容，并对毕业师范班毕业者做了明显标记。②

---

① 张廷金（1886～1959），字贡九，江苏无锡人。中国第一批庚子赔款留学生。1915年，回国执教交大，历任交通大学上海学校副主任、主任、南洋大学代理校长、代理教务长等。

② 《南洋旬刊》（第 1 卷）1925 年第 7 期。

1925年4月30日，南洋公学同学会举行临时理事会，沈心工等被选举为新任理事。

1925年9月27日，乙卯级同学为纪念毕业十周年（图11-9），在母校捐建"日晷台"一座，本日举行落成典礼，校友林康侯和沈心工分别在典礼上致辞。[①]

图11-9　1925年乙卯级毕业十周年捐建日晷台开幕摄影

1925年10月11日，南洋大学附小举行童子军成立10周年纪念典礼，全天均为童子军操练表演，凌鸿勋校长、沈心工、李颂唐（上海童子军会会长）等以及各界来宾学生家长2000余人莅临学校参观。

1925年11月29日，沈心工召集部分师范班校友返校聚会，他们毕业离校已经三十年，沈心工、张惕铭、张师石、傅纬平等12人到会。

1925年12月8日，凌鸿勋校长致函交通部，报告本校募捐情况，提议请奖名单：张铸、张廷金、顾惟精、周仁、沈心工等11人均为本校募捐建筑有功之人，请交通部给予奖励。

1925年12月，凌鸿勋校长宣布组织校庆30周年纪念会通告，推定委员长1人，副委员长1人，委员16人，并加学生代表2人。宣布沈心工担任筹备委员会委员长。[②]沈心工负责筹备的交通大学30周年校庆，成为交通大学历史上的一次盛会。

①　霍有光、顾利民：《南洋公学——交通大学年谱》，陕西人民出版社，2002，第158页。

②　《南洋旬刊》（第1卷）1925年第8期。

二　铸就"饮水思源"的辉煌

沈心工善于发挥和利用南洋公学同学会的平台和资源，常常邀请同学会中在各行各业中有所作为的校友来交通大学为广大师生做各类演讲，介绍世界各国政治、经济、文化发展概况，以扩大师生的知识视野，并通过这些活动的开展不断探索适合时代变化和发展的教育教学思想，将交通大学的教育理念贯穿在教育实践中。

如他曾多次邀请南洋公学同学会创办人之一的黄炎培先来为学生做讲座。1916 年 11 月 12 日，应沈心工之邀请，刚从美国考察归来的校友黄炎培到校做了题为"美国旧金山市与汽车公司发展概况"[1] 的讲座。黄炎培于 1915 年当选江苏省教育会副会长，两年前曾游历各省考察教育。1916 年 4 月 27 日，在附属小学 20 周年校庆晚会上，"特由沈书逵先生敦请中国音乐大家施松伯莅会奏技，施松伯系日本帝国大学商科博士，长于音律，于琵琶尤称绝技，被日本人尊称为琵琶博士，每次举行音乐会，闻有先生在座，有千人赶赴"[2]。

1925 年 11 月 29 日，沈心工为了总结南洋公学师范院的教育成就和经验，亲自组织和召集部分师范班校友返校聚会，畅谈师范院学习感想和经验。这批毕业离校已经三十年的校友感慨万千，他们激动地回忆了南洋师范院就学时期的求学时光，也就是在这次难得的师范院机会过程中，沈心工号召大家一起商定了南洋同学师范院为校庆 30 周年"饮水思源"自流井的捐赠意向。1926 年交通大学 30 周年校庆，沈心工亲自主持了"饮水思源"自流井落成典礼。沈心工在庆典仪式上致辞，他慷慨陈述师范班史略，说明开凿自流井之意义为"饮水思源"[3]。

三　诲人不倦，荣获加冕

在交通大学 30 年的岁月里，沈心工任劳任怨，呕心沥血，为学校

---

① 杜定友:《黄韧之先生演说》,《南洋学生杂志》（第 1 卷）1916 年第 3 期。
② 盛荣东:《本校二十周年纪念会纪事》,《南洋学生杂志》（第 2 卷）1917 年第 2 期。
③ 上海交通大学校史编纂委员会编《上海交通大学纪事 1896~2005》（上卷），上海交通大学出版社，2006，第 177 页。

的发展作出了突出贡献，由于成绩卓越，1922 年他担任交通大学总学监。1926 年 10 月，学校成立"行政委员会"，沈心工被纳入 6 人之列，辅佐校长工作。据资料称："十月二十八日，本校成立'行政委员会'，作为辅助校长的行政机关。行政委员会聘请的委员是：凌鸿勋、周仁、徐佩璜、俞希稷、吴玉麟、沈庆鸿。"①

1926 年 10 月 9 日，南洋大学 30 周年校庆之际，凌鸿勋校长代表南洋公学全校师生，为沈心工为先生进行加冕，敬赠他银盾一尊，并在银盾上镌刻了"诲人不倦"四个大字。这一荣誉，是对沈心工几十年如一日努力工作和突出贡献的肯定与鼓励。纵观沈心工在交通大学 30 年的教学生涯，他创作了 180 多首乐歌，开创了中国学堂乐歌时代，为我国近现代学校音乐教育发展奠定了基础。他关心每个学生德、智、体、美的全面发展，并为此付出了巨大的心血，同时也为整个南洋公学的教育发展作出了卓越贡献。

正如黄炎培先生所言：计算先生在一个教育机关里，前后服务了三十年，而绝大部分目力和精力，都尽瘁在以乐歌为中心的教育上，从没有移动一步，而他的思想是前进的。

第五节 为"五卅惨案"英烈举办追悼会

一 "五卅惨案"烈士陈虞钦

陈虞钦（1909～1925），字震寰，广东增城人，先祖侨居南洋荷属婆罗洲（今印度尼西亚西加里曼丹省）。1909 年 2 月 26 日出生，1914 年入当地中华小学读书，5 年后入星洲（新加坡）道南学校。1920 年 9 月，考入交通部上海工业专门学校附属小学；1924 年以优异的成绩考升入本校附属中学；在校期间曾任南洋附小童子军"豹"队总队长，学习成绩优异，乐于助人，富有强烈的爱国热情，深受沈心工的喜爱和欣赏。1925 年 5 月 30 日，陈虞钦进行反帝宣传，参加为抗议日商枪杀

---

① 霍有光、顾利民：《南洋公学——交通大学年谱》，陕西人民出版社，2002，第 60 页。

棉纱厂工人、共产党员顾正红暴行而组织的学生游行，行经南京路英租界巡捕房时，遭外国巡捕开枪射杀，身中7弹，经医院抢救不治，于31日辞世，时年17岁。

陈虞卿是五卅惨案牺牲的13位烈士中年龄最小的一位。陈虞钦身上表现了交大学子严谨治学、捍卫真理、爱国救国、无私奉献的伟大实践和崇高精神。陈虞卿成为交大历史上第一个死于帝国主义枪弹下的爱国学生。

上海的"五卅惨案"举国震惊。手无寸铁的学生和市民在自己的国土上宣传爱国主义精神，竟遭荷枪实弹的殖民者于光天化日之下无辜枪杀，消息传来，沈心工悲愤不已。这位品学兼优、聪颖过人、刚由附小升入附中的学生，年仅17岁，他曾做过童子军的"豹"队总队长，又是童子军号手，他加入这次宣传游行队伍，正是为了便于组织号令队伍。5月30日，当游行队伍行进在南京路上的时候，他还紧跟在领队的大学部的大哥哥身旁，不时协助维持队伍秩序。不成想，这样一位优秀的童子军"号手"竟然瞬间倒在了英国巡捕的枪下，让人痛惜。正是有了沈心工对南洋童子军的训练，才有了烈士的勇敢和担当。沈烈炎在"本校附属小学童子军演剧比赛记"一文中，曾详细报道了陈虞卿当年在附属小学童子军虎队、豹队等六队中的精彩表演："统观六剧，或鼓吹和平之旨，或表示娱乐之怀，或唤起爱国之心，或注重道德之本，要皆各有所长，而四五两幕，尤臻绝妙，以十余龄童子描绘世情，至于此境，洵非易易。某十年琴剑，南北饥驱，回首儿时，驹光一瞬，今者偷闲半日，豁我双眸，喜青年佳与之葱茏，祝吾校前途之无量，寒宵呵冻，略记数言。"① 面对帝国主义的棍棒、屠刀，以陈虞钦为代表的交大学生毫无惧色，勇往直前，以鲜血唤醒了国民觉悟，诠释了中华儿郎为国捐躯的博大胸怀。

"五卅惨案"发生后，陈虞钦的同学，年仅17岁的交通大学附中学生吴恒慈，不顾家人劝阻，不顾自己身患痢疾，以"大人爱国，不能阻止小人爱国"为由，继续参加游行和演讲活动。6月以后，帝国主义侵

① 沈烈炎：《本校附属小学童子军演剧比赛记》，《交通大学月刊》1922年第1期。

略者在各地继续杀人的消息相继传来，吴恒慈受到极大刺激，连连呼喊"救国，救国""爱国、爱国"，致使旧疾复发，治疗无效，于1925年7月3日逝世于苏州福音医院。同年11月21日，交通大学举行陈虞钦、吴恒慈两烈士追悼会。1926年5月30日，"五卅惨案"1周年之际，上海各界举行"五卅烈士公墓奠基礼"。

二　负责抚恤事宜，以慰英魂

陈虞钦牺牲后，交通大学全体教职员、学生沉浸在无限的悲痛之中，附中学生吴恒慈临终不忘救国的行为也深深感染了无数热血青年。为了祭慰烈士的英魂，1926年6月24日，交通大学成立了以沈心工为首的10人善后委员会，负责处理抚恤事宜。据资料记载："凌鸿勋校长为五卅运动陈虞钦烈士一事，特成立善后委员会，专门'办理交涉、葬事、纪念、抚恤各事宜，以慰英魂'①。其成员是沈叔逵、徐名陶、沈同一、张松亭、申国权②、温联东、叶贻东、刘怀谷、郝履端。"③

1925年6月23日南洋大学组织委员会办理陈虞钦葬事纪念抚恤相关事宜函。

在沈心工、申国权等善后委员会成员安排下，1925年11月21日，上海交通大学全体教职员学生、家属和各界代表齐聚徐家汇校园，为陈虞钦、吴恒慈两烈士举行了隆重盛大的追悼会（见图11-10），凌鸿勋校长发表讲话，揭露帝国主义的暴行，表示了复仇雪耻的决心，号召全体师生学习两烈士为国牺牲之精神。为悼念陈虞钦、吴恒慈两位烈士，交大师生当天在校园里为他们建立一座永久纪念柱，以立碑永久纪念其革命精神。1926年1月3日，善后委员会与复旦、光华、大夏等8所大学一起为"五卅"惨案致电外交部，指出"数十烈士之生命及全体国

---

① 霍有光、顾利民：《南洋公学——交通大学年谱》，陕西人民出版社，2002，第170页。

② 申国权（1896~1965），1915年考入交大中学，1923年1月毕业南洋大学电机科，曾任交通大学体育教员、代理体育主任。1932年7月参加了在美国洛杉矶举行的第十届奥运会，是中国首次参加奥运的交大人。

③ 霍有光、顾利民：《南洋公学——交通大学年谱》，陕西人民出版社，2002，第170页。

民之牺牲，如此收场，吾人誓死不能承认"，督促外交部处理"五卅"惨案，"事关国权民命，务请力争。国家幸甚，人民幸甚"①。又经沈心工、申国权等善后委员会成员的积极努力和多方协调，1926 年 5 月 30 日，在"五卅惨案"1 周年之际，上海各界集聚于闸北，隆重举行了"五卅烈士公墓奠基礼"。烈士的遗骨安放于此墓地。

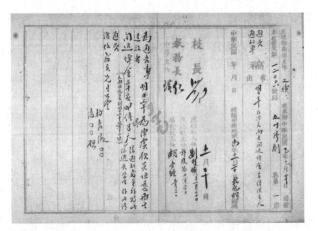

图 11－10　1925 年 11 月 20 日，南洋大学为陈虞卿、吴恒慈开追悼会的停课通知

　　英烈们精神不灭，虽死犹荣。五卅运动为中国共产党在交大建立组织，作了思想和组织上的准备。历经百年风雨的交通大学，在过去长期艰难的岁月里，留下了悠久而深厚的革命传统。从最初的"墨水瓶事件"② 反对专制教育管理，到辛亥革命唐文治果毅带头削发弃旧体，再到五四运动勇挑民族大义，创建义校，宣扬进步思想，及至五卅运动中甘为前驱，不畏强暴，以血明志，以陈虞钦为代表的交大学生，在中国近现代学运史上写下了无数光荣篇章。他们捍卫真理、爱国救国、无私奉献的伟大实践和崇高精神永远激励着一代代中华儿女，人们会永远铭记他们，是他们的用自己的鲜血和生命换来了今天的胜利。

---

① 霍有光、顾利民：《南洋公学——交通大学年谱》，陕西人民出版社，2002，第 162 页。

② 墨水瓶事件，中国近代教育史上时间最早、规模最大的一次学生风潮，素有民主思想的蔡元培先生因此愤而辞职。

第六节　南洋附小的优秀学生

一　杰出军事家、爱国将领蔡锷（见图11–11）

蔡锷（1882～1916），原名艮寅，字松坡，是民国初年杰出的军事家，辛亥革命时期的著名爱国将领，曾任云南、贵州都督，四川督军兼省长。蔡锷出生于湖南宝庆府（今邵阳市）一个农民家庭，6岁就学，聪颖异常。蔡锷13岁中秀才，16岁入湖南时务学堂，深受中文总教习梁启超的器重。戊戌变法后，梁逃亡日本，蔡辗转至上海。1899年6月（光绪二十五年已亥五月），南洋公学外院（小学）第三次招收学生，蔡锷以第5名成绩考入外院。史

图11–11　蔡锷

料称："南洋公学外院招生。入学考试第五名为蔡艮寅，后改名蔡松坡、蔡锷；第六名为范静生，民国初期曾任教育总长。"[1]

在外院学习半年后，应梁启超之邀，蔡锷离开公学赴日本留学，留学东京大同高等学校和横滨东亚商业学校。那时的中国在腐败的清王朝统治下，山河破碎，民族危亡，蔡锷像无数热血青年一样，急切地寻求救国救民的道路，他曾在诗中写道："流血救民吾辈事，千秋肝胆自轮囷"，倾吐了满腔的爱国抱负。

1900年4月，他回国参加自立军起义，失败后愤而弃笔从戎，并改名蔡锷，立志"流血救民"，再赴日本，学习军事。1904年初，蔡锷从日本士官学校毕业归国，先后应聘任江西随军学堂监督、湖南教练处帮办、广西新军总参谋官兼总教练官、广西测绘学堂堂长、陆军小学堂总办等职。他训练新军有素，深得将士们敬佩。1911年蔡锷调往云南，

---

[1]　霍有光、顾利民：《南洋公学——交通大学年谱》，陕西人民出版社，2002，第9页。

任云南都督，后举兵响应辛亥革命。1913 年 10 月，他辞去云南都督，离滇入京，先后出任政治会议委员、参政院参政、将军府将军、全国经界局督办等职。1915 年，为反对袁世凯称帝，蔡锷发动护国战争。1916 年 3 月 22 日，袁世凯被迫取消帝制，护国战争取得了胜利。由于长期艰苦的军旅生涯，蔡锷原来的喉疾恶化，不得不辞去四川督军兼省长的职务。赴日治疗，同年 11 月 18 日，在日本福冈医科大学医院因医治无效而逝世，终年仅 34 岁。

作为沈心工的学生，蔡锷将军叱咤风云的革命经历，"讨袁护国，再造共和"的历史贡献，在中国近代史上无可替代。蔡锷将军传奇的一生，令人敬佩。1950 年，中央人民政府颁发烈士证，蔡锷的烈士证由国家主席毛泽东亲署。

二　中文打字机发明人周厚坤（见图 11 - 12）

周厚坤，生卒年月不详，字以载，江苏无锡人，中文打字机的发明人。1900 年考入南洋公学附属小学，1903 年成为南洋公学附属小学第一届毕业生，随后升入附属中学和大学。1909 年周厚坤毕业于邮传部上海高等实业学堂（交通大学）电机科，1910 年 7 月考取清华庚钦留美第二批，赴美国麻省理工学院学习，在美国先后修完机械、造船、航空等专业，并以全美国第一个航空工程硕士的身份毕业。回国后，周厚坤曾任教于母校电机科，1915 年发明中文打字机，被誉为"工业明星"。

中文打字机的发明，粉碎了外国人认为汉字不能运用于打字机的断言，填补了世界上无汉字打字机的空白，是汉字誊写的一次革命，具有划时代的历史意义。商务印书馆曾将其改良版的中文打字机，送交费城世界博览会上参展并获奖。费城世界博览会上参展并获奖的"舒式打字机"正是在此基础上改进而成的。美国《纽约时报》于 1916 年 7 月 23 日刊载了题为 "Chinaman Invents Chinese Typewriter Using 4000 Characters" 的报道。本次展览首次展出周厚坤阐述打字机制

图 11 - 12　周厚坤

造及创新原则的英文原文，并同步展出《纽约时报》对该事件的报道。

沈心工勤于科学实践、勇于开拓创新的教学思想，给了周厚坤科学思想的启发，周厚坤一丝不苟、勤勉向学、严谨奋进的学习态度和良好的学术素养，令人肃然起敬。1915 年，在南洋公学董事的诚邀下，周厚坤在南洋公学同学会主办的《南洋》杂志第 2 期上发表了自己用英文撰写的文章《汉文打字机之发明》，向母校汇报了中文打字机发明的过程。

三　胡敦复、胡明复、胡刚复：数理学界的——"胡氏三杰"

20 世纪上半叶，在中国数理学界，有三个胡姓同胞兄弟，胡敦复（1886～1978）、胡明复（1891～1927）、胡刚复（1892～1966），世称江苏无锡"胡氏三杰"。三兄弟出身教育世家，早年都在南洋公学外院、附属小学就读，是沈心工的得力门徒。三兄弟青年时代均官派留美学习，均在美国哈佛大学等名校就读，先后获取博士学位。胡氏一门三兄弟三位博士，在沪上及华东地区传为佳话。归国后，三兄弟先后执教于交通大学，是 20 世纪上半叶中国科学界、教育界的知名人物和交大学生崇拜的教授、学者，他们是中国近代数学和物理学界的先驱和奠基人。

1. 我国高等数学教育的先驱者胡敦复（见图 11 - 13）

三兄弟中，胡敦复最年长，又名炳生，是我国著名的数学家和教育家。他于 1897 年 11 月作为首批学生考入南洋公学外院，在被录取的 120 名外院生中分数名列前茅。他天资聪慧，刻苦勤奋，学习成绩优秀，仅仅半年后，即 1898 年 4 月，胡敦复就升入中院（即中学），也成为中院的首批学生。

图 11 - 13　胡敦复

在中院学习的 3 年多时间里，胡敦复的学习成绩仍然名列前茅。据档案记载，1898 年 2 月、1899 年 3 月南洋公学月考成绩公布榜显示，胡敦复在强手如林的中院四班名列第一，获得奖励 3 元，分数如下：整数 90 分，中课 79 分，算学 100 分，英文 91 分。1907 年 21 岁的胡敦复被选派公费留学美国康奈尔大学，主修数学，专修文理多科，他仅用 2 年时间便修完了大学规定的全部课程。1909 年 6 月他毕业回国，受聘北京游美学务处，主持考选庚款留美生，他负责遴选了三批直接留美学生共计 180人。留美学生中许多人后来成为中国著名的科学家和教育家，如竺可桢、梅贻琦、赵元任、胡适、姜立夫等。

　　1911 年，清政府批准成立清华学堂，25 岁的胡敦复成为清华学堂的第一任教务长。1912 年，创办私立大同学院（大同大学的前身），胡敦复两度出任校长，长达 20 年。1930～1945 年胡敦复任交通大学数学系教授、系主任，他以教授"微积分"而著名，是学生中公认的"微积分"权威。1935 年，胡敦复参与发起组织中国数学会，并当选数学会董事会主席，成为中国数学会的创始人。1950～1961 年受聘于美国华盛顿州立大学客座教授。1978 年 12 月病逝于美国西雅图，享年 92 岁。

　　2. 我国第一位留美数学博士胡明复（见图 11－14）

　　胡明复（1891～1927），原名孔孙，又名达生，著名数学家。1902 年考入南洋公学附属小学，1904 年第二届小学毕业。

　　1910 年，胡明复考取庚款公费留美生，先后就读于康奈尔大学和哈佛大学，1917 年获现代数学博士学位，也是国内获此殊荣的第一人。1918 年，其博士论文《具有边界条件的线性积分——微分方程》发表于美国权威学术期刊《美国数学会会刊》，这是中国人首次在美国最高权威期刊发表的高等数学论文。1914 年在美国留学期间，23 岁的胡明复与同时留学美国的赵元任、杨杏佛[①]等人一起创办了中国最早的综合性科学团体——中国科学社，并创办最早的综合性科学杂志——《科学》。1914 年 6 月，《南洋公学》曾记载："留美学生胡明复、赵元任、秉志、任鸿隽等在美国发起成立中国科学社，主旨为'传

图 11－14　胡明复

---

　　① 杨杏佛（1893～1933），字宏甫，江西清江县人，毕业于美国哈佛大学，辛亥革命社会活动家，中国人权运动先驱。

播科学知识，促进实业发展'。社址设在美国绿色佳城。"[1] 胡明复当选为第一届董事并负责编辑《科学》杂志，他带头在《科学》杂志上每年都发表数篇高质量的论文。1918 年，胡明复在大同大学创立了数学系，并在此任教。1921～1926 年胡明复执教于交通大学，是交通大学 20 世纪 20 年代著名教授之一。

不幸的是，1927 年 6 月 12 日，胡明复在江苏无锡游泳时溺水身亡，终年 36 岁。当时社会各界反响强烈，中国科学社发行纪念专刊，胡适、任鸿隽等皆撰文纪念。中国管理科学先驱、他生前好友杨杏佛曾这样评价他："服务科学社的热心毅力，十余年如一日，唯有以外之死，才使他中道脱卸仔肩，诸葛侯说：'鞠躬尽瘁，死而后已'，明复对科学社，足可当此八个大字。"他曾供职的交通大学、大同大学纷纷举行追悼会。国民政府曾发布政府令："该故博士胡明复，尽瘁科学，志行卓绝，提倡教育，十年不倦……将该故博士生平事迹，勒碑礼堂，永留纪念。"1929 年 7 月，中国科学社将胡明复遗体迁葬于杭州西湖烟霞洞，蔡元培亲自题写了碑文。

3. 奠定我国物理学实验基础的胡刚复（见图 11 – 15）

胡刚复（1892～1966），又名文生，著名物理学家，我国最早从事 X 射线的研究者和实验物理学的奠基人之一。1902 年，胡刚复考入南洋附属小学，沈心工成为他的校长和老师，对他的养成教育产生了极大的影响。胡刚复聪明过人，仅用了 1 年就升入南洋公学附属中学，当时仅有 10 岁，但由于年龄过小，稚气未干，初一时曾骑楼梯扶手速滑下楼，并因冲撞校长而被罚降回小学，成为人们津津乐道的笑谈。

1909 年 9 月，17 岁的胡刚复考取清华游美学务处首批庚款留美生，入哈佛大学物理系学习。在附小和附中期间，他爱好体育，

图 11 – 15 胡刚复

① 霍有光、顾利民：《南洋公学——交通大学年谱》，陕西人民出版社，2002，第 50 页。

参加沈心工组织的南洋童子军训练，练就了强健的体魄，使他在哈佛大学成为一名优秀的足球队队员。从 1909 至 1918 年的 9 年间，胡刚复在美国哈佛大学完成了大学本科、硕士和博士的全部学业，在校期间他在老师的帮助下，义无反顾地选择了癌症放射性临床治疗和 X 射线光谱方面的研究工作。1918 年，胡刚复成为哈佛大学第一个获得物理学博士学位的中国学生。

1918 年秋，26 岁的胡刚复毅然回国。这时的中国科学教育尚在起步阶段，他明白尚处于襁褓之中的中国科学教育没有条件继续支持他的实验研究，发挥自己的才华。可是，献身祖国科技教育事业的决心已定，他一心扑在办学、教学和培养学生的繁忙工作中。作为实验科学的物理学，必须有实验基础才能培养出真正的物理学家，这是他坚定不移的信念。1918 年，他首先在南京高等师范学校创建了中国最早的物理实验室，同时在他兼课的南京东南大学和上海大同大学相继建起了物理实验室。

胡刚复分别于 1925 年 ~ 1926 年，1931 年 ~ 1936 年两次受聘于交通大学物理系，并任主任，是交通大学学生十分崇拜的教授。曾有中院学生回忆说：“那个时候，大学部的老师好到什么程度，我实在不知道。据我的哥哥说，像胡明复、胡刚复那样的天才博士，在外国都是很少的。”

1936 年，胡刚复任浙江大学理学院院长后，广招贤才，大大加强了理学院的教师阵容。即便在抗日战争极端困难的局面之下，浙江大学仍迅速发展而进入兴盛时期，其中浙江大学理学院发展尤快，这都离不开胡刚复的付出，他做事事必躬亲而严格认真，把理学院办得很有特色。他的学生中，有一大批后来成为中国科学及教育作出重大贡献的著名科学家，如吴有训、恽子强、严济慈、吴学周、赵忠尧、柳大纲、施汝为、顾静徽、钱临照等。

胡刚复一生爱惜人才、培养人才，他曾慷慨地以自己的薪金长期地资助学生出国留学，教育后生全心全意工作。他一生兢兢业业、呕心沥血，为创建和开拓我国的物理学事业而鞠躬尽瘁。胡刚复为人正直坦率，童心敦厚，笃学有至性，有一种活到老学到老的精神，深得物理学界、科学界以至实业界的尊重和爱戴。

1963 年，胡刚复被选为中国物理学会名誉理事，1966 年 2 月 19 日，胡刚复病逝于天津，享年74岁。1987年，中国物理学会设立"胡刚复物理学院奖"。1992年，南京大学、浙江大学、上海交通大学分别在南京和上海举行胡刚复诞生100周年纪念大会，缅怀他为中国物理科学作出的卓越贡献。

四 外交家、大法官徐谟（见图11-16）

徐谟（1893～1956），字叔谟，笔名平章，江苏吴县人，中国现代法学家、政治学家，中国现代史上颇具影响的外交活动家。徐谟童年就学于当地的兰陵学堂，1902年，跟随父亲到上海南洋公学附属小学读书，后来升入南洋公学附属中学。1917年毕业于北洋大学法律学系，获法学学士学位。

徐谟在南洋公学附属小学读书期间，正值沈心工自日本留学归来，在附属小学担任修身及唱歌科教员。徐谟天资聪明，从小就有辩

图11-16 徐谟

才，多才多艺，善于演讲，深受沈心工喜爱。他常常出任沈心工演剧中的主角，演出效果很好。有一次外交家伍廷芳①到南洋附小参观时，徐谟被沈心工推举为学生代表，用英语致欢迎辞。伍廷芳听了极为高兴，用手抚摸着徐谟的头，鼓励他说："讲得很好！继续努力，将来一定会有出息的！"1914年，入天津北洋大学法科，曾被推选为国语讲演会会长、英语辩论会会长。1917年毕业，获法学学士学位。

1919年9月，北洋政府举行外交官招聘考试，徐谟前往应聘考试，结果以第1名的优异成绩被录取。1920年1月，徐谟被派往华盛顿北洋政府驻美使馆见习，并在后来处理第一次世界大战战后事宜的华盛顿会议上担任中国代表团的秘书。由于他表现出色，深受当时中国代表团团长王正延的器重。这段经历，为他以后在中国外交舞台上发挥重要作用奠定了

① 伍廷芳（1842～1922），又名伍才，号秩庸，广东新会西墩人，清末民初杰出的外交家、法学家，中国近代第一个法学博士。

坚实的基础。在美国期间，徐谟同时又在华盛顿大学学习法律课程，获法学硕士学位。1922 年 7 月徐谟回国，受聘于天津南开大学，在政治系担任法学、政治学教授，开始了他时间不长但却相当辉煌的南开经历。1928年 3 月起，徐谟在国民政府外交部任职，后出任中国驻澳大利亚公使、驻土耳其大使。1943 年，墨尔本大学授予他名誉法学博士学位。1945 年 4月，徐谟赴华盛顿出席联合国法律专家委员会，参加起草国际法庭章则，并任旧金山联合国组织会议中国代表团顾问。1946 年起，徐谟在荷兰海牙长期担任联合国国际法院大法官职务，声名显赫，是首位出任国际法院法官的中国人。他还曾当选为国际法学会的副会长。

五　著名政治家、出版家和新闻记者邹韬奋（见图 11－17）

邹韬奋（1895～1944），福建省永安县人，是我国伟大的爱国者，著名的政治家、卓越的文化战士、杰出的出版家和新闻记者。邹韬奋原名邹恩润，曾用名李晋卿，韬奋为其后来发表文章所使用的笔名。

图 11－17　邹韬奋

1912 年邹韬奋成为南洋公学附属小学四年级插班生，1913 年成为附属小学第十届毕业生，后升入南洋公学附属中学读书，1917 年进入交通部上海工业专门学校电机科学习，1919年由南洋公学上院机电工程科转入上海圣约翰大学文科。邹韬奋在南洋公学附属小学上学时，正值沈心工担任校长，邹韬奋在附属小学虽然时间短暂，但他多次受到沈心工的嘉奖，这成了邹韬奋一生中最为难忘的经历。他曾在《我的小学时代之追述》一文中提到自己在南洋附属小学学习的情况，对沈心工有极高的评价，文中提到："当时我所进的是南洋公学附属小学，校长是沈叔逵先生。他是一位很精明干练的教育家，全副精神都用在这个小学里面，所以把学校办得很好。"① 其

---

① 《邹韬奋忆交大》，载《交通大学校史 1896～1949》，上海教育出版社，1986，第278 页。

他教师也十分可敬，邹韬奋在《永不能忘的先生》一文中讲道："我们那一级的主任教员是沈永癯先生，他教我们国文和历史——我最感兴趣的科目。他那样讲解得清晰有理，课本以外所供给的参考材料的丰富，都格外增加了我的研究兴趣，我尤其受他的熏陶的是他的人格的可爱。我这里所谓人格，是包括他的性格的一切。他教得非常认真，常常好像生怕我们有一句一字不明白了；他的认真和负责的态度，是我一生做事所最得力的模范。我进了中院以后，仍常常在夜里跑到附属小学沈永癯先生那里请教。他的书橱里有着全份的《新民丛报》，我几本几本地借出来看，简直看的入了迷。"① 邹韬奋在南洋附小和附中学习成绩优秀，其履历分数表显示他毕业总平均分数为 91.51 分，其中国文、修身、体操等学科分数较高，每学年都在 90 分以上。

1916 年在南洋附属中学读书期间，邹韬奋就展露出其卓越的文学才华和新闻记者素养，在校内外的报纸杂志上发表了大量文章。如《上海工业专门学校学生杂志》的刊物上就曾发表邹韬奋《爱校心之培养》、《我师录》（上、中、下）、《我小学时代之追述》、《论学生专务考试之流弊》、《对于吾校二十周年纪念之感想》等文章。其中《爱校心之培养》是尚在读附中的邹韬奋于 1916 年 4 月发表在《上海工业专门学校学生杂志》第 1 卷第 3 期的一篇文章，该文曾获得交通大学 1916 年第一次国文大赛一等奖，并获得书籍和银圆 3 元的奖励。1917 年夏，唐文治校长题写书名并作序的《交通部上海工业专门学校新国文集》出版，全书 8 卷，汇集了本校学生优秀论文，属"国文成绩二编"，文集中收录了邹韬奋 12 篇优秀国学论文。8 卷文集中，基本每 1 卷都收录了他的国学论文，有的文集还收录 2 篇以上，如《原孝》《仁者爱人、有理者敬人说》《商鞅治秦定告奸与斩敌首同赏，匿奸者与降敌同罚之法论》《王衍自为司徒，置二弟于藩镇，以为三窟论》《王猛之经国、苻坚之管仲也论》《王沂公平生志不在温饱论》《惟不自用、乃能用人论》《管宁陶潜合论》《刘裕慕容超兵机得失论》《书臧洪报陈琳书后》《问苻坚伐晋、声势甚盛而卒至大败者其故何钦》《问于忠肃之狱，薛敬轩先生时在内阁，何以不力争；

① 霍有光、雷玲：《交通大学附属小学图志》，西安交通大学出版社，2012，第 11 页。

时石亨专权，先生何不即去位。试据当日情事论之》）。

1922 年，受黄炎培之聘，邹韬奋担任中华职业教育社编辑部主任，主编《教育与职业》月刊和编译《职业教育丛书》。"九一八"事变后，他坚决反对国民党政府奉行的"攘外必先安内"的不抵抗政策，力主抗战救国，主编的《生活》周刊成为国内媒体抗日救国的一面旗帜。1935年 8 月，他在上海、香港等地主编《大众生活》周刊、《生活日报》和《生活星期刊》，并担任上海各界救国联合会和全国各界救国联合会的领导工作。1936 年 11 月，因抗日救亡与沈钧儒等 7 人被国民党政府逮捕，时为"七君子事件"。"七七"事变后获释，其间先后主编《抗战》《全民抗战》等刊物。1944 年 7 月 24 日，邹韬奋带着对祖国、对人民的无限眷恋和深情，在上海逝世，享年 48 岁。

邹韬奋一生正是抱着追求真理、追求光明的执着信念，为了祖国和人民的伟大事业鞠躬尽瘁，贡献了自己毕生的精力。弥留之际，邹韬奋口授遗嘱，郑重提出加入中国共产党的申请："请中国共产党中央严格审查我一生奋斗历史。如其合格，请追认入党。"① 表达了他一生不懈的政治追求和诚挚愿望。中共中央接受其在遗嘱中的申请，追认其为中国共产党党员，并且在重庆和延安召开追悼大会。毛泽东亲笔题词："热爱人民，真诚地为人民服务，鞠躬尽瘁，死而后已，这就是邹韬奋先生的精神，这就是他之所以感动人的地方。"（见图 11 – 18）1949 年邹韬奋逝世 5 周年之际，毛泽东、周恩来再次为其题词（见图 11 – 19、图11 – 20）。

从交通大学附小、附中到大学，邹韬奋在交通大学求学 8 年，根基已植，气象

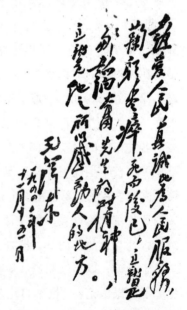

图 11 – 18 　毛主席在延安题词
（1941 年 11 月）

---

① 《邹韬奋遗嘱》（1944 年 9 月 2 日），载《邹韬奋年谱》，复旦大学出版社，1982。

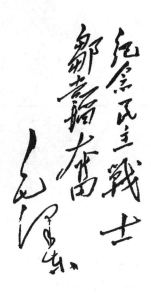

图 11-19　1949 年邹韬奋逝世 5 周年时，
毛泽东再次亲笔题词

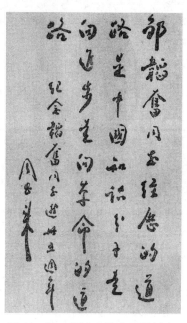

图 11-20　邹韬奋逝世 5 周年时，
周恩来题词（1949 年 7 月）

厥成，可以说交通大学是邹韬奋新闻出版事业起航的地方。筚路蓝缕以启山林，沈心工、沈永癯、唐文治、蔡元培这些造诣精湛、精勤育人的教育家，成为邹韬奋接受新思想的领路人，他们培养了邹韬奋的高尚道德、革命理想和进取精神；塑造了他一丝不苟、锲而不舍、温润进取的性格和不朽的韬奋精神。这些都为他从事钟爱一生的新闻出版事业打下了坚实的基础，他为中国人民的进步文化出版事业作出了重要贡献。如今，以邹韬奋同志名字命名的"长江韬奋新闻奖""韬奋出版奖"已经成为我国新闻出版工作者的最高奖项。2009 年，邹韬奋同志被评为 100 位为新中国成立作出突出贡献的英雄模范人物之一。

六　著名翻译家、文学评论家傅雷（见图 11-21）

傅雷（1908~1966），字怒安，号怒庵，生于原江苏省南汇县下沙乡（今上海市浦东新区航头镇），中国著名的翻译家、教育家、文学评论家，中国民主促进会的重要缔造者之一。

1920 年，12 岁的傅雷考入上海南洋公学附属小学，在附属小学的时

间虽然不是特别长，但是傅雷受到沈心工的
教诲和影响是无疑的。在附属小学傅雷，接
受了童子军军纪教育和训练，养成严谨、认
真、一丝不苟的性格，还磨砺了他坚强的意
志和优秀的品格，更重要的是培养了他强烈
民族精神和爱国主义思想。此外，他积极参
加了附属小学 20 周年的庆典活动，与附属小
学的学生一起参与沈心工创作的演剧表演活
动中，参加了沈心工亲自导演的话剧《雪玫
瑰》《忠勇之童子》《神仙布》《棠棣之花》
等剧目排练并演出。这些丰富的校园文化活

图 11 – 21　傅雷

动，丰富了知识，增长了才干，提高了艺术修养，培养了傅雷的兴趣特长
和创作能力。尤其是许多剧目都是采用英语来对白和表演的，这为傅雷将
来走向社会从事翻译工作奠定了坚实的基础。

　　1924 年，傅雷考入上海大同大学附中，1927 年赴法留学，在巴黎大
学专攻艺术理论，期间游历瑞士、比利时、意大利诸国。1931 年，傅雷
回国，在上海美专教授美术史和法语，后参与编辑《美术旬刊》，任《时
事汇报》总编辑，30 年代后期始致力于文学翻译。

　　傅雷通晓中外文化，知识广博，对美术、音乐、雕塑等艺术门类均有
很深造诣，显示独特且高超的艺术鉴赏力。他翻译了大量的法文作品，一
生翻译作品共 34 部，其中包括巴尔扎克、罗曼·罗兰、伏尔泰等名家著
作。翻译的主要作品有《高老头》《巨人三传》《欧也妮·葛朗台》《约
翰·克里斯多夫》等，并形成《傅雷译文集》15 卷传世。他的译述态度
严谨，译笔流畅、传神，更兼行文流畅，用字丰富，工于色彩变化。傅雷
因在翻译巴尔扎克作品方面的卓越贡献，1963 年被法国巴尔扎克研究会
吸收为永久会员。傅雷写给长子傅聪的家书，辑录为《傅雷家书》，1981
年出版后，影响了中国一代代读书人。傅雷先生为人坦荡，禀性刚毅，
"文革"之初即受迫害，于 1966 年 9 月 3 日凌晨，与夫人朱梅馥双双含冤
自尽，悲壮地走完了一生。

七　中国近代图书馆学奠基人杜定友（见图11-22）

杜定友（1898～1967），字础云，原籍广东南海，1898年1月7日生于上海，1967年3月13日卒于广东，中国图书馆学家。杜定友是我国近代图书馆事业和近代图书馆学的奠基人之一，是我国图书馆学史乃至世界图书馆学史上屈指可数的理论大家之一。他在图书馆学的诸多领域都作出了杰出的贡献，他融东西方图书馆学为一体而形成的具有中国特色的图书馆学理论尤为值得称道。

图11-22　杜定友

1914年，杜定友于交通大学附属小学毕业（第11届），后升入交通大学附属中学，1918年中学毕业。当时南洋公学建校20年，尚无一所图书馆，1917年，校长唐文治得交通部拨款3万元、校内师生捐款数万余元，共筹得6万元准备兴建图书馆。唐文治决定派品学兼优的杜定友赴菲律宾大学学习图书馆学，以备日后之用。南洋公学往年派遣留学生均为大学毕业生，选派中学生留学，杜定友尚属首例。

1920年，杜定友获得菲律宾大学文学学士学位后，1921年又获得菲律宾大学图书馆学学士和教育学学士两个学位。1921年杜定友回国后，服务母校交通大学图书馆事业9年之久，其中1925年、1929年两次担任图书馆主任（即图书馆馆长），长达7年之久，对图书馆的规章制度革新、图书馆资料管理、人事管理等方面作出诸多建设性贡献，使交通大学图书馆事业有了长足的发展。

1936年，杜定友离开交通大学南返广州，曾先后担任中山大学图书馆馆长、广东文献馆馆长、广东省立图书馆馆长、广东省人民图书馆馆长，广东图书馆学会会长等。他毕生致力于图书馆研究与实践，一生笔耕不辍，著作宏富，著有《杜氏图书分类法》等近百余本（篇）专著和学术研究论文。1967年3月13日，杜定友在广州中山医学院附属医院病逝，享年70岁，生前遗嘱：不更衣，不开追悼会，个人别无长物，箧内仅有50元，可做丧葬费。

1911 年杜定友考入南洋附属小学，正值沈心工担任附属小学校长，杜定友于 1914 年夏毕业，小学 4 年中，沈心工"以涵养国民之本性，培植国民之实学，扩充国民之智识，强壮国民之体魄"的教学宗旨，深深影响了他。在南洋附小，杜定友十分活跃，小学一年级就担任班长。他积极参加各类学校及社会活动，跟随沈心工参加附属小学的旅行社会实践活动，1912 年读小学二年级时就被推举为附小学艺联合会会长，1913 年读小学三年级时就以楚云、云郎等各种笔名在《繁华杂志》上发表各种译文、时论和小说。在附属小学 10 周年庆典活动中，他参加沈心工编剧的《新旧纷争》演出活动，深受沈心工喜爱。1914 年他以甲等学业获得荣誉证书从附属高等小学毕业。1914 年在附属中学读书时，杜定友更是显露才华横溢的一面，附中二年级他被推举为英语会（English Speaking Club）级会副会长，并担任全校体育评议员。1915 年 6 月，在《上海工业专门学校学生杂志》第 1 卷第 1 期上发表《俞凤宾先生之演说》文章。此外，杜定友十分喜爱体育运动，他在一次学校运动会上，曾得过 3 块金牌、1块银牌。1915 年，杜定友成为童子军的优秀团员，他十分热衷于童子军训练，先后担任过南洋童子军狼队队长、童子军上海第九团副团长。杜定友还曾代表中国出行远东运动会，被聘为江苏省教育会童子军讲习会教员，并撰写了自己的第一部著作《童子军组织法》，1916 年他还在《上海工业专门学校学生杂志》第 1 卷第 4 期上率先发表了《本校童子军》文章，他在文中写道：

> 童子军！童子军！！此声浪愈传愈广。普及中西各国，凡一村一市，无不设童子军队，以训练儿童，发起儿童之心志，振起儿童之精神，培植青年之智力，警醒青年之道德，养成军国民之资格，练习日用必须之事物。夫青年者，国家之基石也；而童子军者，培养青年之良法也。他日国家之兴盛，责在青年；国家之衰亡，亦在青年。倘青年而不知自省，不知求学，于此可贵光阴，不求实用之智识，则他日欲求而为国家之栋梁，岂可得哉。童子军之宗旨，虽以军名，实非全属军事性质，其原名为 Scouting 含有侦斥之意，而除侦斥之外，对于日用之常识，亦练习焉。盖侦斥之事，非有强足之智力，不足收效，

且于侦斥之时，所遇之事迹，幻变不常。若其人普通事物之智识，犹未充足又焉能侦斥细密之事哉。故童子军者其增进儿童实用之智识，非他事所能逾也。观乎童子军之十规三誓，以足表其性质矣。其誓语曰"On my honor I promise that I will do my best: 1, to be loyal to my country; 2, to help other people at all times; 3, to obey the Scout Law."。其意曰："余愿竭力忠心爱国，辅助同胞，服从命令。"此三事，为童子军所遵从，无一分时不刻于脑中也。①

1917 年他撰写的《童子军日记》在商务印书馆出版。1926 年 7 月 19日，沈心工带领南洋童子军一行 20 余人，乘坐日轮崎丸号赴日访问，杜定友担任随团总翻译前行，并考察日本图书馆发展，为南洋公学的童子军发展作出了积极贡献。

八　中国水利水电工程专家张光斗（见图 11 - 23）

张光斗（1912 ~ 2013），江苏常熟市人，中国水利水电工程专家和工程教育家，中国水利水电事业的主要开拓者之一，清华大学原副校长，中国科学院和中国工程院资深院士。

1924 年，张光斗以优异成绩考上交通大学附小，后相继直升附中、预科、大学部，1934年毕业于土木工程学院。在校 10 年，张光斗深受工业救国思想影响，刻苦用功，成绩名列前茅，连年获得学校免费奖励。尤其是在附属小学学习的几年，对张光斗的思想道德、生活学习各个方面都有重要影响。他曾在交通大学 110 周年校庆之际撰文写道：

图 11 - 23　张光斗

　　一晃交通大学已有 110 年的历史了，母校特约我写点在校时的情况，令我思绪万千。从 1924 年秋考入上海交通大学附小到 1934 年大

---

① 杜定友：《本校童子军》，《上海工业专门学校学生杂志》（第 1 卷）1916 年第 4 期。

学毕业，我在交通大学度过了整整10年。交通大学那时是很有名的，社会上有"北有清华，南有交大"之说。交大校风严谨，对此我深有体会，也深得禅益。当时附小规定须按时起床、早操、上课、睡觉，不许出校门，带的钱必须交给学监代管。记得我有一个铜板，交给学监，他也认真收下。交大附小的教学是很繁重而严格的，教师都是大学毕业的，教学经验丰富，我现在还记得教我数学和英文的老师们的样子。回忆我在交大附小上学的几年，思想上增强了爱国主义，言行上讲求诚实正直，有道德，对人要和蔼；在学习上培养了认真细心，一丝不苟，努力用功；在生活上培养了艰苦奋斗，勤俭节约的精神。

虽然功课很重，但校园里爱国主义气氛浓厚。学校十分重视爱国主义教育。教师们都讲要爱国，常说"国家兴亡，匹夫有责"。我读附小时，上海发生"五卅惨案"，学生上英租界游行，附小有位叫陈虞钦的同学被英租界巡捕枪杀，我和同学们都参加了抗议游行。那时我们虽然年纪不大，但都充满爱国主义思想，深感国弱被欺的耻辱，立志救国。[1]

从文中我们可以看出，张光斗对附属小学所受的教育十分怀念。1996年，上海交通大学百年校庆时，张光斗专程出席并在校庆大会上讲话，对母校的年轻学子提出殷切希望。

1934年秋，张光斗考取清华大学水利专业留美公费生后赴美留学，先后获得美国加州大学伯克利分校和哈佛大学硕士学位。1937年抗战爆发后，张光斗毅然放弃继续深造的机会，立志要用所学知识报效祖国，回国工作。1945年他回国任资源委员会全国水电工程总处设计组主任工程师、总工程师。1949年10月起，张光斗在清华大学任教，历任清华大学水利工程系副主任、主任，清华大学副校长、校务委员会名誉副主任、国务院学位委员会副主任。在中科院、水电部水利水电科学研究院，他曾先后负责或参加多项大型国家水利水电工程项目的规划设计。1955年，张

---

[1]　张光斗：《我在交大十年》，《光明日报》2006年4月7日。

光斗当选为中国科学院学部委员（后改为院士），1994年当选为中国工程院院士。60多年来，他在水利水电工程教育、科研等方面作出了突出的、系统的、创造性的贡献，90岁高龄还亲赴现场检查水利工程质量，曾获美国加州大学伯克利分校"哈兹国际奖"、国家科技进步二等奖、高校优秀教学成果一等奖、何梁何利奖、水利事业功勋奖、光华科技成就奖等多项国际国内荣誉奖励。

在交通大学30年的发展历程中，沈心工培养了一大批莘莘学子，正是他带领着附属小学老师们无怨无悔地躬耕于三尺讲台，才奠定了今日交通大学的辉煌基业。以沈心工为代表的名师先贤们的道德风尚、人格魅力、敬业精神、治学态度、教学艺术薪火相传，成为交通大学弥足珍贵的精神财富和文化瑰宝，营造了今天"学在交大"的浓郁氛围。

第十二章 题材丰富的艺术创作

作为中国近代著名的音乐家、教育家，沈心工开创了我国最早的近代学校音乐教育模式，也是中国近代音乐的先河。他的"学堂乐歌"作为中国近代学校音乐教育的开端，以其超前、新颖的教学方式，为中国近代音乐教育的普及作出了极大的贡献。在 100 多年前，"学堂乐歌"在我国传播了强身健体的理念，富国强兵的爱国思想，女子自强、男女平等的人权思想、资产阶级民主思想以及科学知识。

然而由于种种原因，沈心工于 1912 年后创作的歌曲，如多首交通大学校歌、《同学会年会歌》《同学会聚餐歌》以及《足球歌》等歌曲并未为人所知。但除了"学堂乐歌"的创作外，沈心工在音乐艺术上的创作题材还十分丰富。沈心工担任南洋公学附属小学校长长达 16 年，在此期间，他还兼过交通大学总学监、南洋公学同学会会长、南洋童子军名誉司令等职务。多重身份，加上常年身处教学一线，让他积累了各种工作经历与创作灵感，加之其原本就积淀深厚的学养，让他的音乐创作体裁逐渐拓展为多元化的势态，达到了一生创作的高峰。他先后为交通大学创作了《南洋公学校歌》（1915 年）、《南洋大学校歌》（1926 年）；为传递校园体育文化的理念，他创作了《足球歌》（1922 年）；为加强校友之间的联系，他为南洋同学会创作了《同学会聚餐歌》（1933 年）、《同学会年会歌》（1936 年）；为配合童子军艺术活动和校庆纪念活动，从 1917 年至 1922 年，沈心工还创作并导演了《雪玫瑰》《忠勇之童子》《神仙布》《棠棣之花》等多部话剧与戏曲作品。

第一节 创作《南洋公学校歌》

交通大学自 1896 年创办以来，受国家形势变化与学校隶属关系的影响，校名曾多次更迭，因而历史上也曾使用过多首校歌。正如前章所介绍，早在 1897 年就有南洋公学师范院院歌《警醒歌》；1909 年诞生了《邮传部高等实业学堂校歌》；而在 1915 年，沈心工为发展中的交通大学创作了《南洋公学校歌》。

一 《南洋公学校歌》诞生的历史背景

1912 年 1 月，蔡元培出任中华民国第一任教育总长，主持并制定了一系列教育政策、法规，当时教育部颁发了两个重要法令：《普通教育暂行办法》（14 条）和《普通教育暂行课程标准》（11 条）。1913 年 1 月，教育部又颁布了《大学规程》（28 条）。一系列教育法令的颁布和实施，奠定了民国教育的基本规模，为发展中国新文化教育事业，建立中国资产阶级民主制度奠定了基础。蔡元培主张采用西方教育制度，发表了《对于新教育之意见》。他提出"军国民教育、实利主义教育、公民道德教育、世界观教育、美感教育"五育并举的民国教育方针，有力促进了中国社会的文化进步。

受蔡元培思想影响，时任校长唐文治十分重视大学素质教育，要求学生必须立诚；立恒；知耻；尚志；爱人；警人；尊师；贵公贵勤；兴女学。1912 年春，学校经交通部转呈教育部批准，改名为上海交通部工业专门学校。唐文治认为，中国要富强，就必须发展工业，学习世界先进科学文化，培养高水平的实业人才。其办学思想非常明确，就是要为国家、民族培养、造就一等人才，在培养人才中注重将气节、人品放在第一位。于是，他为学生撰写了修身课教材《人格》，其中一节专门谈做学生应具备的基本品格《学生格》。1913 年春，唐文治拟定的《上海交通部工业专门学校章程》正式实行，其宗旨为："本校隶属交通部，为国立专门学校，教授高等工业专门学科，养成工业人才，并极意注重道德，保存国粹，启发民智，振作民气，以全校蔚成高尚人格为宗旨。"① 学校章程中提出了新的办学方向，就是"分设高等学科，造就专门人才，尤以学成致用，振兴中国事业为宗旨"。唐文治在开办电机科、管理科的同时，还创办了国文科，保存和发扬国粹，加强文化典籍修养，培养学生的思维和写作能力。他把学校引向理、工、管三足鼎立的黄金时代，为后来交通大学的发展奠定了坚实基础。

改名后的上海交通部工业专门学校，需要新的校歌来反映其办学思想和主张，"实心实力求实学，实心实力务实业"，正是沈心工拟定的上海交通部工业专门学校校歌中最能体现唐文治"尚实"思想的两句话，也反映了唐文治的办学思想和主张，同时也揭示了他的理想和追求。

二 《南洋公学校歌》之创作

1915 年（民国四年），根据上海交通部工业专门学校新的办学宗旨和唐文治的"尚实"思想，时任南洋公学小学音乐教师的沈心工对《邮传部高等实业学堂校歌》的词曲进行了改动，创作了上海交通部工业专门学校新的校歌——《南洋公学校歌》（见图 12 – 1）。② 这首署名为沈庆鸿的《南洋公学校歌》与《邮传部高等实业学堂校歌》相比，不仅在歌词上做了调整，也使其曲调更加新颖。修改后的歌词如下：

> "五色备，如虹电，美哉吾国徽。醒狮起，搏大地，壮哉吾校旗。愿吾师生全体，明白旗中意。既醒勿睡，既明勿眛，精神常提起。实心实力求实学，实心实力务实业。光辉吾国徽，便是光辉吾校旗。"

对比两首校歌，我们可以看出，这首校歌只是将原来《邮传部高等实业学堂校歌》歌词中的"珠光灿，青龙飞"进行了改动，变成了《南洋公学校歌》中的歌词"五色备，如虹电"，也就是将清政府使用的国旗——青龙旗，改为民国初期使用的国旗——五色旗，学校的办学理念与育才目标，仍延续传统，没有发生变化。

---

① 霍有光、顾利民：《南洋公学——交通大学年谱》，陕西人民出版社，2002，第 47 页。
② 沈庆鸿：《南洋公学校歌》1915 年第 1 期。

图 12 - 1　《南洋公学校歌》

三　《南洋公学校歌》音乐特点

《南洋公学校歌》的歌词没有大的改动，但沈心工对其曲谱的调号还是作了一定修改。上一首《邮传部高等实业学堂校歌》与此首校歌在曲式上的重要差别就在于一个是ᵇE大调，一个E大调。小学校歌之所以定为ᵇE大调，一方面受了欧洲传统观念的影响（ᵇE大调是热烈的、红色的、英雄的），另一方面，也是变声期以前的童声的最佳音区。而《南洋公学校歌》吟唱者是中学以上学生，大多数已过变声期，将调提高小2度至E大调，也属正常。至于歌曲中心内容部分的曲式差别则近乎无异，故而以下只针对《南洋公学校歌》进行详尽的曲式结构分析：

1 ~ 8 小节为 A 乐段，9 ~ 16 小节为 B 乐段，17 ~ 24 小节为 A₁乐段。

全曲由一个核心音调贯穿至终，曲调和歌词结合得很贴切，达到了整体的统一与平衡，旋律洋溢着青春的活力，表现了鉴定乐观的必胜信念。

A 段：由 8 个小节组成。音乐一开始犹如声声号角奏响，激昂有力，使人振奋不已。第 7 小节中 #A 的出现,使第一个乐段在色彩上又豁然一亮,结束句为重属→属的开放终止,具有很大的号召力。

B 段:亦由 8 个小节组成。中心音转到了 #f 上,音乐旋律趋向平缓,带有歌唱性,温情饱含之余,又满溢谆谆教诲。旋律发展至 12 小节结束在 #C 音上,而 16 小节则结束在 #f,这样整个 B 段就更加深了 #f 小调从属→主的印象,充满了人情味。

A_1 段:仍由 8 个小节组成。为了突出全曲高潮,开始 2 小节(17、18 小节)将主题音调压低了 5 度(由 b^1 音改为 e^1 音),八分音符节奏的出现,造成了一种向前推进之势,显得深沉、自信,而具有一种内蕴之力。正是因为此内蕴之力,尤其在第 21 小节处旋律位置突然提高,更显示了一种铿锵的内劲和不可动摇的精神。

第二节　创作《南洋大学校歌》

《南洋公学校歌》深受师生欢迎。但随着社会形势变化,交通大学经过多次校名的更换和各个专业学科的分别,学校经过改组,并于 1922 年改称为交通部南洋大学。根据形势的需要,1926 年沈心工为学校创作了《南洋大学校歌》。

一　《南洋大学校歌》诞生的历史背景

第一次世界大战后,帝国主义各国加紧了对中国的侵略和掠夺,它们扶植和利用中国的封建军阀,争夺地盘,使各军阀之间混战不已,造成了中国人民的深重灾难。由于政局的混乱,从南洋公学到上海工业专门学校继而成为交通大学,期间学校经过了多次校名的更换。1921~1927 年,学校经过 3 次改组,才最终定名为交通大学。1922 年,学校改称为交通部南洋大学,1924 年 12 月,年仅 30 岁的凌鸿勋被任命为交通部南洋大学校长。担任校长期间,他适应时代潮流和需要,倡导教研结合的办学宗旨,修订了学校规章制度,改革课程设置和教学计划,注重学术研究,创办了工业研究所,举办了工业展览会,恢复了每年一次的国文大会,强调学生实践能力的培养,致力于培养铁路专门人才,建立了良好的学风和校风，确定了校徽，规模宏大的体育馆也竣工落成。由于当时学校易名为交通部南洋大学，办学宗旨和学科专业都有较大调整和变化，当时南洋大学设立的轮机科、铁路管理科，恢复了土木科。学科的发展及形势的变化，需要新的校歌与之相适应。1925 年 3 月 27 日，南洋大学召开校事务会议，议决重要议案有："收回吴淞商船校舍案"、"规定本校校徽、校服、校歌、校声案"和"筹备本校三十周年纪念案"①，而创作新校歌的任务经凌鸿勋校长同意，交由当时担任南洋大学总学监及附属小学校长的沈心工完成。

二　《南洋大学校歌》文化思想

1926 年（民国十五年），交通部南洋大学诞生了署名沈心工撰歌、朱织云制曲的《南洋大学校歌》（见图 12 - 2、图 12 - 3）。这首校歌于同年10 月 10 日刊登在《南针》第 2 期上。其歌词内容如下：

"长江南大洋西，中外交通地。巍巍乎我校舍，浩浩乎我校基。念昔贤创始之，心潮既往绵延之。史愿我师生无偏无倚爱，敬如兄弟，光明灿烂如电花，自强不息如轮机。增进我南洋，黄蓝校旗之光辉。"

图 12 - 2　五线谱版的《南洋大学校歌》

---

① 霍有光、顾利民：《南洋公学——交通大学年谱》，陕西人民出版社，2002，第 150 页。

图 12 – 3　简谱版的《南洋大学校歌》

　　这首校歌饱含对母校南洋大学的深情厚谊，作为南洋公学第一批学子，沈心工与南洋公学有着深厚的情义，加上后来又在南洋公学附属小学执教近 30 年，自己的命运前途已与学校的命运前途相融相系。在歌词创作中，沈心工引战国末年《吕氏春秋·孝行览》中"伯牙善弹琴，钟子期善听"故事中所载的"巍巍乎若太山"和"汤汤乎若流水"以为据，改作"巍巍乎我校舍，浩浩乎我校基"，来赞美地处由 300 年前徐光启开辟的中西文化汇合中心地徐家汇的南洋大学，歌词秀美动人。① 通过沈心工创作的这首校歌，我们可以清楚看到他细腻的情感和厚重的思想。

　　一是对于南洋大学的深情厚谊，抒发对于母校的拳拳爱心。"巍巍乎我校舍，浩浩乎我校基""增进我南洋，黄蓝校旗之光辉"等句子，无不浸含了沈心工乃至所有南洋学子对于南洋大学深厚的感情，这种以母校为荣、为母校争光的情感正是鼓舞历届交大人不断奋进的力量源泉。

　　二是感念南洋师生彼此之间的手足情义，感情浓烈，如陈年之老酒，

---

　　① 胡企平：《朗朗校歌：穿越历史传唱百年》，《上海交通大学校报》（电子版）第 1219 期。

品之甘醴而沁人心脾。"念昔贤创始之，心潮既往绵延之。史愿我师生无偏无倚爱，敬如兄弟"，兄弟情深敬如宾，师生恩义重似海。

三是尚德、爱国、齐家、修身、治学，倡导自强不息、自立图存。"光明灿烂如电花，自强不息如轮机"，歌词紧密结合当时南洋大学设立的轮机科，并用以比喻"自强不息"之精神，希望此精神永不消逝，世代永存。

三　《南洋大学校歌》音乐特点

这首校歌进行曲式结构上特点是：C 大调，A + B 两段体曲式结构。

1 ~ 8 小节为 A 乐段，9 ~ 16 小节为 B 乐段，17 ~ 24 小节为 B 段的变化反复。

A 乐段：以 X. XX. XX| 节奏为基础，刚劲有力，充满了自豪、自信，且大气磅礴、势不可挡。整个乐段以 G 音为中心，既巧妙地形成了结束在尾音的"开放性"结构，又未让人们察觉到它是曲作者刻意的追求，其中奥妙何在？就在于运用了铿锵有力的 ♪♪♪ 纯四度跳进，之后落在 B 音上，给人造成"G 与 B"是主和弦的错觉，虽颇似 G 大调，但却是名副其实的 C 大调的属和弦，从而奠定了整首歌曲的感情基调。

B 乐段：基本节奏是 ♪♪♪♪ ，采用了短音接长音的"抑扬格"的基本语汇，加之第二句的大二度模进 ♪♪♪♪ ，第三句一开始便冲向 ♪♪ ，第四句一开始再冲向 ♪♪ ，使该乐段成为一个典型的展开性段落：第 9 小节　　　第 11 小节　　　　第 13 小节　　　　第 15 小节

整个乐段曲调开阖有度，节奏舒缓和稳，抒发着浓郁的南洋情节和师生情义。

接下来变化的 B 乐段反复，由于跳过了原来的第三乐句，虽淡化了原 B 段的"展开"特性，却在 ♪♪ 之间形成了一个临时的"属到主"的纯四度大跳进，虽未再提高音区，但又起到了先抑后扬、凸

显高潮的效果。高潮既已形成，最后的结束句也就在"0XXX　X"的基本动机的再现中自然地来临了。B 乐段是一个典型的"展开性"乐段，而此乐段却是一个典型的"起承转合"结构。这首校歌从旋律、节奏到曲式结构都是典型的学堂乐歌风格，整首歌洋溢着爱国爱校、师生情深的感情，充满了对祖国、民族的殷切希望和拳拳爱心。

第三节　创作《足球歌》

2002 年夏天，国际足联世界杯在亚洲地区首次举办。此次世界杯的官方主题曲《足球圣歌》也随着赛场上球员们的飒爽英姿一同成为人们对那次世界杯最不可磨灭的记忆。可鲜为人知的是，中国早在 1903 年就拥有了由国人组织的足球锦标赛，并在 1920 年就拥有了以足球运动为主题的歌曲——《足球歌》，而这首歌曲的创作者就是沈心工。在朗朗歌声中，学堂乐歌也多次传递出体育文化的理念，为近代中国的校园体育教育作出过贡献。

一　《足球歌》产生的背景

在介绍《足球歌》的诞生背景前，我们必须先对《足球歌》的诞生地——交通大学的足球运动发展情况加以了解。

在 1840 年鸦片战争后，各种西方新式文明通过洞开的国门进入中国。据史料记载，早在 1860 年前后，生活在上海的洋人就已经开展了足球运动。当时的足球运动，在国人看来还是仅属于洋人的游戏，唯有新奇而已。因此，每当这些金发碧眼的外国水兵、商人得空聚在球场上时，中国人也只是站在场外看"西洋景"。场上踢的人寥寥无几，看的人也是零零落落。直至戊戌变法后，西方自由、科学的素质教育模式逐渐取代了中国延续千年的封建科举制度，西方的先进科技、优秀文化以及生活习惯才逐渐融入了中国人的日常生活中，而足球运动即是最早被中国国民所接受的西式体育运动之一。

1896 年，南洋公学在上海成立。公学创办之初，就宣布"体育一事与中西各课一律并重"。因此，在建校 5 年后，南洋公学便成为中国最早成立足球队的学校之一。而在南洋公学足球队成立的同时，复旦大学、东吴大学、之江大学、沪江大学及吴淞商船学校、徐汇中学、中西书院等学校也相继成立足球队，上海当地的足球运动一时蔚然成风。

随着足球队伍的增加，足球比赛也开始出现。1903年，圣约翰大学与南洋公学足球队进行首次公开赛，并在赛后约定双方每年进行一次比赛，为了公平起见，每次比赛采取三局两胜制。球赛前两场采取主客场制，最后一场，在中立球场麦根路球场进行。由于观战者众多，上海铁路局还专门发专列接送双方球员及观众到场。火车从南洋公学所在地徐家汇出发，先停靠梵王渡（圣约翰大学在梵王渡），最后满载两校的球员、啦啦队队员和球迷，直抵足球场。在当时，中国人自办的南洋公学与西方人创办的圣约翰大学的足球对抗赛已经成为人们津津乐道的"国际赛事"。

由于与足球运动接触的时间较晚，加之从未接受过正规训练，南洋公学足球队在首次与圣约翰大学的对抗赛中以1：7的大比分败北。1904年与圣约翰大学足球队的再次较量中，南洋公学又尝败绩。连续两年失利，引起了学校的重视，明显加强了足球队的训练和建设。经过几年发展，足球队获得长足进步，在1908年与老对手圣约翰大学足球队的交锋中，南洋公学足球队攻势凌厉，以6球的巨大优势首次击败圣约翰大学，至此开启了南洋公学足球队的常胜之旅。1913年，华东大学体育联合会组织圣约翰大学、南洋公学、沪江大学、之江大学、东吴大学、金陵大学等六所学校发起了六大学校足球锦标赛。南洋公学先是以4比1挫败圣约翰大学，接着又战胜东吴大学球队，荣获首届六大学足球锦标赛冠军。在随后的几次比赛中，南洋公学又夺得1915年、1916年和1918年总计四次六大学校足球锦标赛冠军，创造了交通大学足球运动辉煌时代。

而交通大学这一时期体育运动的蓬勃发展，与时任校长的唐文治予以极大重视与支持密不可分。公务繁忙的他亲自主管学校体育教育，并对各运动队关切入微，从改善伙食，到赛前运动员动员、集中就寝等都要一一过问。在当时，但凡在本校举行的校际比赛，唐文治校长总要亲临现场观赛（见图12-4）。每逢有足球比赛，唐文治更是亲自张贴布告："今日下午本校与圣约翰比赛足球，所有上、中院（上院为大学、中院为附中）各级一律停课一日，以便前往助威，尚望各球员努力比赛，为校争光，本校长有厚望焉。"在比赛当天，唐文治还会亲自督战，率领数百名师生亲临赛场，并在现场组织学生贴标语，结彩绸，指挥军乐队、啦啦队为球队助威。如果比赛胜利，校方必有祝捷大会，唐校长也必定上台演说，大力表彰。一旦比赛失利，唐校长往往是坐地而泣，但随后还是会勉励大家再接再厉。在唐文治后来双目失明的日子里，他仍然对足球队比赛的情况十分关心。若圣约翰大学等队来学校比赛足球，他就嘱咐学生及时向他报告比赛情况。南洋公学足球队若胜，唐文治则欣喜若狂；若败，则垂头丧气。

图 12 - 4　校长唐文治 1910 年与校足球队合影

除此之外，学校还专门聘请英国人李思廉为足球教练，并从美国聘来哥伦比亚大学体育教授莫里逊（W. R. Morrison）和古德（John K. Gold）两个体育教员，指导学生练习篮球、棒球和网球等运动。经过一段时间的发展，交通大学的校园体育项目逐步发展到包括跳高、跳远、赛跑、掷铅球、掷标枪等田径运动，排球、篮球、网球和足球等球类项目，以及体操、技击、童子军运动等杂项活动的一整套体育教育内容，此时的交通大学校园体育运动的发展可以说进入了一个全盛时期。

1920 年，合校后的交通大学不仅办学实力大涨，南洋足球队的名号也因此更加广为流传。随后，足球队还到武汉、北京各个地区参加各类中外足球比赛，不仅为交通大学争得了荣誉，也为校园足球在中国的推广和发展作出了重要的贡献。

1920 年，交通大学成立了以学生为主的体育会，其宗旨是"为发展全校同学体育事业，管理各项运动事务及与他校比赛事宜，接洽一切"。中国早期著名的朝鲜族足球运动员申国权就任为交通大学体育会会长。在他和学校师生的多方努力下，以交通大学足球运动为代表的校园体育文化发展迅速，交通大学也成为当时全国知名的体育强校。

二　《足球歌》的产生过程

交通大学足球运动的蓬勃发展，为沈心工《足球歌》的创作提供了绝佳的素材。1915 年 3 月 28 日，由沈心工出任董事的南洋公学同学会在本会事务所召开董事会，沈心工在会上提议："母校足球部在沪汉两处与中西人士比赛无往不利，本会应题赠数字以鼓励祝贺"。经董事会赞成，由会长傅纬平当场撰就"西摩月镜　东弄日珠"八字以表鼓励。为鼓舞球员在竞技场上的斗志，也为进一步宣扬学校足球队之威，1920 年，由时任学校体育会会长的申国权提议，并经请示唐文治校长后，沈心工创作了这首《足球歌》（见图 12 - 5）。

> 南洋，南洋，诸同学神采飞扬，把足球歌唱一曲，声音亮。看，吾校的十个足球上将都学问好，道德高，身体强。身上穿上蓝与黄两色衣裳，雄赳赳，气昂昂，排列在球场上。一开足，个个像生龙活虎，真不愧蜚声鸿誉冠中邦。啦、啦、啦……南洋、南洋、南洋，啦、啦、啦……南洋、南洋、南洋。

《足球歌》创作后，歌曲对活跃赛场气氛、增加球员积极性起到了良好的作用。沈心工常常亲赴比赛现场，组织啦啦队，演唱足球歌，为队员呐喊助威（见图 12 - 6）。

在歌词创作上，沈心工特意采用了纪实性的创作手法，忠实记录了场上运动员奋力拼抢的场上形象。歌词第一句："南洋，南洋，诸同学神采飞扬，把足球歌唱一曲，声音亮。"沈心工首先用了反复句"南洋，南洋"，直接点出了南洋足球队的队名，增强听者印象。随后，"诸同学神采飞扬"描写南洋足球队队员出征前的必胜信念和充满斗志的精神状态。"把足球歌唱一曲，声音亮"则点出了沈心工希望自己所做的《足球歌》能为足球队提升士气，增强球队凝聚力。这一句歌词堪为整首歌曲的

图 12 – 5 　《足球歌》

图 12 – 6 　沈心工带领的啦啦队赴比赛现场演唱《足球歌》
（右三为沈心工）

定调之作，节奏明快，朗朗上口，语义更是振奋人心。

第二句："看，吾校的十个足球上将都学问好，道德高，身体强，"沈心工首先用一个"看"字引起听众注意，使人们的思绪聚焦在接下来的歌词中，并在随后的句子中点出了南洋足球队长盛不衰的诀窍，"吾校的十个足球上将都学问好，道德高，身体强"，即我们今天讲的德智体全面发展。由此可以看到，早在90年前，沈心工就已经认定普及式的素质教育，才是中国体育事业以及教育事业取得更好发展的唯一道路。

第三及第四句："身上穿上蓝与黄两色衣裳，雄赳赳，气昂昂，排列在球场上。一开足，个个像生龙活虎，真不愧蜚声鸿誉冠中邦。"则是沈心工对于球场上运动员比赛情景的实况描写。从这两句中，我们可以看出，当时的南洋足球队的日常运营工作已经相对完善，有了自己的比赛队服。"排列在球场上"则反映足球队具备了较高的战术素养，懂得了合理的攻守站位。周密的前期安排，系统而科学的训练方式，饱满的比赛热情，这就是南洋足球队"蜚声鸿誉冠中邦"的几大武器。这一句作为整首歌曲的高潮，与前几句歌词形成了强烈的相比，情感显得更加厚重，传达了更丰富的爱国含义，融入了青年人特有的积极向上的气息，传情达意酣畅淋漓，气势如虹，痛快之至。

最后一句，"啦、啦、啦……南洋、南洋、南洋，啦、啦、啦……南洋、南洋、南洋"则以反复的方式不断重复"南洋"这一重点词语，使人回味无穷，心情激荡，也点出了南洋足球队得以辉煌的最主要原因，即交通大学全体师生长久以来所投入的感情与精力。

经唐文治校长审阅，该歌曲在1922年《交通大学毕业册》上首次刊载。随后，这首《足球歌》便很快在校园内传唱开来，成为足球队出征时必唱的战歌。这首歌在交大校园和当时的上海流传了多年。1930年12月《交大三日刊》第19号又重新刊登这首著名的南洋《足球歌》。更加有意义的是，沈心工所做的《足球歌》是现今我国历史上所记载的最早以足球为主题的歌曲。它的出现引领了越来越多的国人走上了足球运动场，回击了西方世界对于中国人"东亚病夫"的戏谑，促进了后来中国体育事业的发展。

三　《足球歌》音乐特点（见图 12 -7）

再现单二部曲式

A		B		尾声、补充	
a	a'	b	b'	尾声	补充
4 + 4	4 + 4	4 + 4	4 + 4	4 + 4	4 + 4
开开放放性性终终止止	完完全全终终止止	开开放放性性终终止止	完完全全终终终止止	开开放放性性终终止止	完完全全终终止止

图 12 -7　《足球歌》音乐特点

这首《足球歌》全曲洋溢西洋音乐艺术风格，词曲结构安排巧妙，充满了战斗的、乐观的情绪。《足球歌》音乐特征分析可概括为四点。

1. 歌曲采用降 E 大调，音调开阔明亮，具有进行曲的风格特征。从旋律、节奏到和声、曲式结构等多方面来看，都充满了西洋风格，是典型的"学堂乐歌"形式。歌曲音调激昂坚定，节奏铿锵有力，充满战斗激情，犹如一首出征的檄文，表现足球健儿齐心协力、勇往直前的拼搏精神。

2. 旋律：全曲运用同音重复和分解和弦的旋律模式，如 a 乐段第 1 小节使用的是 I 级和弦的五音重复，之后再重复三音，最后落到第 4 小节的主音上。b 乐段同样采取同音重复的旋律模式，从第 17 小节的使用 I 级和弦的三音重复，旋律从降 E 大调的 VI 级和弦开始，进行到 23 小节，一个和弦外音还原"6"的出现，使旋律有了新的变化，它不属于降 E 大调的四音，似有转调到降 B 大调的倾向，给人以无穷回味之感。之后再重复使用与 a 乐段 1 ~ 8 小节相同的旋律乐段，只是在节奏上稍有变化。尾声号角性音型的使用，则使全曲犹如一首充满豪情的进行曲，反映足球健儿响应号奔赴赛场、顽强拼搏的战斗形象。旋律最后又在本曲的高音区，在充分肯定了"南洋"胜利"凯歌"中的曲调下结束了全曲。

3. 节奏：歌曲采用规整的节奏演绎。贯穿全曲的是 xxx｜xxx｜xxx｜xx｜的基本乐汇，具有昂首挺胸行进之态，自豪、自信之慨，充满勇敢、顽强、豪迈的气质。而尾声部分采用了节奏紧缩的创作手法 00xx｜

xxx　xxx｜，歌中运用模拟号角音调节奏的衬词"啦"，一字对一音，营造了热烈、乐观、自豪的气氛，增添了歌曲的欢乐情绪，具有强烈的艺术烘托效果。

4. 曲式结构：是一首带再现的单二部曲式结构。

四　《足球歌》的影响

《足球歌》诞生后，为交通大学的体育发展特别是足球运动的发展提供了精神层面上的支持，更多的有志之士因此感受到了足球运动的独特魅力。他们在《足球歌》的感召之下，加入了交通大学足球运动事业中。

陆品琳，当时上海公认的一代球王，南洋足球队队员。初入南洋公学中院（交通大学附属中学）时的陆品琳体质很差，但他入校后坚持体育锻炼，1 年后成为全校闻名的体育多面手。当时，南洋公学足球队常与英国驻沪海军足球队比赛。陆品琳善取他人之长，补己不足，逐步在赛场上形成了自己独特的踢球风格。其控球能力强，攻守俱佳，被委以中锋的重任，是全队的进攻核心。在赛场上的他一边盘球，一边指挥，掌握全局，镇定自若，驰骋球场，无人可敌，被群众称为"上海足球大王"。

1920 年，原先由华东大学体育联合会发起的六大学足球联赛发展为"八大学联赛"（交通大学、圣约翰大学、沪江大学、东吴大学，金陵大学，之江大学、复旦大学、暨南大学）。在 1920～1927 年的 8 次比赛中，交通大学足球队 5 次夺得冠军，而在这 5 次夺魁中，交通大学足球队员申国权功不可没。

在当时的交大校园中，申国权可谓无人不知、无人不晓。身为朝鲜贵族后裔的他，于 1915 年考入交大附属中学，而后升入交通大学。他的过人的身体条件及运动天赋深得校长唐文治的赏识，唐校长曾多次对他予以资助，以鼓励其从事体育活动。他在足球队中坐镇中场，作为攻防枢纽为球队屡建奇功，率领交大足球队名扬全国。他与交大足球健将李大星、李树木一起被称为"南洋三剑客"。除此之外，申国权还有一项殊荣，那就是他于 1932 年作为代表团成员与中国运动员刘长春首次出现在了洛杉矶奥运会赛场上。随后的 1948 年，他又作为韩国体育代表团副团长参加了伦敦奥运会，他所创造的传奇也成为交通大学体育发展历史上的一段佳话。

交通大学以足球为代表的体育运动，在为上海地区体育发展作出贡献的同时，也十分注重与其他体育机构的联系，完善自身发展。1911 年，交通大学在霍元甲的精武体育会的帮助下成立了技击部，倡导和发扬爱国、修身、正义和助人的精武精神，并邀请如霍元甲大弟子刘振声等武术名流来校教授迷踪拳、蛤蟆拳等拳术。同时，交通大学也利用足球比赛等方式与精武体育会进行交流。精武精神的发扬，也引起了以孙中山为首的革命党人的关注。早在精武体育会成立之初，孙中山的左膀右臂陈其美、同盟会元老陈铁生等便已经是体育会成员之一。精武体育会成员的广泛分布，为孙中山传播革命思想，联系革命力量提供了一个良好的媒介。1922年，交通大学技击部迎来成立 10 周年庆祝活动，上海武术界人士纷纷表示祝贺，孙中山还亲自题词"强国强种"赠予交大技击部。"强国强种"不仅是孙中山对于交大学子的勉励与支持，也是对他们支持革命行为的赞扬与肯定。在交大与精武体育会的交流中，我们可以看到现代体育与中华传统武术之间的完美结合，也可以看到那一代中国人为了"强国强种"这一目标而努力的奋斗过程。

在今天，我们重新回顾沈心工创作的《足球歌》，绝不是仅仅了解其曲式特点、歌唱结构等内容，而更应该对其创作环境、创作背景、传播效果以及歌曲蕴含之精神加以深层次的挖掘与探索。铭记过去，启迪未来，这正是沈心工创作《足球歌》时所要最终表达的意愿。

第四节　创作话剧与昆剧

一　近代话剧概述

西方话剧对于中国近现代艺术和文明的进程都产生过深远的影响，话剧的引进是中国文化包容性的体现，也是民族艺术对外来艺术的吸收与融合的成功范例。综观世界各国的传统文化，会发现民族传统文化经过长期的演进、嬗变和发展，都会不同程度地与外来文化产生交流和融合。但事情远不是一句"艺术没有国界"那么简单，在文化的交流和融合中，途径、方式、程度等都会因为时空、目的和对象的差异等而有不同的结果。因此要研究中国话剧，自然也要追溯中国话剧的历史，找到文化演进的源头。

西方话剧是 19 世纪末传入中国的，这一崭新的戏剧艺术形式与中国传统戏曲所不同的是，它是以语言、动作作为主要表现手段，结合舞台的布景、灯光效果等，写实地表现生活。这与中国传统戏曲的"唱念做打"，以唱为主，写意地表现生活是不一样的，要让国人接受一种全新的艺术样式固然不是易事。

陈白尘、董健认为："文明新戏的诞生经历了一个曲折的过程，它的滥觞可以追溯到十九世纪末上海出现的学生演剧。根据现有资料记载，最早的学生演剧是从一些教会学校开始的。一八九九年，上海圣约翰书院的中国学生，利用每逢耶稣诞辰都要演出英语戏剧的惯例，在这一年的圣诞节晚会上演出了一个自己编排的'时事新戏'（剧名为《官场丑史》，讽刺一个'官迷'的土财主的荒诞喜剧），产生了好的影响，随后便逐渐'在上海蔚成风气'。"[1] 这已充分地肯定了学生演剧的历史意义。但胡星亮先生认为，"它们在艺术审美上仅仅是去掉唱腔的'时装新戏'，是改良戏曲与西方话剧的杂烩，没有戏剧变革的主动意识"[2]，因此不能算是真正的话剧演出。而丁罗男在谈到由于受西方民主政治的影响，在辛亥革命前夕，"上海出现了宣传爱国思想的学生演剧，这种学生演剧的形式仿效'时事新戏'，又带有教会学校演出的西洋话剧的影响"[3]，又从另一个角度肯定了教会学校的演出。"不穿古装，而主要采用写实的对话和动作"，是完全算得上"西洋话剧"的。因此笔者以为，在中国戏剧艺术发生一个大的变化之初，我们不应苛求，即便学生表演的只是一种"去掉唱腔的'时装新戏'，是改良戏曲与西方话剧的杂烩"，但这种带有"模仿"性质的表演已是一次重大的戏剧变革，是对传统戏曲的"反叛"，说是具有划时代的意义，也不为过。

---

[1]　陈白尘、董健：《中国现代戏剧史稿》，中国戏剧出版社，1989。
[2]　胡星亮：《二十世纪中国戏剧思潮》，江苏文艺出版社，1995。
[3]　阎折梧：《中国现代话剧教育史稿》，华东师大出版社，1986。

青年在艺术上的先行，显然是源于青年对新事物的坦然和宽怀的心态，是一种文化变革的行动，"青年学生敢于冲破中国封建社会长期以来轻视戏剧、轻视优伶的传统偏见，热情地为'维新'、'救国'和'开启民智'而粉墨登场，这标志着戏剧的价值观念向现代化前进了一大步"[①]，这一评价是十分中肯的。

我们在追溯中国话剧的肇始时，不妨如此表述：最早在中国上演西方话剧的是西方在上海的侨民，他们带来了一种新型的戏剧形式。在 19 世纪末的 1899 年，上海南洋公学的学生真正开始了中国话剧的演出，并产生了深远的影响。1906 年末，中国第一个话剧团体"春柳社"在东京成立，他们的演出推动了中国话剧运动的发展，中国话剧开始成为可以与中国戏曲（旧戏）相比肩的正式演出形式。[②]

二　沈心工的话剧、昆剧创作

正如前文所述：早在 1907 年，沈心工为救赈徐淮海大水灾，就导演了话剧《儿戏》（又名《新旧纷争》），义演赈灾。从 1917 年至 1922 年，沈心工还创作并导演了话剧《雪玫瑰》《忠勇之童子》《神仙布》《棠棣之花》，并在有的话剧中加上音乐，这在当时也很少见。沈心工还根据《赵氏孤儿》的故事改编和导演了昆剧《双忠墓》，在南洋公学附小创建 20 周年纪念会上演出。他在剧中采用了昆曲的三四十首不同曲牌，受到包括昆曲名家在内的观众的高度赞誉。[③]

三　创作话剧《雪玫瑰》

1917 年沈心工创作话剧《雪玫瑰》，当年的演出情况由于史料的缺乏已经不能知晓，这里根据记载于交通大学学生刊物《南洋学报》上的，在 1920 年冬附属小学同学曾经为上海学生会的赈灾活动奉献了一场《雪玫瑰》演出话剧的资料（见图 12-8）来进行分析。

---

① 　陈白尘、董健：《中国现代戏剧史稿》，中国戏剧出版社，1989。
② 　谭为宜：《中国话剧的肇始之我见——"国剧运动"研究系列论文之一》，《铜陵学院学报》2009 年第 3 期。
③ 　李岚清：《我国近现代新音乐文化的先驱——沈心工》，《解放日报》2009 年 12 月 16 日。

图 12－8　1920 年赈灾义演《雪玫瑰》剧照

《雪玫瑰》话剧整个故事情节铺陈在一个富人的花园里，讲述的是一出因养花评奖引发的关于人性思考的寓言故事。一天清晨，富人的总管来到花园给所有园丁报告了一个喜讯，即主人要求所有园丁拿出各自所种的花来进行评比，最优秀者可以获得相当丰厚的回报，同时又告知大家一个坏消息，就是主人最珍爱的宠物狗已经将花房里的花糟蹋得不成样子，在这样的局面下，要想拿出上乘的花朵难度可想而知。就在所有人都惴惴不安、无可奈何之际，主人公之一的何某却心中暗喜，原来他那里还有一朵绝世好花——雪玫瑰。之所以暗中窃喜，一方面是因为此花的品种稀缺，种植的成活率极低，另一方面则是由于它又是主人最喜欢的花，因此，在宠物狗破坏了已有的花的糟糕局面下，何某就成为赢家。但是，由于他心胸狭窄，又爱慕虚荣，极其虚伪，怕别人弄坏了他的花儿，自己无法获胜，于是便装作自己也毫无办法的样子与大家同戚戚。

不过，由于此前大家都在总管的帮助下试种雪玫瑰，其他人的都没有成活，但又都知道何某的花没有死，因此对于他的这种虚伪的面目无不嗤之以鼻。在一番讨论争辩后，大家发现周某也养活了这种稀缺的花，便将这个消息告知了何某。何某因此变得忧心不安，生怕周某的花比自己种得好，但表面上还是装作无所谓的样子，让众人更加对他瞧不上眼。

尽管已经拿不出比较好的花来，但其他人还是要去准备准备，就在大家离去后，周某推着他的花来找何某让其评价评价。周某找何某做评判，一方面是因为何某种花的时间较长，经验丰富；另一方面是周某认为何某人非常不错，对他极为尊重。不料，何某看到周某的花后竟无法面对比自己养的花还要好的事实，愤然离去，让周某感到莫名其妙，以为是自己哪里得罪了自己最崇敬的人，四处追着要给何某道歉，只要何某高兴什么条件都可以答应，包括将这朵花送给何某。但此刻的何某却在为得不到金奖而忧心不已，思虑再三决心将周某的花毁掉，这样自己就可以获得第一名，拥有名利和主人的认可。

就在何某准备实施计划之际，没想到却阴差阳错地被总管搅乱局面，不慎将自己的花毁掉了。尽管他在错把这花当作周某的花进行破坏之前还有过一番心理斗争，但最终贪婪与虚荣还是战胜了理智和良知。就在他刚把花毁掉不久，周某就找到了他，表示自己赔礼道歉，希望何某告诉他究竟是自己哪里做得不好，宁可将雪玫瑰送与何某表示道歉。何某闻言，羞愧难当，失声痛哭。此时，总管已经抬着周某送去参奖的花来贺喜，正碰上这一幕，何某当着总管的面痛陈了自己的行为宛如早上主人的恶狗，应该受到惩罚。最后，在总管和众人的原谅和教育下，何某也悔过自新，一切又恢复了开始的祥和局面。

沈心工通过这样的一幕话剧，对当时的小学生进行了素质教育。演出的成功既体现了沈心工在音乐艺术上的造诣，也体现了沈心工带领下的南洋附小良好的音乐文化氛围和小学生们精湛的表演才华。

结　语

本篇介绍了新文化运动爆发后，尤其是在五四运动之后，中国社会进入了一个思想大变革时期。这一时期，一些西方近代高等教育的著作和思想特别是西方大学的办学思想不断被介绍到中国来，也有不少中国留学生专攻教育学，回国后担任了教育行政、高校管理及教学方面的职务。他们积极传播西方高等教育思想和经验，对中国近代高等教育的改革和发展起了重要作用。同时也在这一时期，沈心工不断探索适合时代变化和发展的教育教学思想，包括国学、体育、外文等等，此外，他也注重培养学生动手实践的能力，调动学生的积极性，不断去向生活寻找知识和答案。他通过自己的实际行动为交通大学的发展和教育革新作出了积极贡献。

另外，本篇还记录了沈心工1911～1927年的主要活动经历，包括成立南洋童子军、南洋军乐队等学校组织，16年来层出不穷创作影响深远的音乐作品等。本篇还列举了部分南洋附小的优秀毕业生，如杰出军事家、爱国将领蔡锷，中文打字机发明人周厚坤，数理学界的"胡氏三杰"——胡敦复、胡明复、胡刚复等。

古人有言"春蚕到死丝方尽，蜡炬成灰泪始干"，用这句诗来形容沈心工再恰当不过。沈心工的一生无私无悔，燃烧着自己，照亮着他深爱着的学生们。这位将一生都奉献给中国教育界的伟人，真正做到了将教育思想"润物无声"地传递给身边的每一个人。他一生因材施教，善启心灵，桃李满天下，以其非凡的气魄和见识革新了近代中国教育的理念，并将许多理论付诸实践，成为锻造精英的基石。他是近代中国教育界的拓荒者，也是了不起的文化旗手。

第四篇
非夕阳暮鼓，然时却英雄
——沈心工的 1927 至 1947

篇前言

1927～1947 年，是中国社会急剧动荡的 20 年。1927 年，蒋介石及其国民党政府在上海发动"四一二"政变和"清党"运动，第一次国共合作宣告破裂，在国民党大肆屠杀共产党人的"白色恐怖"下，交通大学和上海的一些爱国人士、民主人士、知识分子也受到波及。在如此混乱的政局形势下，学校经过了多次改组和校名的更换，从南洋公学到上海工业专门学校，最终定名为交通大学。

身处乱世，沈心工也饱受冲击，被迫辞去附属小学校长一职。之后很长一段时间，沈心工有过心灰意冷，也掌权过南汇，还寄情过山水，但不论沈心工走到哪里，身处何境，他都依然念念不忘曾经奋战多年的教育事业，更怀念那段深厚的南洋情结。在此期间，沈心工一直关注着倾注了一生心血的南洋公学附属小学，积极参与筹备附属小学以及交通大学的各项大型活动，坚持向交通大学传输先进的教育思想和理念。除此之外，沈心工依旧不忘自己的音乐创作，他对古曲研究有着极高的造诣和兴趣，也在这段时间里，他如泉涌般创作了许多脍炙人口的词曲，这些词曲成为我国音乐界的瑰宝。

这一时期的沈心工，不仅展现了其在教育方面的才能，更展现了在政治、诗歌、散文等方面的才能，以及一位社会活动家的风范。黄炎培先生曾经说先生全部创作的精神"是美的、天真的，生动的，奋发的，沉着的。他的中心思想，是博爱，是自由，是平等。先生三十年中教学生，尽量发挥他们的思想和才能，而引导到一条理想的光明大道上"[1]。

---

[1] 黄炎培：《音乐教育家沈心工传》，《大公报》，1948。

第十三章　忍痛辞别南洋附小

第一节　交通大学的发展变化[①]

从南洋公学到上海工业专门学校、南洋大学进而最终成为交通大学，这期间，学校经过了多次校名的更换，从 1921～1927 年，又经过了 3 次改组，才最终定名为交通大学。1928 年，国民党在英美等国的扶持下，在南京建立了军事独裁政府，在形式上取得了暂时的统一。国民党政府对各中央部门进行了改组，增设铁道部。学校移归铁道部管辖，将设置在上海、北平、唐山三处的交通大学合并，成为交通大学，以上海各学院为本部，校名为第一交通大学（见图 13 -1），这个形式在客观上对交通大学的发展提供了有利条件。

图 13 -1　1928～1935 年第一交通大学校门

① 历史上的交通大学根据国内形势和隶属关系变化而多次改组更名。

　　1928 年 2 月 3 日，南京国民政府任命大学院院长蔡元培兼任交通部直辖第一交通大学校长，于 2 月 20 日到校就职。为了管理校务，交通部 2 月 24 日又聘请交通部程孝刚兼任交通大学秘书长主持校务。

　　蔡元培是一位著名的资产阶级教育家，提倡新学，曾为推行资产阶级教育制度作出了重要贡献，因此，交通大学师生对他来校任职表示欢迎并寄予希望。但是，蔡元培任校长后因"政务繁忙"，不久即辞职。同年 6 月 21 日，国民党任命交通部长王伯群兼任校长，于 7 月 1 日就职。王伯群为了加强对交通教育的管理，于同年 9 月将交通部第一交通大学、第二交通大学、第三交通大学合并，称为交通部直辖交通大学（见图 13 - 2）。上海的第一交通大学改称为交通大学机械工程学院、电机工程学院及交通管理学院，唐山的第二交通大学改称为交通大学土木工程学院，北平的第三交通大学改称为交通大学交通管理学院分院，以上海各学院为本部。

图 13 - 2　1930 年前后的交大校徽

　　由于学校改隶铁道部，王伯群遂辞去校长职务，由铁道部长孙科兼任校长，并于 1928 年 11 月 26 日就职。1929 年 6 月 10 日，国民政府铁道部训令，裁撤秘书长职，添设副校长职，并委任铁道部次长黎照寰兼任副校长，定全校办公室处于上海，总理校务。1930 年 10 月，按照国民政府教育部大学组织规程，学校废除副校长职，时虽可辞去校长职，但国民政府任命黎照寰（见图 13 - 3）继任校长。

　　黎照寰自从 1930 年 10 月被正式任命为交通大学校长后，遂辞去铁道部次长职务，专心办学，直到 1942 年 10 月才离职，主持学校工作达 10 年。他在职期间，对发展学校、培植人才作出了重大贡献。1932 年 4 月，交通大学校友周仁、王绳善等以黎照寰"为母校建树特多，功绩甚伟"，发起公赠大号银盾一座。称赞他"本实事求是之心，为一劳永逸之计，虽有功而不居，实众目所共睹"。[①]

图 13-3 黎照寰（1898～1968）

从 1928 年至 1936 年，是交通大学发展较快的时期，被广大校友称为新中国成立前"交通大学的黄金时代"。这一时期，交大已经形成了一支有较高水平的教师队伍，其中许多人都是本校的毕业生和本校毕业后留学归国的学生。他们大都品学兼优，经验丰富，致力于教学工作，对学校建设和发展作出了重大贡献。同时，1928 年以后，上海等地曾一度出现过相对稳定的政治局面，广大人民要求和平建设，实现孙中山先生的实业计划。这个形势从客观上为交大的发展创造了良好的条件。

1937 年 7 月 7 日，"卢沟桥事变"后，日本帝国主义对我国发动了大规模的侵略战争。8 月 13 日，日军又对上海发起进攻，制造了"八·一三"事变。上海地区顿时战云密布，濒临沦陷。正处于"黄金时期"的交通大学，面临着严重的存亡危机。

抗日战争爆发之初，为了保全学校，全校师生曾要求内迁。但是由于国民政府的拒绝，一再耽误时机，直至日本军攻入上海也未能成行。

1937 年 11 月 12 日，日军占领上海，西迁路线完全被切断。1937 年 11 月上旬，中国军队撤出徐家汇。30 日，日本宪兵队侵占学校徐家汇校舍，在学校设立"宪兵队徐家汇分驻所"。徐家汇校舍和未迁出的设备、家具、图书、仪器等校产，全部落入日寇之手。1938 年 4 月 17 日，原在虹桥路的日本同文书院相继侵占交大校舍，摘下"交通大学"校牌，改

---

① 霍有光、顾利民：《南洋公学——交通大学年谱》，陕西人民出版社，2002，第 290 页。

挂"东亚同文书院"布招。日方对交大"内部房屋任意拆卸改造，器用杂物均被运走，或被烧毁"①。

学校无奈之下迁法租界。一、二年级学生定于 11 月 1 日借法租界内震旦大学的一部分房屋开始上课。三、四年级同学所在的校外宿舍，离火线较近，"亦恐有流弹波及"，故立即租定法租界内的中华学艺社作为上课、住宿之用。后又租借鲁班路（今重庆南路）震旦大学新厦红楼第四层以及震旦大学老楼部分教室，作为一、二年级教室和各院系办公室、校图书馆，该楼地下室作部分实验室。由于条件限制，各院系的教室和试验室设在法租界多处地方。

全面抗战开始后，国民党政府进一步加强了对教育的控制。蒋介石在 1939 年召开的第三次全国教育会议上，要求"教育界齐一趋向、集中目标，确确实实为实现三民主义而努力"②。陈立夫任教育部长后，教育部采取了一系列行政措施，加强对学校的全面控制。与此同时，国民党通过学校国民党组织、三青团分团部和训导处三位一体，加强对师生的控制。

学校所处的法租界，四面亦受到日寇包围，在日寇压迫下，租界当局亦命令禁止抗日活动。1938 年 9 月 3 日，法国驻沪总领事署发布了专门对学校的第 314 号命令，其中第四条规定："设立学校……"因此，在日寇包围、国民党严格控制、法租界当局严禁的重重压力之下，校园内民主气氛淡薄，师生多埋头教学、读书，抗日救亡运动难以开展。

"八一三"淞沪抗战爆发后，交大作为团体会员参加上海文化界救亡协会，进步师生开展募捐支援前线等活动。1938 年，交大部分学生组织学生界抗日救亡协会，共 10 多人。最初，他们的活动相当隐蔽，主要是在进步学生中组织时事理论学习、分析战时形势，进行坚持抗战、反对投降妥协的教育。1940 年夏天，由于人数的增多，他们开始组织各种座谈会等比较有规模的进步活动。但在汪伪政权的干预下，不得不于 1940 年 8 月、9 月间解散。

---

① 《黎照寰 1938 年 4 月 17 日致教、交二部快邮代电》。
② 教育部教育年鉴编纂委员会：《第二次中国教育年鉴》（第 1 册），商务印书馆，1948，第 83 页。

　　鉴于战时需要，1940年在重庆小龙坎，国民政府成立了国立交通大学分校。1942年8月，九龙坡新校舍落成后，成立了国立交通大学本部。在重庆抗战极其艰难的处境下，依靠广大师生的共同努力和广大校友的热忱帮助，学校得以生存、维持和发展。限于人力、物力，渝校未能全面恢复沪校理、工、管三院制。但随着科学技术的发展，新办了航空系、造船系、工业管理系、电信研究所、航海科、轮机科等。这些都为复校上海后，交大教学工作的进一步发展奠定了一定的基础。这一时期，渝校在教学上坚持了优良的传统，如重视招生质量，注重基础训练，特别是一批年轻教师从国外学成归来，给学校的教学、教材建设带来了新的气象。

　　受到战争的影响，抗战期间的教育机构，尤其是各大城市的教育设施都受到了严重的损坏，交通大学也未幸免。校舍、家具、设备、图书均遭到严重损毁，学校损失惨重。胜利归来，疮痍满目，百废待兴。校内原金工场、铸锻、木工场都成了养马场，而所有的工程设备被洗劫一空，贵重零部件也散落遗失，不知所踪。此外，从渝校回撤上海的过程中，一批机械工程、电机工程、土木工程等方面的贵重设备，又不幸在长江沉舟覆没，图书也由于途中各种原因，遗失20余箱。如此一来，交大重建被迫推迟到1946年7月。

　　即便是在这样困难的情况下，沪校师生员工为了保护学校，迎接复员，仍然做了大量的工作。1945年8月，沪校的理学院院长裘维裕教授挺身而出，第一个赶到徐家汇交大校舍，保护及协助接收残存的仪器设备。在裘维裕教授带动下，沪校的广大师生员工也纷纷回校，投入清理、搬运、装配等恢复工作中。经过沪渝两校的资源整合及2个月的精心筹备，1945年10月，交大的教学工作终于在徐家汇校舍正式恢复。但是，即便如此困难的环境营造出来的教学氛围竟得不到国民政府的承认。上海的交通大学一度被称为"伪交大"，学生则被称为"伪学生"。教师被停职，学生需政审。经过全体师生员工的抗争和社会各界力量的共同反对，国民党政府不得不取消了这一歧视要求。1946年3月，交通大学沪校又被更名为"临时大学"继续开展教学活动。

　　学校正式恢复后，校务委员会迅速召开了临时教务会议。经过多方协商，决议将重庆交大的学生分批全部复员上海，与上海所留学生集中上课学习。1946 年 5 月学校复员工作完成，抗战期间发挥重要人才培养作用的渝校也宣告使命的结束。1946 年，交大恢复工学院、理学院、管理学院三院制，正式开课。由于国民党政府的人为分歧，使得渝校回来的学生和沪校学生之间存在一定的隔阂，不仅班级独立，学生会也独立，重庆组成的称为"交大学生会"，上海组成的称为"临大学生会"，宿舍也各自分开。后来经过长时间的整合，选举成立了统一的学生自治会，才逐渐消除了隔阂，交通大学的整体观念才被学生所接受。至此，交通大学完成了抗战胜利后的恢复建校过程。

第二节　被迫辞别南洋附小

一　辞别前的严峻形势

1927 年爆发了"四一二"反革命，4 月 18 日，交通大学归南京国民政府交通部直辖。国民政府派吴稚晖、杨杏佛接收南洋大学。1927 年 5 月国民党中央政治会议上海临时分会任命李范一[①]为本校接受员，学校右派势力猖獗，进步力量开始受到打击。本校学生发起"驱凌运动"，凌鸿勋校长被迫辞职，离开了自己工作 3 年的交通大学。

在"四一二"反革命政变前夕，交通大学校友共产党员侯绍裘[②]在 4 月 9 日来上海的途中被秘密逮捕。侯绍裘当时是第一次国共时期中国共产党江苏省委员会重要领导人。曾于 1918 年考入交通大学土木工程专业，学生时代的侯绍裘密切关注国家大事，广泛地阅读各类报纸和进步书刊，与进步同学一起探讨救国之道。他曾带领交大学生投身五四爱国运动中，接受新文化、新思想，成为时代先进青年。在五四运动中，"从爆发的时候起，直到烟消云散的时候止"，侯绍裘组织游行示威，宣传演说，发起

---

① 李范一（1891～1976），字少伯，湖北应城人，毕业于美国哥伦比亚大学，曾任国民革命军总司令部交通处处长，1927 年 5 月接管交通大学。
② 侯绍裘（1896～1927），字黑樵，江苏松江（今属上海市）人，交大 1918 级土木科学生，早期无产阶级革命活动家，"五卅"爱国运动参与和领导者。

编辑小报《劳动界》，开办义务学校，推广进步书刊，使不少知识分子日后走上革命道路，为早期开展工农运动和教育提供了有益借鉴。侯绍裘出色的组织能力，炽热的爱国情怀，赢了同学们的信任，被学生推选为评议长，后又被推举到上海学联及全国学联工作。侯绍裘在运动中接受洗礼，从一个爱国主义者转变为一个反对军阀政府的民主主义者，一个具有初步共产主义思想的新青年，并毅然走上革命道路，成为中国共产党早期的革命活动家。1924年侯绍裘加入中国共产党，积极参与"五卅"爱国运动，成为上海和江苏群众运动中有影响的领导人之一。被捕后的侯绍裘在狱中依旧英勇顽强，坚持斗争，面对敌人的毒刑折磨、高官引诱毫无所动，表现了共产党人坚贞不屈的革命气概。敌人一无所得，即下毒手，4月11日，敌人用刀把侯绍裘等人活活戳死，并将遗体装入麻袋，投入秦淮河。侯绍裘为党和人民利益英勇献身，终年31岁。侯绍裘对革命事业无限忠诚，对同志真诚友爱，凡是和他一起工作过或接触过的同志，都为他谦逊、朴实的作风所感动。柳亚子先生在1938年撰写的《朱季恂、侯绍裘合传》中称赞道："君赋性仁爱，平易近情，临大节则毅然不可夺。其为人也，俭于持躬，而厚于遇友，怀才而不伐，负责而不兢，渊渊乎君子人哉！顾反对者流轹深忌之，恒欲得而甘心。"短短数语，准确地概括了侯绍裘高风亮节的革命情操。

侯绍裘英勇牺牲的消息传来，交通大学师生无比悲痛。接下来的1927年4月18日，蒋介石以中央执行委员会、监察委员会、政治会议等名义，发通电和宣言，历数中共"罪行"，要求文武将士，革命同志及全国国民，一并驱除共产党分子。[①] 5月13日，国民党军方通令交通大学当局严厉"清党运动"，国民党当局以"清党"为名，将中共党员"驱逐出校"，并列出20人的名单逐一通知。其中大部分是共产党员、共青团员和进步学生。上海交通大学学生、市党部工农部秘书张君毅，亦同样被莫名检举，遭警备司令部密捕。市党部虽一再向警备司令部交涉，请其释放，均遭拒绝，终被枪杀。且不仅罪状未宣布，就连尸身也不知去向。此事终于引起南京中央联席会议的强烈不满，以致当堂"议决：令总司令

---

① 杨奎松：《1927年南京国民党"清党"运动之研究》，《历史研究》2005年第6期。

部（叙由）查张君毅为上海特别市党部职员，即有罪犯嫌疑，何致遽行枪毙，实属滥权擅杀，不顾党纪，仰该总司令严行查办并复"①。至此，交通大学中共党团组织全部遭到破坏。

　　1927 年 6 月，交通部通知南洋大学停办，并听候改组。6 月 16日，南京国民政府交通部通知"前已派吴健为校长。在吴校长未接事前，派符鼎升替代"。随后，交通部任命符鼎升②、徐佩璜③先生为保管员，停办南洋大学。7 月，改组为交通部第一交通大学。并由符鼎升等 8 人组成的第一交通大学筹备委员会。该委员会对学校的组成进行了重大的改革。不久，交通部正式委任符鼎升代理第一交通大学校长。由于当时战争等因素引起的学校经费紧张，校方向每个学生增收的学费比以往增加了 1 倍，引起了学生的强烈不满，符鼎升不得不于 1928 年 2月辞职。

二　忍痛辞别附属小学

　　形势的巨变对沈心工的思想造成了极大冲击。上海的政治气氛十分异常，他越来越清楚地认识到，国民党大开杀戒，岂能是他这样有良知的教育家和民主人士之呼吁能够改变的。就连国民党各团体在上海举行五四运动纪念大会，也变成了声讨异己分子的场所，甚至群起"议决通缉著名学阀章炳麟④、黄炎培、胡敦复、沈恩孚⑤、张君劢⑥、蒋维乔⑦、郭任远⑧、

①　杨奎松：《1927 年南京国民党"清党"运动之研究》，《历史研究》2005 年第 6 期。
②　符鼎升（1879～?），字九铭，江西宜黄人，早年赴日本东京高等师范学校专攻数学，1927 年 7 月～1928 年 2 月任第一交通大学校长，曾任中华民国参议院议员。
③　徐佩璜（1912～1950），字君陶，江苏吴县人，毕业于美国麻省理工学院，回国后任南洋大学中学部主任。
④　章炳麟（1869～1936），浙江余杭人，字枚叔，原名章太炎。清末民初民主革命家、思想家、著名学者。
⑤　沈恩孚（1864～1949），字信卿，江苏吴县人，中国近现代教育家，同济大学第四任校长。
⑥　张君劢（1887～1969），江苏嘉定县人，曾留学日本、德国。中国政治家、哲学家，中国民主社会党领袖。
⑦　蒋维乔（1873～1958），字竹庄，江苏武进人。中国近代著名教育家、哲学家、佛学家。
⑧　郭任远（1898～1970），广东潮阳县人，曾留学美国进行心理学研究，为早期激进的行为主义者。

殷芝龄①、袁希涛②、张东荪③、阮尚介、刘海粟、沈嗣、凌鸿勋等，俾警反动而申党纪案"。就连南京中央联席会议也感觉过分，不得不申斥曰："所称反动，并未举出何等实据，不得仅因群众一时激昂，辄予通缉。"④"四一二"政变前，交通大学校友、共产党员侯绍裘的牺牲，也让沈心工极为悲痛，面对国民党的滥捕滥杀造成的恐怖，国民党威望在沈心工心中损毁了。

凌鸿勋校长的被迫辞职，则成为沈心工选择辞别南洋附属小学的一个主要原因。正如他自己所言："民国十六年春间，外界忽来一种怪风，校中登时秩序大变，我即忍痛脱离。"⑤残酷的现实，导致此时的交通大学陷入一片混乱中，国民政府派吴稚晖接收南洋大学。对于接管南洋大学的吴稚晖，沈心工十分了解，吴稚晖曾是光绪二十四年南洋公学师范院第二届学生（1898年），沈心工为光绪二十三年南洋公学师范院第一届学生（1897年）。1901年南洋公学蒙养院改为南洋公学附属高等小学堂时，吴稚晖为总教习（主任）。1902年10月吴稚晖离开南洋公学与蔡元培一起创办"爱国学社"，并任学监。这位昔日南洋公学师范院的同窗，文人出身的吴稚晖，1924年就已经担任国民党中央监察委员、国民政府委员等职务。1927年"四一二"政变时期，吴稚晖力倡清党，积极支持蒋介石反共清党活动。吴稚晖作为国民党的元老，成为蒋介石清党的舆论制造者。

资料称：1927年4月17日，日前沈叔奎宣布辞职，附属小学全体教职员挽留无效，遂于本日成立南院（附小）校务维持委员会，以维持现状，照常开课。⑥先生忍痛辞别这所"我看他呱呱产生……好像自己身家

① 殷芝龄（1876~不详），美国哥伦比亚大学教育哲学博士，国大代表，1927~1933年被聘为匡校校长。
② 袁希涛（1866~1930），字观澜，又名鹤龄，江苏宝山人，清末民初教育家，同济大学第五任校长。
③ 张东荪（1886~1973），曾用笔名"圣心"，晚年自号"独宜老人"。浙江杭县人。现代哲学家、政治活动家、政论家。曾任中国民盟中央常委、秘书长。
④ 杨奎松：《1927年南京国民党"清党"运动之研究》，《历史研究》2005年第6期。
⑤ 沈洽：《学堂乐歌之父——沈心工》，台湾作曲家协会，1990，第27页。
⑥ 上海交通大学校史编纂委员会编《上海交通大学纪事1896~2005》（上卷），上海交通大学出版社，2006，第181页。

生命，用全副精神干的"学校。而接管南洋大学的吴稚晖、李范一，于
1927 年 5 月开始组建南洋大学若干委员会，我们通过交通大学校史资料
可以看到，其中并没有沈心工任何职务和分工，可见当时时局对沈心工极
为不利。如资料显示：

> 1927 年 5 月 8 日，李范一聘请了张廷金为电机科科长，王绳善
> 为机械科科长，徐佩琨为铁路管理科科长，徐恩曾为事务长，平海澜为
> 中学主任。①

5 月 15 日，李范一聘请若干委员会组成成员，分别是：

> 校务委员会委员：陈石英、唐庆诒、徐佩璜、王崇植、杜光祖；
> 教务委员会委员：陈石英、唐庆诒、裘维裕、王崇植、范永年、
> 平海潮、杜光祖、周铭、徐佩璜；
> 清理庚款委员会委员：徐曾恩、徐名材、裘维裕。

6 月 2 日至 7 日，李范一拟定"修订课程委会会"名单，分别是：

> 委员长：周铭，委员：裘维裕、倪上达（电机科）；范永增、黄
> 叔培（机械科）；徐佩璜、周增奎（铁路管理科）；另：徐名材、杜
> 光祖、张峻。②

我们从历史资料中可以了解到：1927 年 2 月 18 日，上海《申报》还
曾刊登《南洋大学附小经费自给》一文，文中称由于近来各路局相继停
拨经费，学校难以为继，凌鸿勋校长曾与南院（附小）主任沈叔逵商定
经费自主办法，"酌增收学、宿等费"③。说明当时校长沈心工与校长为附
属小学的发展经费问题正在积极商讨之中。1927 年 3 月 22 号，国民革命
军进驻上海，国民政府派吴稚晖、杨杏佛前来接收南洋大学，沈心工无奈

---

① 霍有光、顾利民：《南洋公学——交通大学年谱》，陕西人民出版社，2002，第 181 页。
② 霍有光、顾利民：《南洋公学——交通大学年谱》，陕西人民出版社，2002，第 181 页。
③ 上海交通大学校史编纂委员会编《上海交通大学纪事 1896～2005》（上卷），上海交通
　　大学出版社，2006，第 179 页。

只好离开了心爱的南洋公学附属小学。

关于这段辞别南洋公学附属小学的历史，沈心工在自传中这么说道：

> 我于二十九年二月回国之后，三月里就进小学，担任理科、唱歌、体操等科。薪水四十元，特别优惠。我自问对于小学，好像自己身价生命，用全副精神干的。最后几年精力差些，但是爱护小学之心，没有丝毫减少……计在附小办事，共二十四个足年。我脱离南洋之后，在家不问时事。[①]

在沈洽先生所著的《学堂乐歌之父——沈心工之生平与作品》之中关于沈心工离开南洋附小的情形则有这样的评述："1927 年春，'四一二'事变的前几天，上海的政治空气十分异常，就像天气骤然前的暴热。各学校的校长几乎统统靠边，'打倒'之声四起，南洋公学从'上院'（即大学部）到下院（即附小）也不例外。就在这种形势下，先生不得不辞职离开了这所'看他呱呱产生'的学校。那年先生才五十七岁。"[②] 由此，沈心工离开了他穷一生之精力、呕心沥血培育起来的南洋附小，离开了他最心爱的事业，对于南洋附属小学来说，同样也是沉重和痛惜的。

三　南洋附属小学的历史变迁

不算早期的外院，从 1903 年到 1926 年，附属小学从第一届毕业生算起，这期间共有 23 届 842 名毕业生，平均每年有三十六七名优秀毕业生升入附中。在 1927 年以前，虽然大学部不断更名，但对附属小学和中学并没有带来实质性的变化。

就在此前一年，沈心工刚刚亲自主持完成了交通大学 30 周年校庆，交通大学也即将迎来校史上五院（电机工程学院、机械工程学院、土木工程学院、科学学院、管理学院以及中文、外文系）鼎盛的"黄金时代"。但也就在这一年，南京国民政府命令南洋大学停办，听候改组，同

---

① 沈洽：《学堂乐歌之父——沈心工之生平与作品》，台湾作曲家协会，1990，第 27 页。
② 沈洽：《学堂乐歌之父——沈心工之生平与作品》，台湾作曲家协会，1990，第 36 页。

时命令停办附属中学和附属小学。1927 年 6 月 30 日，南洋大学行毕业典礼，也是南洋大学停办前的最后一场毕业典礼。资料记载，当时的毕业生情况为：本届毕业生计电机科洪明扬等 30 名，机械科蒋大恩等 30 名，管理科尤玉照等 24 名，高中熊大惠等 70 名，初中顾德欢等 42 名，小学林定喜等 27 名。毕业奠定的第二天，交通部通知："南洋大学停办，听候改组。"

　　1927 年 6 月底，交通部通知附属初中及小学脱离本校，消息传来，立即遭到了中小学生和家长的反对。中小学生组成代表团，派代表赴南京请愿，交通部的一位科长解释说，因经费不足，开支浩大，并因需扩充本科，而校址有限等，才做此决定。学生代表问道，若经费自给，可否续与维持，在得到转告部长、再做疏通的允诺后，学生代表离京返沪。7 月中，交通部指派的接收委员到校，学生代表又前往询问停办之事，得到的回复是已无回转余地，现即将办理转学事宜。学生代表见请愿无果，不得已转而求助于各家长，期望家长中的一些上海金融界的实力人物能让交通部收回成命。望子成龙的家长对此事也极为重视。不日，70 余位家长召开会议，商量对策，适值交通部部长王伯群来沪，虞洽卿等作为家长代表前往请愿。王部长解释说，大学分子复杂，中、小学生心志未定，恐易同流合污，故拟迁开。知道了其中的原委后，家长们再次集会，组成了以虞洽卿为首的 7 人家长委员会，再与筹备改组的交大筹备委员会交换看法。双方意见相去甚远，一度陷于僵局。此时筹备委员会成员、南洋同学会理事长章臣桐挺身而出，积极斡旋，奔走双方，沟通意见。学子的坚决，家长的激昂，加之社会的声援，终于使事情有了转机。不久，王伯群部长指示交大筹备委员会仔细考虑后再妥办处罚，并将已印就的"交大筹备委员会为停办中小学事宣言"暂时搁置。8 月底，双方经过多次协商，终于达成一致意见：将大学原有附中改为交通大学预科；高小及初中各级则脱离学校，改为私立，由学生家长委员会、南洋公学同学会和第一交通大学筹备委员会三方面，各推代表若干人，组成校董会，负责接管，仍在附小原址办学。学校改为私立，需要另起校名，大家都不愿意放弃南洋这个传统的历史名称。但那时上海已有私立南洋中学，于是有人建议加"模范"两字，"私立南洋模范中小学"这个名称，就这样确定下来。学校由虞洽卿任董事长，推举原附小教员沈同一任校长。①

四　为私立南洋模范中小学校歌谱写校歌

改组后的私立南洋模范中小学脱离了交通大学独立建校，学生沈同一担任校长，令沈心工感到欣慰。对于南洋附属小学的感情，正如沈心工自己所言："我自问对于小学，好像自己身价生命，用全副精神干的。"虽然忍痛告别自己呕心沥血投入的南洋附小和最心爱的教育事业，但沈心工仍时刻牵挂着学校的一切发展变化，他希望改组后的私立南洋模范中小学能够继承和发扬南洋附属小学的优良传统。就在学校更替之际，57 岁的沈心工欣然作词，并诚邀自己老朋友朱织云一起创作了《南洋模范中小学校歌》。歌词为：

> 旧南洋，新南洋，说新旧，感沧桑；
> 旧历史，念七年，新纪录，日方长。
> 有许多家庭信仰，得一般社会帮忙；
> 全校精神个个向上，何等蓬勃气象；
> 老根基昔年师范，新规模近代南洋；
> 锦绣醒狮古校旗，永久招展有荣光。

沈同一接办私立南洋模范中小学以后，一贯坚持奉行沈心工"教育惟严"的教育思想，一直到新中国成立后。这所中学的成绩之所以被后人奉为模范，究其缘故与沈心工的教育方法分不开的。

从歌词中我们能看出，沈心工对于南洋模范中小学充满了期待，他深信，只要南洋的根基在，南洋模范中小学就会永葆荣光。令人欣慰的是，沈心工创作的这首《南洋模范中小学校歌》一直沿用至今，被南洋模范中学的学生们一代代传唱着，校歌的精神鼓舞着一代代的南洋学子。具有百年优良办学传统的南洋模范中学，也用这种方式，告诫自己的学生时刻牢记沈心工是母校历史上杰出的校长。南洋模范中学始终秉承沈心工所倡导的办学理念，以"勤、俭、敬、信"四字作为校训来鞭策学生，形成

---

① 张玲苓、魏红：《南洋公学与南洋模范中小学的历史渊源》，《上海档案》2002 年第 1 期。

"学业扎实、生活朴实、工作踏实、身体结实"的校风和"严慈、严明、严格、严谨"的教风以及"求真、求实、求精、求新"的学风，致力于将学生培养成"四个模范"式的优秀学生，将学校创办为"学习型、温馨型，数字化、国际化"的现代学校。南洋模范中学现有"零陵""天平""天钥桥"三个校区，并拥有现代化的教育设施，天然草皮田径场、交响乐演奏厅、多功能演示厅、室内篮球馆、体操馆、设备先进的信息化教室、理化生网络化实验教室、演播厅及心理咨询室、微格教室等专用教室等。学校注重发展学生个性、健全人格，着眼于学生整体素质的提高。注重人格教育，培养创新精神，教学质量上乘，每年有 300 多人获国际、国内及上海市的各类奖项，并将 80% 以上的学生输送到最好的大学。其中，南洋模范中学的美育课实验构成了南模艺术教育的一个重要载体，成为南模中学人格素质教育的一大支持点。

第三节　出任南汇县县长纪实

1927 年 4 月，辞别南洋附小的沈心工，心情十分灰冷，终日在家，不问时事。7 月初，沈心工受到时任国民政府秘书长兼江苏省政府委员主席、南洋公学师范院同学钮永建①的多次邀请，曾短期出任南汇县县长一职。当时钮永建热衷地方建设，认为国家未来的命运系于乡村改革和发展。史料称：1927 年 7 月初，先生同学、当时江苏省民政厅厅长钮永健（惕生）要先生出任南汇县县长，钮永健多次来信给沈心工，希望沈先生能出任南汇县县长一职，先生则多次予以拒绝，钮永健则慷慨陈词，诉之以大义。沈心工在颇感无奈的情况下，只能勉为其难，于同年的 8 月 1 日到南汇上任。②　在沈洽教授《沈心工传》中关于沈心工出任南汇有如下的叙述：

南汇县素有"金南汇"之称，是官场的"肥缺"。单靠这个县每

---

① 钮永建（1870～1965），字惕生，号天心，南洋公学师范院首届学生，近代资产阶级革命家。

② 沈洽：《沈心工年谱》，《中央音乐学院学报》1987 年第 4 期，第 30 页。

年自然产出、不及入册的滩地，就可以额外得到一笔相当可观的收入。但沈先生一向廉洁，当然不会要这非分之财。既已上任，总"想替南汇做点有益的事"①。所以，除了处理民案、诉讼等日常事务外，沈先生就经常带着技术人员四处奔走，调查研究，想把南汇的水利好好兴办起来。后因先生任职时间太短，虽有蓝图，却未能实施。

另外，当时县政府吏役薪俸极低，大大助长了贪污营私、敲诈勒索之风。面对这种局面，沈先生只好把自己的积蓄拿来给下属补贴津贴，并规劝他们不要作出伤害百姓的事。但长此以往，哪是一个清苦的教师所能承担得起的？做官素非先生所志，亦非先生所长。加上"积弊层层，牢不可破，实在无从下手"。② 所以先生一再请辞，却又为钮惕生所不许。后来，民政厅厅长换了茅祖权，先生即于十二月三日告退回家。前后做官一百二十五天，用先生自己的话来说是"虽无丝毫政绩可言，却未刮过老百姓一钱，还可安慰自己"③。

对于这段历史，沈心工曾自述道：

> 我脱离南洋之后，在家不问时事。不料 7 月初头，忽然江苏省民政厅厅长钮铁生要我去做南汇县县长。我知道我是坐惯冷板凳的人，不会做官，所以不肯去就。那时老同学孟莼生在民政厅做秘书长，来信说了一篇大道理，催我到任……我无法再辞，8 月 1 日到任。原想替南汇做点有益之事，岂知积弊层层，牢不可破，实在无从下手。辞退几次，铁生来信不许……后来民政厅厅长换了茅祖权，我再告退，批准了。我于 12 月 3 日卸事，共做了 125 天官……

沈心工此次出仕，时间非常短暂，一方面是受到当时历史环境影响，另一方面，正如上文中所说的，"做官素非先生所志，亦非先生所长。加上'积弊层层，牢不可破，实在无从下手'"。沈心工是一个标准的教育

① 沈洽：《沈心工传》，《音乐研究》1983 年第 2 期，第 62 页。
② 沈洽：《学堂乐歌之父——沈心工生平与作品》，台湾作曲家协会，1990，第 27 页。
③ 沈洽：《学堂乐歌之父——沈心工生平与作品》，台湾作曲家协会，1990，第 27 页。

工作者，并不能适应官场的尔虞我诈，更不能在名利场上收取渔利。沈心工品行高洁，有古人之风。有时却像峭壁上扎根的"可怜松"，在无法容身之处硬挤出一点生存的空间，但却无半点自怜的感觉。沈先生之清高，需要一种深刻的内涵做基础，他与阴暗和猥琐绝不相容。为官 125 天，负债 900 余元，心工以此自愚：上升南汇县，四月，但"未刮过百姓一钱"。当地园厂为念及沈心工为官清廉的品格，每年秋天，均派人送上菊花 8 盆。沈心工特赋诗志谢："年年愧见菊花来！"感叹自己无业绩受赏。①

---

① 秦启明：《沈心工年谱》（1870～1947），《南京艺术学院学报》1988 年第 1 期。

第十四章　晚年创作

1927～1947 年的二十年，是沈心工的晚年时期。自从沈心工辞别南洋公学附属小学之后，便开始了他作为一个文化人的生活，同时，作为一个教育者，沈心工，依旧十分关注南洋公学的发展，并为南洋公学同学会的发展不遗余力，无论当时军阀割据的形势混乱多变，沈心工对于乐歌的创作思想从未减弱和中断。他在后期亲自作词作曲创作了二十多首乐歌，均收集在后来出版的《心工唱歌集》中。后期的沈心工还创作了大量诗歌和散文，并发表在母校各类刊物上，成为他留给我们的宝贵资料。此外，他曾被教育部聘为音乐教育委员会委员，参与音乐教材的编审工作。投入大量精力从事古琴的研究和改进，填配"琴歌"，创作《归鹤轩投壶杂录》《家庭历史小学》，考订、整理《琴谱》。而《心工唱歌集》的行将出版对沈心工来说是极为重要的事宜，对于我们后来学者来说，更是一件极为重要的事情，在近代中国音乐发展史上，有着不可动摇的历史地位。

第一节　乐歌创作不断

1927 年以后，中国流行歌曲的发源地上海，诞生了第一首真正意义上的流行歌曲《毛毛雨》，这首由中国流行音乐的开山鼻祖黎锦晖先生创作、其女黎明晖演唱的《毛毛雨》，一时间风靡上海乃至全国，开创了流行音乐在中国本土发展的新时期。与此同时，中国近代音乐经过学堂乐歌的浸润以及西方音乐文化的洗礼，1927 年，在蔡元培的关怀下，上海国立音乐院成立，萧友梅先生出任国立音乐院总教务长，这标志着中国近现代音乐教育在 20 世纪 20 年代开始进入了高速发展的时期，时任的学院教师中不乏黄自、青主、韦瀚章等音乐大家。但当时的中国仍处于军阀割据及混战的时期，音乐活动并没有受到高度重视。在此形势下，沈心工对乐歌创作的态度仍然十分认真和执着，他坚信自己的信念，锲而不舍，精益求精，一如既往地创作，这在当时的众多音乐家中，实属难得。

沈心工后期创作的乐歌有 20 多首，许多作品是他自己作词作曲。1927 年后，他先后创作了《革命必先格人心》《童子军歌》《昨夜梦》《新年》《狼来》《航海船》等。其中最具有代表性的是《革命必先格人心》《昨夜梦》《航海船》。

一　《革命必先格人心》

革命必先格人心，人心齷齪日纷争。争利争权不争气，年年革命总无成。若问良心人尽有，尘遮镜面失光明。须将大学从头读，诚正修齐即治平。（见图 14 - 1）

图 14 - 1　《革命必先格人心》

在这段歌词中，沈心工首先阐述了他关于当时社会现状的看法，提出革命必须先改变人心，然后运用《大学》中的思想来陈述：大学之道，在明明德，在亲民，在止于至善。知止而后有定，定而后能静，静而后能安，安而后能虑，虑而后能得。物有本末，事有终始。知其先后，则近道矣。古之欲明明德于天下者，先治其国。欲治其国者，先齐其家。欲齐其家者，先修其身。欲修其身者，先正其心。欲正其心者，先诚其意。欲诚其意者，先致其知。致知在格物。物格而后知至，知至而后意诚，意诚而后心正，心正而后身修，身修而后家齐，家齐而后国治，国治而后天下平。自天子以至于庶人，壹是皆以修身为本，其本乱而末治者否矣。其所厚者薄，而其所薄者厚，未之有也。

所谓"格人心"也即在于修身和正心，而"革命必先格人心"的思想也是值得让当时处于革命热情高涨下的国人反思的问题。

《革命必先格人心》，调性为 C 大调。歌曲虽然只有短短的 16 个小节，却短小独特，简洁自然，旋律由弱到强，形成了弱强格进行的典型格式并贯穿全曲。

在曲式结构上为对比的单二部曲式结构形式，图式为：A + B（见图 14 - 2）。

单二部曲式

A		B	
a	b	c	d
4	4	4	4
不完满终止	收拢性终止	不完满终止	完满终止

图 14 - 2 《革命必先革人心》曲式结构

A 段为对比性的双句体结构，第一乐句 a 结束在调性的Ⅲ音上，形成不完满终止；第二乐句 b 结束在主音 C 上，形成收拢性终止。

B 段虽然也是弱强格的旋律进行，但节奏和旋律与 A 段形成了鲜明的对比。第一乐句 c 结束在调性的五音 V 上，形成了不完全终止的旋律进行模式；第二乐句 d 最后也是结束在主音 C 上，形成完满性终止。

该作品音域不宽，适合不同层次的人声演唱，旋律朴实优美，朗朗上口，易于传唱，成为沈心工后期乐歌的主要作品。

二　《昨夜梦》

昨夜梦，梦归家。忽坐船，忽坐车。到家里，满院花，见吾爹，见吾妈。爹见我，便与我谈话，说道爹妈心中常牵挂。妈见我匆匆入厨下，为我做饭又做茶。家中茶饭滋味佳！家中茶饭滋味佳！忽惊醒，在天涯。问何日，真在家？（见图 14 - 3）

图 14 - 3　《昨夜梦》

歌词简明通俗，情真意挚，表达了悠悠的思乡之情。歌词写了沈心工想象回家时的情景，这种写法有些类似古人写诗的风格。杜甫有诗《月夜》："今夜鄜州月，闺中只独看。遥怜小儿女，未解忆长安。香雾云鬟湿，清辉玉臂寒。何时倚虚幌，双照泪痕干？"杜甫不写自己望月怀妻，却设想妻子望月怀念自己，又以儿女（因为年幼）"未解母亲忆长安"之意，衬出妻之孤独凄然，进而盼望聚首相倚，早日团圆。词旨婉切，章法紧密，离情别绪，感人肺腑。

《昨夜梦》的曲调取自美国通俗歌曲作者约翰·P. 奥德威（1824～1880）作词作曲的《梦见家和母亲》。奥德威组织了一个黑人歌手剧团"奥德威艺人团"，曾写过不少艺人歌曲。《梦见家和母亲》是一首"艺人歌曲"（Minstrel Song），由涂黑了脸扮演黑人的白人演员领唱，音乐也仿照黑人歌曲的格调创作而成，流行于 19 世纪后半叶的美国。这首歌先传到日本，沈心工在日本留学期间，日本歌词作家犬童球溪采用《梦见家和母亲》的旋律填写了一首名为《旅愁》的歌词，后刊载在 1907 年（明治四十年）出版的《中等教育唱歌集》中。歌词经钱仁康先生翻译，大意为：

> 西风起，秋渐深，秋容动客心。独自惆怅叹飘零，寒光照孤影。忆故土，思故人，高堂念双亲。乡路迢迢何处寻？觉来归梦新。西风起，秋渐深，秋容动客心。独自惆怅叹飘零，寒光照孤影。

《旅愁》是犬童球溪的代表作，至今在日本仍被传唱。而沈心工的《昨夜梦》，正是取调于《旅愁》，在当时的中国作为学堂乐歌广为传唱，也成为中国最早用此旋律填词的词作家。当年还未出家的弘一大师——李叔同作词创作的《送别》，也用了此旋律，其歌词意蕴悠长、恬静淡远，更具有创造性，音乐与文学的结合更完美，得词曲之间达到天然的契合。《送别》这首歌先后被不少影片作为主题歌，这首歌在当时也成了新的"阳关三叠"，被人们广为传唱。至今仍是广大学生告别母校、告别老师同学，走向社会，用以唤起离别愁绪、触动心灵深处的送别歌。

沈心工《昨夜梦》旋律和《梦见家和母亲》的不尽相同。《梦见家和母亲》是一首典型的艺人歌曲，其每一句旋律的结尾都有一个强拍上的切分倚声，好像人一声声的长叹。而《昨夜梦》将其中每四小节出现一次的倚声删除，使旋律显得更为干净利落，更适合中国人传唱和接受。

这首歌为降 E 大调，带再现的单三部曲式结构。图式为：A + B + A′（这首歌曲较特别结构在于，它在原再现的单二部曲式结构图式的基础上，又把整个 A 段作一再现，形成了独特的结构形式。）

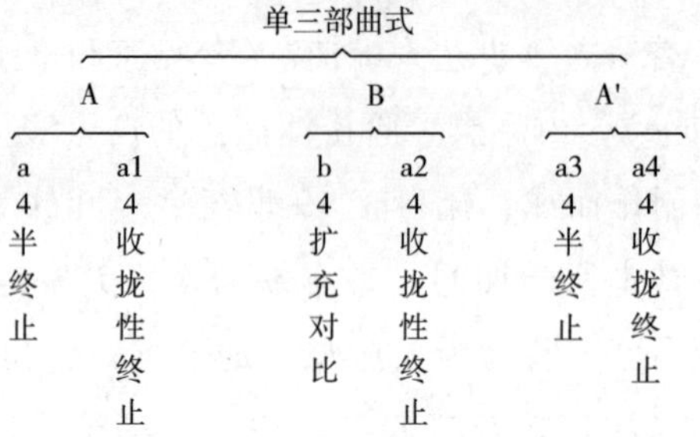

图 14 - 4　《昨夜梦》曲式结构

A 段由平行双向体乐段构成，a 结束在 II 级音上，形成半终止。a1 句的开头部分几乎与 a 句完全相同，但最后结束在主音上形成收拢终止。

B 段的前半部分与 A 段形成了对比，主要体现在节奏上。B 段的第二句是将 A 段的素材加以运用形成了对 A 段素材的再现，并结束在主音上，形成收拢性终止。

之后的 A′段是整个 A 段的再现，歌词虽然与 A 段不同，但旋律几乎完全一样，形成了对主要乐思的回顾，加深了对主要乐思的印象。

三　《航海船》

航海船，航海船，飘飘荡荡海中间。海中间，险险险！动魄惊魂梦倒颠。逐浪去，随风转，毫厘差，千里远。安乐邦，认路线，把稳舵，前前前！努力努力志向坚，终有一朝登彼岸。登彼岸觉悟无边，登彼岸快乐无边。（见图 14 - 5）

歌词展现了一个为了前途不断努力和奋进的形象，虽然有许多艰辛险阻，但还是要勇往直前，还是要逐浪。这首歌激励着青年人不断奋斗，发扬不畏艰难的攀登精神。

《航海船》这首歌曲不长，但在结构上却用了再现单三部曲式写作而成，调性为 F 大调，图式为：A + B + A′。其结构图式如下：

航 海 船

图 14 – 5 　《航海船》

图 14 – 6 　《航海船》曲式结构

　　从上图可看出，A 段属平行双句体结构，旋律起伏跌宕，富有动律感，尤其是歌词与旋律相得益彰，词曲浑然一体，意境更为高远，展示给人们的是一幅地道的海上航行的画卷。A 段第一乐句 a 与第二乐句 a1 的旋律采用合头换尾的形式，两个乐句只是结尾有所不同，a 乐句结束在Ⅲ级音上，形成半终止；而 a1 乐句结束在调式主音 F 上，形成收拢性终止。这种典型的中国民间音乐结构形式用在《航海船》中，显得非常自然贴切，表现了航海人坚韧不拔、惊涛骇浪中依然对生活充满信心的精神。

B 段的 b 乐句与 A 段旋律明显不同，但又有某些联系，起到了扩充对比的效果。尤其是 b1 乐句的降 A 音运用构成了某些小调性特点，很有色彩感。B 段的结束音最后并不是结束在主音 F 上，而是结束在调式的 V 级音 C 上，形成了开放性终止，使 A′段的衔接更为贴切自然。整个 A′段为开始 A 段的再现，歌词虽然与 A 段不同，但由于旋律与 A 段完全相同，使音乐经过 B 段的对比之后又形成统一的乐思。

第二节　出版《心工唱歌集》

1930 年，沈心工开始筹备出版《心工唱歌集》。1934 年，沈心工心脏动脉硬化症发作，因家人劝其搁笔休养而停顿。后在友人的鼓励劝告下，沈心工重新修订一生所做之乐歌，精选出 82 首曲目，汇编成《心工唱歌集》。1936 年，黄自为《心工唱歌集》作序，沈心工也做了自序。1936 年，许叔彬（李四光夫人，时在英国）为沈心工的歌曲《请君对镜》谱新曲。1937 年，《心工唱歌集》着手印刷，但因抗战爆发，再次搁置。直至 1939 年，《心工唱歌集》才正式出版发行。

这部唱歌集汇编了心工乐歌的全部经典作品，它是沈心工 20 余年教学经验的积累，在词曲结合方面较之《重编学校唱歌集》来说，更加顺畅优美。主流歌词也与少儿生活学习密切联系，力求将少儿日常生活语言与所学歌曲密切结合，便于少儿记忆。采用五线谱记谱法，调号也丰富多样，作品中不乏转调、离调等创作手法。尤其值得称赞的是，沈心工在唱歌集中首次采用了小调调式来编写乐歌的形式，开创性填补了乐歌创作中的空白。唱歌集中还有 3 首二声部合唱歌曲，可以说也是一种十分超前的理念。此外，文字的书写方式也创造性地采用了横向排版的格式，使之更加规范，便于读者阅读。

一　吴稚晖为《心工唱歌集》作序

记言移风易俗，莫善于乐，时世上新，遂弃为陈言。其实与近人所谓艺术创造世界，命意亦无多殊。宇宙大法，过犹不及。则孔氏所谓乐而不淫哀而不伤，亦善状乎适当，又非陈言。乱世之音哀而伤乐而淫者，皆由民不乐声，始则忿戾，继则邪僻，过乎其所蕲向，阴驱而之然也。中山先生改造之策画，无一不恰适于现代。循是千百年可徐臻大同。所以民元开国之初共抱无穷之希望，学校弦歌一时皆流露正始之音。其间尤以心工沈先生之学校唱歌集盛极南北。不幸封建余孽回光肆虐，逐渐晦蚀其主义，驯至忿戾之气充塞域内，群不自知其流转邪僻，所谓毛毛雨、妹妹我爱你等之桑中濮上之声忽起而夺席。词人无所择，皆应乎实事之要求，几若出如乩笔之疾走沙盘，无可究其有心祸世也。邪僻之机既动，狠厉即随其后，挟不乐生之义气谬欲以杀人放火制造人类幸福，此如小儿修缮其恩物不遂，愤取大锤击使合吻，不悟其将毁为片屑，此中感召之理，极于晦玄，不非可咎若何一人。幸而过犹不及，宇宙自有其剥复，年来三民革命已重光而日巩，纵反响未毕，蜩螗犹殷，亦由动之静，余势回激，物理所含，不可或避尔矣。观乎毛毛雨曲等由官设禁，而盼心工先生歌集之再版者日有人，则消息之微，其来甚著。民国之运由此而大光，有可以一艺事之，区区坚信之。沈先生于再版前嘱加一言，而率言之如此，先生亦或首肯。

"不幸封建余孽回光肆虐，逐渐晦蚀其主义，驯至忿戾之气充塞域内，群不自知其流转邪僻，所谓毛毛雨、妹妹我爱你等之桑中濮上之声忽起而夺席"可以看出当时国内的音乐界出现了以黎锦晖为代表的流行音乐。"观乎毛毛雨曲等由官设禁，而盼心工先生歌集之再版者日有人，则消息之微，其来甚著。民国之运由此而大光，有可以一艺事之，区区坚信之"则表现了其对《心工唱歌集》的出版寄予的极大希望。

二　黄自为《心工唱歌集》作序

记得二三岁时，父亲买了几本唱歌书回来，母亲常抱着我唱那书里的"摇摇摇，团团要睡了"及"小小船，小小船，今朝聚会赛一赛"等歌。不久我也就学会了好几首。七岁我进上海初级小学读书，记得上第一节课唱歌，先生教的是《买花歌》，什么"清早起，清早起，到园里，采几朵花来做生意"。我在小学共五年，这时期中所学会的歌不下五六十首。因为我自小就很爱唱歌，所以一首首都唱得很熟，就是到现在大致都还能记忆。

小时候唱歌本身只是吟哦着，而不懂得歌词的内容；可是年纪稍长，知识渐开，有时候回忆儿时所唱的歌，咀嚼出词句的意味时，我就很想找出那些歌集来细细玩味，并看看作者到底是谁，书中还有些什么其他的歌。可是不幸家中所存的书已佚散了。我当时也曾到几家书铺中去寻觅。不过其时社会上正流行着毛毛雨一类的歌，而学校中也争唱这类香艳的词，我所要的歌集，坊间竟已绝迹！于是我只能默默地期望那些著者将来会把这些歌重刊的一日。

三年前应教育部之聘，编审全国音乐教材。在许多的歌集中看到了沈心工的一本歌集；翻读之下，发现了我童时爱唱不释口的歌，几乎全是先生所作。当时好像遇见了二十多年未见面的老朋友，是多么的高兴。

现在沈先生把这些歌重行付印，我的夙愿算是满足了。可是我现在所以深愿这本书出来，倒并不是单为了我私人的缘故，其中还有更重要的理由。那就是因为沈先生这本歌集在吾国音乐教育史上是有特殊地位的。沈先生起先编着这些歌曲时，还在三十余年前。那时非但没有这类的书，连学校里简直还没有唱歌课。据教育部第一次中国教育年鉴的记载，吾国小学课程规定有唱歌课最先在光绪二十九年（一九〇三年），那年就是沈先生起始编着歌曲的一年。我们因此可以说，先生是提倡音乐教育最早者之一。先生当时能独具双眼，看到音乐教育的重要，编制新歌出来使后生学子得乐教之益，这个功绩是值得赞扬的。沈先生的歌集，风行最早。稚晖先生所谓"盛极南北"确系事实而不是过誉。所以现在的音乐教师及歌曲作者多少皆曾受先生的影响，这一点贡献，也就了不起了。

沈先生的歌非但有历史的意义，歌的本身也自有价值。现在也许有一部分的音乐教师及学生因唱惯了富有诱惑性的艳歌，以为沈先生这些歌是"陈旧"是"迂腐"。但事实已证明其反。最近教育部编的中学及小学音乐教材，系由全国各书坊以及各学校所编著之音乐教材三千余首中经十数专家审慎选出。中选的二百多首歌中，沈先生的作品几占全数十分之一。由此可见先生的歌曲，即在今日，大家仍一致公认为合乎标准的音乐教材。

　　沈先生的歌词都浅而不俗，但意义深长，耐人寻味。字句与音乐的配合，每甚相称。如《铁匠》《月下蛙声》《小兵队》《时计》等曲；词与音乐那样吻合是极显著的。这本歌集中的曲调，大多采自国外童谣。但有一小部分系先生自己的创作。其中我最爱《黄河》一首。这个调子非常雄沉慷慨，恰切歌词的精神。国人自制学校唱歌有此气魄，实不多见。很可惜的先生太自谦了不肯轻易下笔，所以自谱的曲子不多。

　　最后我要略说沈先生作歌的精神。这集里大多数的歌，我在二十多年前已唱熟了的。但现在仔细看来，发现许多地方先生曾加修改。这样精益求精的毅力，是为吾辈的模范。再者这集内有几首是沈先生的近作，先生年已近古稀，尚孜孜不倦，这种精神更值得我们钦佩。①

这篇序言写得情深意切，总体来说，从三个方面阐述了自己的想法：第一，对沈心工本人给予了极大的赞赏，肯定了沈心工在开拓近代音乐教育上的地位；第二，对沈心工所创作的乐歌给予了极大的赞赏，称其"歌词都浅而不俗，但意义深长，耐人寻味。字句与音乐的配合，每甚相称"，并且说"最近教育部编的中学及小学音乐教材，系由全国各书坊以及各学校所编著之音乐教材三千余首中经十数专家审慎选出。中选的二百多首歌中，沈先生的作品几占全数十分之一。由此可见先生的歌曲被一致公认为合乎标准的音乐教材"，这些言语都足以说明黄自先生对沈心工的歌曲是十分推崇和喜爱的；第三，对沈心工进行乐歌创作的孜孜不倦的精神给予了崇高的敬意，并倡导我们学习。

三　沈心工自序

　　光绪廿九年，我在南洋公学附属小学，做了几首歌，教学生唱

---

① 　沈洽：《学堂乐歌之父——沈心工之生平与作品》，台湾作曲家协会，1990，第45页。

唱，觉得他们的兴趣很好，许多同事也哼哼地唱着。因此我很高兴，陆续做出歌来。积少成多，即成小册，名叫《学校唱歌集》。那时各处学校没有唱歌一门，自从得了我的歌集，也教学生唱起来。我的歌集常常供不应求。后来各书坊自己出了唱歌书，对于他人同类的书，不大高兴代售；而且在十年前，出了一种香艳的歌，一经比较，觉得我的歌陈旧了，迂腐了，我也知道我的歌不合时宜，甘心淘汰，停止发行。于是学校里不再唱我的歌，书坊里不再见我的歌集。不了近年以来，常常有人想念我的歌，不以为迂腐，而劝我继续出版。不免使我心活，好像已冷的开水再热起来。既要出版，总想比从前好一点，于是删改增订了一番，改名叫《心工唱歌集》。老同学吴稚晖见了稿子，承他称赞，送我一篇序文。正要付印，翻开稿子看看，还有不妥之处，想再修改，可是笔头很懒，所以搁到现在，方才付印。我不希望出版之后，再像起初的风行，不过对于劝我出版的朋友，表示感谢的意思；歌词和曲调一定还有不妥之处，恳求赐教。[①]

沈心工的这篇自序主要讲述了《心工唱歌集》付印出版的过程，从中表达了对于当时社会上流行的所谓"香艳歌曲"的看法，同时，我们从"正要付印，翻开稿子看看，还有不妥之处，想再修改"以及"歌词和曲调一定还有不妥之处，恳求赐教"等文字中，也可以看出沈心工严谨、谦虚的治学态度。

沈心工在中国近代音乐创作和音乐教育上有着举足轻重的地位，沈心工严谨治学，除弊革新的音乐风尚值得后人学习。遗憾的是，1937年（民国二十六年），抗日战争爆发，《心工唱歌集》出版因故中断，直到1939年，《心工唱歌集》才得以正式发行。

第三节　发表《稚雏》组诗

1927年12月3日，沈心工卸任南汇县县长。此后，以归鹤轩主自喻

---

① 沈洽：《学堂乐歌之父——沈心工之生平与作品》，台湾作曲家协会，1990，第47页。

的沈心工寄情山水，饱览江河山川，心情十分愉悦。他在"赠同学曹伯权有序"一诗中写道："心工执教鞭三十余年，后从政阅四月。乙丑冬，摆脱一切，托足林泉，岁必出游。今夏避暑庐山，入秋复沿鄂豫晋鲁四省铁道，游览名胜。冬初至首都，遇我同学伯权兄，辱承雅爱，招我杯酌，酒酣耳熟各吐所怀。"[1] 1932 年上半年，沈心工被教育部聘为全国音乐教材编订委员会委员和全国音乐教育委员会委员，并出席了在南京召开的全国音乐教材编审会议；同年，又出席了中国科学院组织召开的重庆会议，并游历四川、牯岭、汉口、郑州、开封、北平、天津、泰安、曲阜、南京等地（见图 14－7、图 14－8）。

留小顶五洗人同京途一率生权去
纪影摄右嵊学江平北届跺叔沈
全以此山在之多章南归十遊先心

图 14－7　1932 年沈心工与南京校友合影

自 1928 年至 1932 年，应学生邀请，他几乎每年都携亲友同游祖国各地，所到之处，都受到各地学生的热烈欢迎和盛情款待。1932 年，交通大学《南洋友声》曾以题为《旅平同学欢宴沈叔逵君》发表简讯：

上年十月九日，旅平南洋公学同学会 4 人欢宴沈叔逵君，在前门外煤市街丰泽园饭馆宴集。由沈叔逵报告母校近况，同学非常欣悦。兹将出席诸君姓氏志后。沈叔逵、刘泇海、孙宋鲁、福开森、于定

---

[1]　《南洋有声》1932 年第 22 期。

一、张亮丞、陈颂平、陈枚宜、胡钟英、章唐容、王君宜、顾仲权、陆达权、瞿保生、潘禹言、沈心诚、胡正祥、卫心薇、吴芩忱、王述勤、张叔滋、陆椿年、嵇洛如、张华垣、张文湛。"① 由此可见，沈心工桃李天下，深受交大师生爱戴，在交大校友们心中具有举足轻重的地位。

图14-8　1932年沈心工摄于泰山

游历期间，沈先生作有《避暑牯岭》《宿秀峰寺赠僧寄尘》《寄旅汉南洋同学会》《登泰山》等11首诗词，合称《归鹤轩六三吟草》。通过查阅大量珍贵史料，本书将首次披露沈心工的这一组诗，并对《归鹤轩六三吟草》进行赏析，以飨读者。

《归鹤轩六三吟草》组诗，展现了这一时期沈心工的人生轨迹和思想路径，也让人们更进一步了解这位值得大家敬仰与尊重的音乐巨匠与文化名人。

一　《归鹤轩六三吟草》

余不能诗，惟兴之所至，偶一为之。庚午游青岛，忽动诗兴，得若干首。今岁盛暑离家，冬初返里。所游之地为庐山、武汉、郑州、开封、北平、八达岭、天津、泰安、曲阜、金陵等处。所以志游迹者。日记而外，多摄影而少赋诗。兹检稿得十余首，归后之作得一首。总名之曰六三吟草。以后年今正六三也。前之胶游吟草则改为六一。为日后提名之便云尔。壬申冬月心工识。

1928至1929年，沈心工曾两次游览青岛诸地，游兴未艾，1932年又携西友斐理孟夫妇，侄女葆德，外孙周传青、传基、传钧同游多地，寓情

---

① 《南洋有声》1932年第22期。

山水，享受大自然给予的难得愉悦。游览之余，沈先生作诗十余首，一来言志，二来抒发游览之情趣，三来传递对人生种种境况的思考。

1. 《避暑牯岭》

> 梦绕匡庐已白头，今番避暑到牯牛，客窗先展兴图看，欲遍名山尽兴游。

> 与西友斐理孟夫妇、侄女葆德、外孙周传青、传基、传钧同游黄龙潭及仙人洞。

> 良伴招来亲友俱，红颜碧眼作前驱；
> 水边山顶深林里，仿佛群仙入画图。
> 山径盘旋五里遥，溪声澎湃一条桥；
> 桥头仰望庐林近，含笑迎人耸碧霄。
> 寺前宝树势参天，西域移来晋代年；
> 开镜商量留一影，浓荫满地影难全。
> 辘辘饥肠息道旁，采薪汲水出糇粮；
> 烹鸡未熟馋涎滴，说比家厨十倍香。
> 黄龙潭上石高低，激石奔流响鼓鼙；
> 藤杖一枝扶不得，倩人背负过前谿。
> 佛手何年落此峰，仙人洞外白云封；
> 满天雨意催人去，分就归途正暮钟。

这一首诗写得相当有情趣，不仅表达了当时沈心工内心的畅快，更体现其从容泰然和淡泊宽阔的胸襟。诗中"黄龙潭上石高低，激石奔流响鼓鼙"，写了黄龙潭的石头和奔流的溪水，用"鼓鼙"之声来比喻溪流击石，一方面足以见得沈心工对于古代乐器掌握的娴熟，另一方面也增添了不少诗歌的情趣。"藤杖一枝扶不得，倩人背负过前谿"，不禁让人想起南宋诗僧志南《无题》诗中的前两句"古木阴中系短篷，杖藜扶我过桥东"，虽是平铺直叙，但画面雅致古朴，颇如一幅中国古代文人的水墨画，格调高雅、孤标傲骨却又悠远恬淡。尤其最后两句"满天雨意催人去，分就归途正暮钟"为最佳，一种坦然、舒畅的自在感油然而生，却又透露一丝人生暮晚、壮士潇潇的悲凉之感，正如李清照的"渐一番风，一番雨，一番凉"，这种来自文人内心的澄净与哀伤之感，在诗歌中得到了恰如其分地体现。

2. 《宿秀峰寺赠僧寄尘》

秀峰寺里诗赠僧，落拓神情固有能，伴我清谈到深夜，证心共对佛前灯。

3. 《题牯岭周氏别墅三尺泉》

三尺泉，流涓涓，有源之泉流自远。
放乎四海为云雨，天下苍生无饥寒。

4. 《山居四十六日临去题壁》

入山忽忽月重圆，收拾行装欲买船。
天意似留游客住，连朝风雨挟云烟。
来时盛暑去中秋，雅愿登临愿半酬。
好景尚多游未遍，待余他日再来游。

5. 《寄北平老同学陈仲平》

回首前尘各黯然，云天一别雪盈颊。
告君一语君应喜，游罢匡庐欲到燕。

6. 《寄旅汉南洋同学会》

昨到汉皋游，相逢宴月楼。
情深多旧话，去速动新愁。
君尽云中凤，吾为海上鸥。
作歌犹未得，雅嘱在心头。

7. 《题游山小影呈福开森老师》

当年青眼深期许，自愧今为闲散人。

游罢匡庐来访旧，白头师弟更相亲。

到津欲访老同学薛梅士，不料于五月间中风辞世。赋此赠其子代章

阿翁与我同窗日，君正垂髫上学时。

那料此来翁不在，见君虽喜总含悲。

8.《怀老同学杨劲素》

吾到北时君到南，参商不见感难堪。

别来三十余年事，须待回乡把晤谈。

9.《登泰山》

日暖风和登泰岳，一心缥缈似游丝。

青天与我同呼吸，正是身临绝顶时。

10.《赠同学曹伯权有序》

心工执教鞭三十余年，后从政阅四月。乙丑冬，摆脱一切，托足林泉，岁必出游。今夏避暑庐山，入秋复沿鄂豫晋鲁四省铁道，游览名胜。冬初至首都，遇我同学伯权兄，辱承雅爱，招我杯酌，酒酣耳熟各吐所怀。兄自期服务至七十五岁，方肯息游，壮哉其志也。心工愿天假我年，观其大业之成，且得与之同游焉。别后赋此赠之。

卅载青毡每自夸，激流勇退走天涯。

喜君壮志迟游息，我待同游愿更奢。

11.《赠同学许豪士有序》

豪士名鸿逵，巳酉一别。转瞬十余年。昨游金陵，忽与顾弟遇之，辱承招我杯酌，并以近情见告。藉悉年来从政裕如，成家而有子女。公余则寄情丝竹，研究宫商，消遣高雅，不同流俗可敬也。又闻其于南京广播电台开幕之日，曾度昆曲一阙。

蜀中虽远，声浪犹清。

良友闻之，飞函赞美。

回忆往岁从余游，一堂弦颂，声犹在耳。

今竟青出于蓝，不可无贺。爰赠之以诗。

昔日弦歌有同调，而今蓝彩喜逢青。

玉峰逸响随飞电，广播之音万耳听。

12.《赠郁溪顾君凤孙有序》

丁卯冬，心工既卸南邑之事。承远北市士神之招，得与郁溪疏浚祝典，遂识顾君凤孙于河工局，嗣后每届九秋，必有菊花见惠，于今年五年矣，自问乏善，何当眷念若此。谨答一诗。以志感谢。

心同郁水日潆洄，忆昔登堂把酒杯。

高洁不如彭泽令，年年愧见菊花来。

通过《归鹤轩六三吟草》组诗 12 首，我们不难看出沈心工将对母校的无限眷恋移情于祖国大好河山，并将游历中的见闻和感悟寄予南洋公学的同学与师长。沈心工曾经像一位慈父一样呵护着南洋公学，如今他虽已离开母校，但这份对南洋公学的深厚感情用血浓于水来形容也不为过。从这组诗中，我们不仅看到的是一位心系教育事业、志向高远的知识分子，同时也看到了一位洁身自好、淡泊名利、恬淡静穆的中国文人。从诗中我们可以总结出以下三点思想内容。

第一，是洒脱，是淡定，是泰然。对于年过花甲的沈心工来说，30余载的时光都赋予了钟爱的教育事业，他兢兢业业，无愧于心。文人情怀在暮年的沈心工身上体现得愈加明显，游历途中的泰然和高远彰显了他的超然风骨。

第二，是素雅，是超脱俗，是坦荡清高。1927 年，沈心工在担任南汇县县长期间，不但未刮过老百姓一文钱，且为改善南汇水利，投入了自己极大精力和微薄的积蓄。由此便可见沈先生人格的高尚。组诗中，那种不从众只求纯净的心态，在碌碌尘世中极其可贵。

第三，是悲凉，是壮志未酬，是寂寞哀歌。诗中有"黄泉虽抱恨，白日自留名。悲君感义死，不作负恩生"（江总《哭鲁广达》）的志士遗憾，也有"细雨孤舟白下城。遗恨千古愧请缨"（夏完淳《由丹阳入

京》）的孤独无助，有"不知明镜里，何处得秋霜"（李白《秋浦歌》）
的凄凉落魄，也有"塞上长城空自许，镜中衰鬓已先斑"（陆游《书
愤》）的悲痛苍凉。一生事业未竟，国家尚衰，岂能安枕高卧，更岂能
隐世而歌。沈心工有文人特有的铮铮铁骨，志高节气，也有文人特有的
寂寥与落魄，但终究无奈"壮士暮年"，其中辛酸与感慨，更与谁
人说？

二 《六一吟草》

在《归鹤轩六三吟草》组诗中，沈心工还指出其于 1930 年发表的
《稚雏·胶游吟草》诗两首①纠正为"六一吟草"。内容如下：

（一）

胶澳初来日，便去沙子口；一路看梨花，如逐白云走。
恰遇游春侣，容我随车后；同学更相亲，分来握我手；
问我何时来，动我留兹久。团团坐高冈，推食分果酒。
座中皆英才，唯我一老朽；进取愧不如，闻游差可偶。
鼓腹复前行，曲折临水久；幸得昨夜雨，水声益怒吼。
攀登柳树至，至空不见柳。徘徊石亭侧，欲望劳峰首；
一峰多怪石，不只是与否？夕阳忽在山，精神犹抖擞；
试步两脚健，悔坐游山斗；所惜我衣薄，高寒不能受。
匆匆趁归途，客窗途与有；挥毫赋此篇，聊赠新旧友。②

（二）

近来不练身，出游代体育；奔波一月余，遍体长筋肉；
乃知劳力贵，宴安如鸩毒。两足闻我言，愤懑独不服；
足云"尔游山，百体受其福；唯我一双脚，不幸遭尔辱"；
水声悦尔耳，山光娱尔目，口尝树头果，下咽饱尔腹，
满身披清风，鼻闻花气香；百般快心事，一事不及足。

---

① 《南洋友声》1930 年第 9 期。
② 沈心工：《稚雏·胶游吟草一》，《南洋友声》1930 年第 9 期。

劳苦足任之，深山时行于；上山果然难，奋力如推股；

下山亦非易，唯恐坠深谷；步步踏实地，步步须伸缩。

耳游清晨出，鞋头露束束；流连暮始归，路途步急速；

一举重千金，不似尔身属。世人讲平等，待足何太酷？

我闻足云云，汗颜弥局促；两足尔勿悲，平心得忠告。

营营名利场，使人趋若鹜；舞蹈亦时尚，中夜灯红绿；

知尔性孤介，未当强一壶；唯此山水游，偶然劳移玉；

今番游最久，苦尔日仆仆。我亦知尔功，尔功当首录；

我当停游屐，买舟返沪渎；一事任尔为，其乐尔所独；

赤脚学大仙，丝毫无拘束，日日濯清流，不入浍浪虫。①

在第一首诗的卷首，沈心工谦虚地写道："余却贴括之后，三十余年不作诗。今年暮春，应侄女葆德及其婚周重岐之招，赴胶小住，依约有半；山光海影，使我流连，而诗兴勿动，有不期然而然者。不拘格律，不事推敲，随意吟咏，得若干首，题曰《胶游吟草》（后更正为《六一吟草》）；写蜡油印，以志雪泥鸿爪云耳。"从中我们可以看出，沈心工对祖国河山油然而生的一种热爱和赞美之情。沈心工还特意说明将游历期间的诗作和文章赠予交通大学工程学会的诸位校友来分享。一来是沈心工对于工程学会诸位校友盛情接待的答谢，二来也是沈心工将对母校的无限眷恋移情于祖国大好河山的集中体现。

第一首是沈心工 1930 年 6 月抵达青岛后的当日游记。诗中"座中皆英才，唯我一老朽；进取愧不如，闻游差可偶"，这是一种心态，也略有自嘲的意味。沈先生一生致力于国人之教育，养吾浩然之气，振奋国人之精神，今卸职而去，成为游历名山大川的"闲云野鹤"，独具文人墨客之诗心，可叹终究是"云澹澹，水悠悠，一声横笛锁空楼"（纳兰性德《鹧鸪天·离恨》），毕竟人已花甲，事已成舟，当一切都成为历历往事，无限感慨涌上心头，一种落寞的孤独感和壮志未酬的不甘心都化作诗文后两句"试步两脚健，悔坐游山斗；所惜我衣薄，高寒不能受"。如今读来，

---

①　沈心工：《稚雏·胶游吟草二》，《南洋友声》1930 年第 10 期。

仍令人唏嘘。"匆匆趁归途，客窗途与有"寥寥数笔，却字字珠玑，这种分量不是来自于沈心工对于个人离开南洋附小后的失落，更多的是一种对于国家前途的担忧。收篇一句"聊赠新旧友"又略微带有一些无可奈何和些许的淡然，作为一个文人，一个用教育帮助中国人走出苦难的志士，沈心工内心的这种苦楚是难寻排解之方的，因而产生出来的无奈和淡然也就成了这首诗最后的格调。

第二首诗是沈先生在连日游历之后，旅途劳累但却对人生世态有了另一番的感悟后所作。这一首诗着重表现了沈心工淡然豁达的情怀，展现了一位中国传统文人与生俱来的修养和思想倾向，沈心工是斗士，但此时的沈心工，更是一位迟暮的文人，一位淡泊名利与世无争的文人。

诗中"乃知劳力贵，宴安如鸩毒"中"宴安鸩毒"出自《左传·闵公元年》："诸夏亲昵，不可弃也。宴安鸩毒，不可怀也"。指贪图享受就等于喝毒酒自杀，从这里可以看出沈先生"生于忧患，死于安乐"的价值观，以及居安思危的忧患意识。"满身披清风，鼻闻花气香"，这一句写得很是潇洒，一个"披"字将先生此种快然与洒脱的情状一语道尽，可谓颇具匠心。"今番游最久，苦尔日仆仆。我亦知尔功，尔功当首录"体现了沈心工对被世人认知的渴望。

20世纪二三十年代的中国内忧外患，与大多数知识分子一样，沈心工也对国家的前途有着深切的关注和自己的思考。沈心工虽然没有像战士一样冲锋陷阵，但他始终以文人的情怀和独特的教育理念，试图慢慢改变一代中国人的素质、精神和气节，这种文人情怀是深情又充满忧患的，深情中寄托了从知识层面向价值层面转化的信心和力量，包含了投身世界、改造世界的信念与理想。

先秦三大学派——儒、墨、道的思想，长久以来一直影响着我国传统知识分子的认知架构，尽管理念不相同，但他们在对"道"的认知上却大体相同。在沈心工身上，我们看到的是一个富于激情与思想的知识分子的身影，他忧国忧民，但"忧之有道"；他思进废退，但"独树一帜"。一方面，作为文人和知识分子的沈心工，在辞别"好像自己身家性命，用全副精神干的"学校后，寄情山水，并且创作大量的歌曲和诗歌文章，这是一种文化人的素养与气质，有一种类似于"飞扬与落寞"

之后的寂寥感；另一方面，作为一位杰出的教育家、音乐家和文人，沈心工并不会因为事业失意就苟且而活，他一生的黄金时间都花在了教育事业上，严谨务实和积极进取的精神早已鼓舞和感染了一代又一代人。

第四节　发表回忆南洋的文章

1928 年，沈心工游青岛、济南，研习古琴，写《归鹤轩投壶杂录》等文章。同年夏，携全家赴杭州，参加西湖博览会，提出可使"三潭印月"重新映月的修复方案。

1931 年，受友人沈草农先生托，协助徐立孙先生出版《梅庵琴谱》；夏，携子葆中、葆安再游青岛并天津、北京。1931 年，沈心工发表文章《南洋公学之投壶》。① 同年，沈心工为南洋公学同学会举办的《南洋友声》杂志第十五期封面题词（见图 14－9），并在本期杂志文苑中发表《张东山小传》一文。②

图 14－9　1931 年沈心工为《南洋友声》第十五期封面题词

① 《南洋友声》1931 年第 14 期。
② 《南洋友声》1931 年第 15 期。

一　《南洋公学之投壶》

心工今日以投壶唱曲消磨岁月，因回想南洋公学创办之初，学生游戏有投壶一项，笔录之，寄奉友声主笔老柴先生，作为母校游艺部之掌故，殆无异夫老伶工手拨琵琶，高唱"把天宝当年遗事谈"乎。

豫黄庆澜等曾习投壶者，教外院生投壶之戏，时心工同在师范院肄业，故亦习之。壶为铜制，约高尺三四寸，口径三寸许，两旁有耳，耳径略小于口，箭凡十枚，削竹为之，尾阔七八分，厚一分许，以代羽，直立壶中，高出于口三四寸。

壶与投者之距，以投者右手三指占箭尾，稍俯其躬，引臂前出，而箭端能及壶口为度。

投壶手法，先以右手之食指中指托于箭尾之下，拇指压于上，如此站定，将箭尾正对脐间。余箭执左手中，正身直立，然后挥其指腕肘三部之合力，动荡箭竿，随上随下，每一上下，约时一秒，如此数回，俟其离心力正向壶口中心之垂直线，即乘势脱手，使箭端击地而跃出，苟用力恰到好处，则箭尾依抛物线而倒入壶口矣。

略偏左右则贯耳。每中一箭得一分，贯耳半分，姚君手法最佳，能十中八九，有时全壶。当日外院生亦不少能手，今交大工程处尤君挺伦，亦躬逢其盛者。盖此项游艺约历八九年之久，厥后球戏日盛，于是投壶一事，无人顾问矣。

这篇文章主要是沈心工撰写的一篇关于游艺的文章，文章中介绍了一种旧时的娱乐项目——投壶（见图 14-10），并且详细介绍了投壶游戏的全部方法和过程，最后稍微感慨这项游戏已经逐渐没有了昔日的繁盛，而代之以球类项目。

二　《张东山先生小传》

《张东山小传》是沈心工为其友人、已故的江苏镇江籍诗人张东山撰写的传记。文中，沈心工用真挚的语言回顾了友人张东山的一生。字里行间足见沈心工对于友人的思念。

图 14 – 10 投壶

先生姓张，名天爵，字东山，晚号鸿蒙，丹徒人，早岁能文而不利于岁科试，乃弃举子业，入上海梅溪书院，专攻经史时务之学，光绪己亥春，南洋公学师范院罗致之，任为中院国文教师，在职七年，例得叙奖，先生却之，故当日之同学录，他人皆详叙出身，而于先生而则称布衣，尊之也，既而两粤之优级师范，镇江之公立中学，敏成私校，扬州丹徒旅杨学校暨某某缙绅家之私塾，先后礼聘之，皆目为模范人物也，先生气度从容，性情恬淡，望之俨然，即之也温，善武术，未尝自眩其长，复善咏诗品茗，晚年则进而品泉，凡江浙间之名泉，足迹靡不至，至则别其味而甲乙之，好游山，在暑期中，科头不避烈日，裹糇量，手蒲葵扇，日徒步数十里，拾佳句而归，欣然自得焉，常以家庭概况告其知己曰，家有一子一媳，孙二男一女，无三椽之屋，无余粮，亦无债，虽衣食不足，无一切尘俗累，家事付之儿媳，不问者十余年矣，其安贫自得如此，民国己巳秋，就焦山图书馆校书席，翌年十月某日屋疾终于馆，年七十有五。著有东山吟稿，曰疏埜草，亲著，曰鸿蒙室随笔，各若干卷，待刊，其子逢辰，能供其业，心工曰，余读中庸君子素其位而行，不愿乎其外二语，以为平淡无奇，行之匪难，然而环顾世间，能实行者谁乎，今于先生遇之，其亮节高风，岂第足为学子之模范乎，苟人能以先生为模范，则廉洁，不足云矣。

从这篇文章我们可以清楚地看到，沈心工笔下的这位张东山先生是一位布衣高士，也是一位两袖清风、值得敬仰的老师。阅读沈心工的这篇人物传记，让人不禁想起陶渊明曾写过的《五柳先生传》。

这篇《张东山先生小传》文字非常朴素质实，绝不选声设色，讲究辞藻色彩的华美。表现方式纯取白描，用平淡的语言直叙情事，摹状物象，舒卷自如，读起来丝毫没有吃力之感。

三　《破天荒之南洋公学运动会》

1937年4月8日，交通大学举行41周年校庆，受校长黎照寰邀请，沈心工与交通大学附属中学校长徐佩璜一起参加了茶话会。满怀着对母校生活的无限眷恋，1937年6月，沈心工撰写了一篇题为《破天荒之南洋公学运动会》的回忆文章。

南洋公学诞生于民族危难之时，"兴学自强，旷世济难"成为建校伊始南洋人的责任。南洋公学早期的体育运动及体育课与音乐课一样，是一门向西方学习的课程，在沈心工等人的努力下，体育、音乐等学科都得到了校方的重视。1898年，学校举行了第一次运动会，这次运动会可以说是中国体育运动会历史上最早的运动会。它比1910年举行的全国性运动会还早了12年。

这篇刊登在1937年《南洋友声》第48期的《破天荒之南洋公学运动会》的文章，生动详细地描述了南洋公学初办时首届运动会的盛况。其实，在该文发表的前两年，沈心工已将自己收藏的《南洋公学首届运动会秩序册》交给了时任交通大学图书馆馆长的杜定友，并嘱托将其陈列于图书馆掌故馆（即校史馆）中。①

四　发表家庭小诗

1934年（民国二十年）6月28日下午，长子沈葆琦与袁惠芬女士在上海外滩举行水上订婚礼，先生特作诗三首名曰：《沈郎（葆琦）文定歌——归鹤轩主代小歌团制》；校友柴骋陆先生奉答三首以志喜。② 同年，沈心工为茹经（唐文治）纪念堂捐款30元。③ 夏，沈心工避暑青岛，作

---

① 《南洋旧话——破天荒之南洋公学运动会》，《南洋友声》1937年第48期。
② 《南洋友声》1934年第31期。
③ 《南洋友声》1934年第31期。

文《沈郎文定》，并且开始动笔写《家庭历史小说》。同年年底，沈心工心脏动脉硬化症发，家人嘱其休息。1935 年 1 月，先生长子沈葆琦与袁惠芬女士举行结婚礼，先生改革送礼陋习，特请蔡元培先生证婚，亲自拟定礼节单，并经蔡元培先生审定，婚礼简洁而又庄严。① 这期间，他充满了热情，发表多首家庭小诗，充满了愉悦的心情。

1. 沈郎（葆琦）文定歌——归鹤轩主代小歌团制

1934 年 6 月 28 日下午，沈心工长子沈葆琦与袁惠芬在上海外滩举行水上订婚礼，在上海引起很大轰动，沈心工特作诗三首，名曰：沈郎（葆琦）文定歌——归鹤轩主代小歌团制；校友柴骋陆先生奉答三首以志喜。六首诗歌题名为《沈葆琦君水上订婚志喜》发表在交通大学《南洋友声》第 31 期上。现呈于读者如下：

> 有诗为证：同学沈葆琦君，为小学部主任老同学叔逵先生之长公子。品学俱优，在商界服务有年，最近始经某某两夫人介绍，与袁女士订婚。因天气酷热，发起水上订婚礼。六月二十八日下午五时，特雇市公用局渡船，自上海南京路外滩开赴高桥，至八时方回，订婚礼即于航行时在船上行之，一时少长咸集，饮冰听歌，胜于拘在礼堂中者多多矣。记者以事未克参与，事后承叔逵先生以新歌三章见示，因依韵奉和，并录于左，藉留纪念。
>
> 沈郎（葆琦）文定歌
>
> ——归鹤轩主代小歌团制
>
> （1）沈郎文定报金钗，并蒂莲开六月天；
>
> 一对玉人主东道，冰盘款客泛楼船。
>
> （2）春申江上夕阳中，翠袖青衫舞晚风；
>
> 引得嫦娥也来看，一轮遥挂海天上。
>
> （3）中流容与乐如何，一曲群仙新制歌；
>
> 笑彼女牛还未巧，此船胜过鹊桥多。
>
> 葆琦学兄与袁女士举行水上订婚余以事未参加正深怅叹乃翁归鹤

---

① 《南洋友声》1935 年第 35 期。

轩主人以新制沈郎文定歌三章见示依韵口占奉答

——柴骋陆

（1）鲲生空自得金笺，雪藕调冰望远天；

遥美玉人主东道，阿翁欢喜在楼船。

（2）良缘缔就晚凉中，礼数雍容最可风；

水上订婚宜数典，鸳鸯游戏在莲东。

（3）莲开并蒂喜如何，文定还庚新制歌；

家庭若把歌团比，加入团员喜更多。

余兴未尽续占打油二首博笑——柴骋陆

（1）别开生面是非难，难得风骚起话端；

谱出清平新调子，婆娑点拍付歌团。

（2）不歌越老咏嫦娥，秃袖红妆笑语多；

共说女牛无比福，老郎作曲小郎歌。①

2. 避暑青岛甫归翌晨儿媳产两男赋此志喜

1934 年 9 月 26 日，游历青岛的沈心工闻听家人报来喜讯，长子沈葆琦之妻袁惠芬在上海产下一对双胞胎男孩，沈心工十分高兴和激动，随作诗歌《避暑青岛甫归翌晨儿媳产两男赋此志喜》一首。在诗中沈心工还专门解释："余归于九月二十六下午翌晨得孙，长孙产时四点八分，次孙产时四点二十分，次孙一足先出故施手术，双子星为黄道十二宫之一。"此诗刊于 1934 年第 32 期《南洋友声》上。

《避暑青岛甫归翌晨儿媳产两男赋此志喜》

老翁游兴年年好，山水流连归轭迟。

唯有今秋归独早，只因将近抱孙时。

枕上叮叮电话铃，阿爷接话祖旁听。

外婆汇报生男子，时正东升双子星。

产先容易后艰难，化险为夷母子安，

多谢亲朋皆道喜，远来函贺进来看。

---

① 《沈葆琦君水上订婚志喜》，《南洋有声》1934 年第 31 期。

　　老怀欣慰赐（锡）佳（嘉）名，兄曰昭昭弟曰明，

　　言行相期名副实，为家为国好争荣。

　　沈心工的诗文中，有对家国天下的忧思，有对祖国大好河山的礼赞，有对母校交通大学的牵挂，有对朋友家人的关爱，有对中华文化的弘扬。他是真正的诗人，有一颗正直的诗心。

第五节　赋闲钻研古琴

　　1928 年始，沈心工赋闲之时，开始研习古琴，研究《五知斋琴谱》《梅庵琴谱》等书籍，并且整理了伯公沈裕（字维裕，号皕琴）的《皕琴琴谱》。1938 年，沈心工开始写作《我的家》，同年 8 月 29 日，琴家沈草农介绍张子谦和今虞琴社诸琴家与先生认识，沈心工遂开始参加琴社活动；10 月，琴社悼念琴家李子昭，沈心工做《缀悼歌》；11 月，点校琴歌《李云春思》1、2 段；12 月，填配琴歌《春光好》（调寄《玉楼春晓》），点校琴歌《精忠词》。① 1939 年春，沈心工继续点校琴歌《李云春思》；2 月初，为今虞琴社作社歌；3 月 19 日，琴社张子谦、吴景略、沈草农夫妇、李葆珊、吴云孙、李明德、陈守之 8 位琴家为先生 70 寿辰补祝。11 月，用上海城车马纹古城砖特制琴桌一张，因城砖中空，共鸣尤佳，颇得琴友赞赏。同年，沈心工还改革七弦琴定弦用的"徽调"。1941 年夏，沈心工与张子谦、吴景略、李明德等琴家共商琴社改革事宜。② 1942 年 9 月起，沈心工的精神大不如前，各项活动都有所减少；11 月，沈心工以其坚强的毅力再填《春光好》词。

　　在沈心工的古琴研究过程中，值得一提的是沈心工与著名古琴家张子谦③先生的交往。④

---

① 沈洽：《沈心工年谱》，《中央音乐学院学报》1987 年 4 月。
② 沈洽：《沈心工年谱》，《中央音乐学院学报》1987 年 4 月。
③ 张子谦（1899～1991），广陵派琴家泰斗，原名张益昌，江苏仪征人。演奏风格清丽委婉，节奏跌宕，右手指法常用右偏锋弹奏于岳山和五、六徽之间，形成了自己的特点，晚年后，其演奏更趋于夸张豪放，不拘细末，追求舒展惬意的情趣。
④ 李凤云：《张子谦先生古琴艺术初探》，《中国音乐学》2000 年第 2 期。

1936 年，张子谦等人因崇尚明代琴家严天池创立的虞山琴派，并瞻仰其发展古琴艺术的功绩，谋"来日中华民族之音乐，保有黄炎遗胄之成分"，商议创立"今虞琴社"，以勉励今人复兴琴乐。沈心工为琴社创作社歌，"二月三日……请其作社歌，居然完成，并亲自交来。社歌命意遣辞均甚佳，分三段"。这份乐谱如今已无从寻访了，甚憾。当年，琴人李子昭逝世时，沈心工也曾创作琴歌作为哀乐，由今虞琴人在追悼会场唱奏。

张子谦在《操缦琐记》中记到："（1938 年 8 月 29 日）午后访草农，偕至沧州别墅晤沈叔逵先生——新社友也。先生精音乐，擅歌，生平作曲綦多，有《心工唱歌集》行世。与之讨论达二小时之久，所言多有见地。琴略能弹，惜未能甚专。出潞琴一，装潢极富丽，惜弦不齐，未克一奏，颇怅。别时蒙赠《心工唱歌集》一册。"1939 年 3 月 19 日，琴社为沈心工 70 岁生日祝寿："午后，景略、守之来，同往叔逵先生处……拍照后开始祝寿……寿翁款待极殷……歌《我的家》曲，阖家齐唱，音调柔和优美，家庭祥和之气充溢眉宇，可钦可羡。"张先生晚年还常常与友人提起当年同沈心工的这段交往，并称"我和他是忘年交"。

早年张先生为琴歌打谱，开始"点拍"时，一般是先由其大女儿家璞反复试唱，然后邀请社友吴景略、沈草农等先生共同试弹、试唱。1833 年（道光十三年）刊印的《二香琴谱》中有琴歌《梨云春思》，张子谦喜其词，"久拟谱出弦歌"。此歌的打谱工作始终得到沈心工在音乐方面的指导。1938 年 11 月 7 日《操缦琐记》中记到："午后访景略，商《梨云春思》。按谱一过，音节觉尚婉转。高音用至七弦一徽，低音多一弦徽外，为曲中少有。通体流畅，有辞琴曲向极呆板，唯此不为词句束缚，斯为难能。苟歌者得法，必多可听。点定板拍，极有出入。景略不愿留为之，乃同往商诸沈叔逵先生。承允试定一、二段，能有根据，推衍当较易矣。研究约二小时，始各别去。"几天后，沈心工将整理好的谱子送来。11 月 15 日"邀景略往草农处看《梨云春思》谱所定板拍。试弹、试歌，大致甚好，唯所定节奏，完全根据歌唱，对于指法不无小有出入，如背锁延为慢三板之类，似须加以斟酌。叔逵先生允为完全点定，弥深欣慰，不日当可观厥成矣。"11 月 30 日，"午后，偕玉蓉往景略家小坐，试弹《梨云春思》,节拍颇不易斟酌。宜于弹者,往往不宜于歌;宜于歌者,势须改动谱子方能调协。景略有退志,余仍主努力为之。凡一事成功,例须有许多波折,打破困难,自然游刃有余矣"。转年的 2 月 1 日,"晚谱《梨云春思》,改定第四段板。初点第五段板,命家璞试唱,音调虽平,未尝无可取处。拟再点两段,如大家认为不好,亦只得终止矣"。2 月 2 日,"午后访景略……出所定《梨云》板拍,请校正。景略认为尚好。适张女士来,试歌一、二段,音调仍平,但间亦有可取处。此曲共十段,所谱旧词多系句读平整者,求峭拔自不甚易。且词太长,苟声调高亢歌者,亦难为继。果平平唱出,能得缠绵婉转之致,斯亦在。晚归,复点成六、七、八、九四段。十二时始寝"。2 月 3 日,"余点定之《梨云》数段,试弹歌,叔老尚认为可用,私心甚慰,当努力完成之"。2 月 6 日,"午后,景略以事来栈,同至其寓,细校《梨云》板拍达三小时之久。中有数句大费研究,结果幸皆称意,相与大乐。至此可谓完成十之八九矣。"就是这样,常常一句就要研究两三个小时,直至满意为止。数月后,"全曲已臻妥善",最后再自己抄写、油印、装订几十册,分送本社、外埠琴友和浦东同乡会。这首琴歌的第一次演唱是在 1939 年 2 月 26 日的月集上,由张翰膺女士演唱,"张女士歌极好,大得全体赞许,以众请一度复唱,尤觉佳妙"。在后来的月集和琴社演出中,琴歌《梨云春思》成为保留曲目之一。

另一首琴歌《春光好》,也是张子谦用力甚勤的佳作。这首歌的音乐取自于《梅庵琴谱》中的《玉楼春晓》,由沈心工填词。当年张子谦初听此曲时,认为"婉转动听"。1939 年 1 月 8 日 "……往沧州别墅访沈叔逵,请歌《春光好》。是曲以歌为主,演辞音节堪称无间。若以琴谱言,以虚音填实字,似有斟酌余地。景略之意,拟将谱字再略改动,使音韵增强,似无不可。梅庵琴派大都以圆转为主,准此而为,大约不致差谬过甚。" 1 月 12 日,"饭后访景略,吹奏《春光好》,谱字略改数处,尚觉生动。箫之高低音,亦配合妥洽,惟尚乏人唱耳"。这首歌最早也是由张翰膺女士演唱,"(1939 年 1 月 29 日)本社举行第六次月集……新节目《春光好》,张女士之歌极佳,深得四座赞许"。至此,可谓大功告成。以后,在今虞琴社的演出中,又多了一档保留节目。

但由于这方面的史料如《皕琴琴谱》暂缺，已无法知晓其确切内容，在这里不能对其进行详细的分析。但是我们可以得出这样的看法：将近古稀之年的沈心工，没有仅仅停留在乐歌创作方面，而是拓展更多领域。这一时期，沈心工深入古琴的研究，不仅提高自身的音乐素养，也丰富了我国对于古代琴乐的研究。

第十五章　难忘交大情节

实际上，从沈心工离开交通大学直至因病去世，在长达 20 年的时光里，沈心工从未间断过对交通大学及附属小学的关注、关心和爱护。他积极参与交通大学的各项活动，为母校的发展献计出力，并且在南洋公学同学会等组织中起到极大的影响和作用，所以，沈心工这份拳拳的南洋情意在后人看来是十分值得尊敬的，先生对于教育事业的这份执着也是十分值得后人膜拜的。

第一节　积极参加交通大学的各项活动

据史料记载：1928 年，南洋公学同学会按照会章第 6 条规定，选举沈心工、张松亭等 5 人为新一届理事。[1] 1928 年（民国十七年）元旦，南洋公学同学会召开年会，计 140 余人参加。年会讨论修订同学会章程，庆祝美国传教士福开森博士夫妇来华 40 周年并向其赠送纪念品，福开森博士发表演说，作为南洋老同学，沈心工乘兴引吭高歌（适年沈先生 58 岁），赢得满堂喝彩。[2]

1932 年 4 月 6 日，时任交通大学校长的黎照寰亲笔致函沈心工，恳请沈心工出席 4 月 8 日上午 9 时在校庆纪念日上举行的宣怀花园开幕典礼并致辞[3]（此花园系本校创始人盛宣怀家属盛泽丞捐 3000 元修建。为纪念盛宣怀创办本校，学校后遂以盛宣怀的官号"宫保"命名，后将此花

---

①　《南洋友声》1928 年第 1 期。
②　《南洋有声》1928 年第 1 期。
③　交通大学展览会卷二宗，1933 年 4 月。

园改为宫保花园）。当日与先生一起参加典礼的还有交通大学前校长蔡元培、叶恭绰、王伯群、孙科等。① 典礼结束后，黎照寰校长邀请先生与南洋模范中学校长沈同一一起亲切合影（见图 15 - 1）。

图 15 - 1　交通大学 37 周年校庆纪念日与校长黎照寰（右一）
南洋模范中学校长沈同一（左一）合影

1933 年（民国二十二年）南洋同学会年会志盛，盛会后沈先生与同学合唱聚餐歌，受到同学会同仁的爱戴。

1937 年（民国二十六年）4 月 8 日，交通大学校庆 41 周年纪念日，校长黎照寰邀请沈心工、徐佩璜等参加茶话会。②

1938 年，沈心工为国立交通大学创作校歌。1938 年 6 月，南京国民政府教育部曾专门就"校歌"事宜向部属院校发出训令称："音乐一科，为陶冶青年儿童身心之主要科目，自古列为六艺之一。现在各级学校教授音乐，教材虽未尽趋一致，但自编校歌，以代表各该校之特点，而于新生入学之始，则教之歌咏，以启发爱校之心，影响甚为重大。兹为考察起见，各学校应将所编校歌，呈送本部，以备查核。仍未编制校歌的学校，必须抓紧编制，并限期呈报。"沈心工和陈柱将其原创作的三段体《母校歌》的歌词商定修改，又请原交通大学校长唐文治修正，经黎照寰校长函请国立音专萧友梅先生作曲，共同创作了《国立交通大学校歌》。③

① 上海交通大学校史编纂委员会编《上海交通大学纪事 1896～2005》（上卷），上海交通大学出版社，2006，第 242 页。
② 霍有光、顾利民：《南洋公学——交通大学年谱》，陕西人民出版社，2002，第 448 页。
③ 民国档案（715 卷）（1938～1940），西安交通大学档案馆资料。

第二节　创作交通大学校歌——《为世界之光》

上文提到沈心工等人为交通大学撰写《国立交通大学校歌》的事宜，在笔者认真的考证之后，对此进行详尽的叙述。2005 年 4 月 4 日，西安交通大学下达正式文件，决定"启用校训、校歌"①。启用的校歌，正是由沈心工、萧友梅等四位大师共同创作于抗日战争时期的交通大学校歌《国立交通大学校歌》（近改名为《为世界之光》，以下简称《校歌》）。校歌的歌词与乐曲保留了原貌，未作任何修改，反映了当代交大人充分肯定这首校歌的思想境界与文化价值，尊重历史，继往开来。查阅西安交通大学现存相关校史文献后，我们可以得知这首《校歌》出处有二：一是刊登于 1943 年 4 月出版的交通大学"四十七周年校庆纪念刊"——《交大概况》之上，由交通大学（重庆本部）编印；二是刊登于 1944 年 1 月出版的《交大友声》（第一期）之上，由国立交通大学与交通大学同学会联合编印。这两个刊物都将《校歌》特意放在首页位置，且均署名萧友梅作曲。

据考证：萧友梅先生曾两度为交通大学谱写校歌，第一次是 1933 年 3 月应交大校长黎照寰之约，采用沈心工、陈柱的三段体《母校歌》歌词创作而成。第二次是 1940 年 3 月，根据沈心工、陈柱及唐文治校长依《母校歌》修正的《为世界之光》谱写了《国立交通大学校歌》。

一　三段体《母校歌》的创作始末

校歌，是一所学校的音乐名片和精神气质象征。交通大学每首校歌都有其深厚的历史背景和文化底蕴。南洋公学时期的《警醒歌》和《四勉歌》是中国近代史上新式学堂最早的校歌，创作于清朝末年洋务运动时期，有着它们特殊的背景。对于南京政府统治时期的交通大学而言，它仍有积极的不容抹杀的影响。但校歌作为一个时代的灵魂产物，也随着社会历史变迁而几度变更。因此，在 1928 年 10 月 26 日召开的临时教务会议

---

① 霍有光：《校训校歌正式启用》，《校友之声》2005 年第 1 期。

上，征求新的校歌就成为交通大学校务会议的主要议题之一。会上一致认为"校中旧校歌已不适用，特悬赏征求新校歌。其歌词入选者奖金牌一面，如连歌谱，则加奖洋三十元，于 11 月底截止"①。

随后，无数应征稿纷至沓来，最后，沈心工和时任交通大学中文系主任陈柱商定完成的一份中英文对照版的三段体《母校歌》歌词被暂定为校歌歌词。② 歌词如下：

> 交通母校，真理之花，吾心所爱，吾身以荣！
> 永与生存，蔚为硕果，芬芳远近，掩映南洋。
> 交通母校，照耀高岗，如金壮丽，与日豪光！
> 同胞信仰，进步自强，前程万里，呈现蓝黄。

1930 年冬，黎照寰先生就任交通大学校长，开始了他在交通大学长达 12 年的教育生涯。他在交通大学任职期间，正值萧友梅创建国立音乐院之时，两人往来十分密切。黎照寰校长主持交通大学在 1936 年 4 月 8 日举行为期 3 天的纪念校庆 40 周年活动时，时任上海国立音乐院校长的萧友梅先生受邀专程到校庆贺，在大会上对交大建校 40 年来所取得的成果和贡献给予了高度评价及认可。③

此外，当时的交通大学与国立音乐院也进行了多次艺术交流。在《交大周刊》和《三日刊》上都分别有详细记载："黎校长有鉴于音乐在生活上之重要及我校同学之情况，本学期特聘请国立音乐院来校演奏，每学期二三次"。《国立音乐院莅校表奏》载："此曲只应天上有！人间那得几回闻？春假前，本校会敦请国立音专来校表演，是晚文治堂中，摩踵接肩，水泄不通，该校表演者，多为西乐，仅琵琶独奏为重乐，然无论其为中为西乐，类多怡神悦耳，听者忘倦，其中独以赵元任君之独唱，最受欢迎，会被迫再唱第二遍。"④

1933 年 3 月 22 日，黎照寰校长亲自函请萧友梅为交通大学谱写校

---

① 《南洋友声》1928 年第 5 期。
② 民国档案（715 卷）（1938～1940），西安交通大学档案馆资料。
③ 《校庆四十周纪念会盛况纪略》，载《交大四十周年纪念刊》，上海商务印书馆，1936。
④ 《国立音乐院莅校表奏》，《交大周刊》（第 7 卷）1934 年第 3 期。

歌，并在邀请函中亲切尊称：

> 友梅仁兄先生大鉴：前次晤面曾恳代制敝校校歌乐谱，已蒙金
> 诺，至为欣幸。兹仅将中英文歌词各一份随函呈上，敬希查阅，早
> 日制成。于本月十日以前掷下，至词句如何修正，尤为企祷，专此
> 顺颂（见图 15 - 2）。①

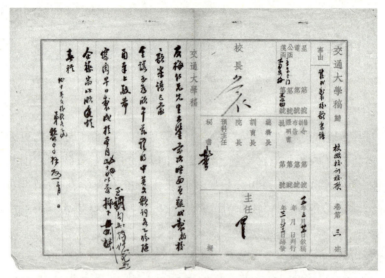

图 15 - 2　1933 年黎照寰校长给萧友梅的信函

萧友梅谱曲后确已回复黎照寰校长，黎照寰校长为了妥当起见，由交
通大学校长办公室发布了听取对三段体母校歌意见的公函，分送各个学院
院长以及学校其他领导阅视，听取广泛的修订意见，时任电机工程学院院
长张廷金和著名的土木工程学专家李谦若院长提出了合理的意见（见图
15 - 3、图 15 - 4）。

张廷金的意见函：

> 经复者廷金，对于校歌音谱素无研究，唯词句意义颇觉折杨奋发
> 可颂可歌，数十年来未有之校歌，一旦拟成，亦一快事，最好于未公
> 布前再就正于修辞家及音乐家。

---

① 民国档案（715 卷）（1938～1940），西安交通大学档案馆资料。

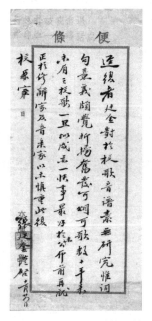 

图 15 - 3　张廷金对校歌的　　图 15 - 4　土木工程学专家李谦若
修改意见　　　　　　院长的 5 条意见

李谦若院长提出了五条修改意见：

一、英文歌似可不要；

二、比美门场"场"未知是否是"墙"字之误；

三、中文歌应协韵，"荣"与"洋"不同韵，"穷"与"场"亦不同韵；

四、吾身以荣，似有提倡虚荣之嫌；

五、如金壮丽，似有拜金主义意味。

最后，校方接受了李谦若院长的 5 条意见，并将英文对照歌词删去。

现在这些有关校歌的公函，除了作为珍贵的书法作品供世人欣赏外，已成为西安交通大学档案馆的珍贵文件。

但此次创作的交通大学校歌，一方面，因为校歌内容本身在交通大学校内引起了一些争议，另一方面，因为此后的抗战带来的国内动乱局势，这首经过萧友梅谱曲的三段体《母校歌》未能在交通大学校园内传唱。令人遗憾的是，因岁月的流逝、战乱以及主体西迁等各种因素，这首经由萧友梅谱曲后的中英文三段体《母校歌》歌谱已无从查证。

二 交通大学校歌——《为世界之光》的诞生

1934 年 11 月 16 日《交大学生》第 1 卷第 3 期和《交大半月刊》第 29～30 页发表署名"小玉"的文章:《我不能唱那旧时的歌了》。

1937 年 3 月 30 日,《交大学生》(第 6 卷第 1 期)发表署名"欣之"的文章——《我们需要校歌》,文章简明扼要地论述了校歌的作用与意义,"在我们齐声高歌或曼声低吟"校歌的时候,"它唤起了我们对一个团体热烈的感情,它激起我们表现那团体特性的情绪"。文章提出了编写新校歌的宗旨,即"它要代表一个团体的灵魂;它要显露一个团体的历史,更要表现它的特性,和它的精神"。作者向学校发出强烈的呼吁:"我们更需要校歌,我们更需要能达到这几个目的的校歌。我们需要校歌!!"

前述提及,1938 年 6 月,南京国民政府教育部曾专门就"校歌"事宜向部属院校发出了训令。在训令下达后,交通大学再次将制定校歌提上议事日程。遂请沈心工和陈柱将其原创作的三段体《母校歌》的歌词商定修改,又请原交通大学校长唐文治修正①,形成了后来被命名为《为世界之光》的两段体校歌歌词,亦即现在我们看到的西安交通大学校歌歌词。

歌词分为两段:

> 美哉吾校,真理之花,青年之模楷,邦国之荣华,校旗飘扬,与日俱长,为世界之光,为世界之光。美哉吾校,鼓舞群伦,启发我睿智,激励我热忱,英俊济跄,经营四方,为世界之光。
>
> 美哉吾校,性灵泉源,科学之奥府,艺术之林园,实业扩张,进步无疆,为世界之光,为世界之光。美哉吾校,灿烂文明,实学培国本,民族得中兴,宇土茫茫,山高水长,为世界之光。②

随后,黎照寰校长将修正后的校歌歌词《为世界之光》函致萧友梅,请其再度为交通大学校歌谱曲。1940 年 3 月 28 日,萧友梅函致黎照寰校

---

① 民国档案(715 卷)(1938～1940),西安交通大学档案馆资料。
② 民国档案(715 卷)(1938～1940),西安交通大学档案馆资料。

长，并附上了新谱曲的交通大学校歌，且注明新谱交通大学校歌为四部和声体系，因为萧友梅认为歌词稍短，遂在校歌结尾处运用重复歌词"为世界之光"的创作手法。信函内容如下：

照寰校长，吾兄大鉴：本月二十三日大函敬悉。嘱为制贵校校歌谱，业已遵命谱就。查歌词系赞颂性质，特照颂体作成，并附以四部和声，唯歌词微嫌过短，不足拍数，故将末句叠唱一次，以补足之，未知君意以为如何。敬乞。

随后，萧友梅还专门对歌曲的制谱有关事宜提出建议，在信函中又补充写道：

裁正一切，兹先将草稿送阅，如蒙须制为锌版，敝校尚有专门缮谱之人，纳费二三元，当可代为缮正，但须再候二三日耳，如何之处顺希示复。专此敬候，大安。

在信函写完并署名后，他还专门附上了一句自己的疑问：

再者，贵校校歌歌词，系何人所作，亦望示之（见图15-5）。"①

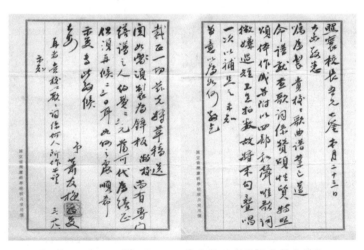

图15-5　1940年3月28日萧友梅函复黎照寰的亲笔信

---

①　民国档案（715卷）（1938～1940），西安交通大学档案馆资料。

萧友梅提出的有关校歌歌词作者的问题，黎照寰校长在 1940 年 4 月 2 日写给时任教育部高等教育司司长吴俊升等人的一封信函中就已经清楚表明：

> 大鉴接展本年二月二十七日第五七六三号，大函嘱检寄歌谱及伴奏，并作词及作曲者之姓名亦一并示之等由，查本校歌词系由沈庆鸿、陈柱尊两先生商议经唐蔚芝先生修正者。（但）作词者之姓名当时并无记录，亦未能确定，兹将歌谱一纸有函远达，即希查收为（祷）（浅）颂，台绥。附歌谱一纸。[①]（见图 15 - 6）

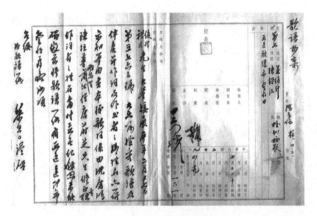

图 15 - 6　黎照寰给教育部的信函

黎照寰校长信中所言与我们上述情况相一致，再对照《母校歌》歌词来看，二者虽有一定区别，但基本精神却是一脉相承的，只不过《为世界之光》更具有时代气息，所表达的精神理念更加崇高，气质更加昂扬向上，歌词更加通俗完美。

1940 年 4 月 19 日，交通大学将谱曲完成后的交通大学校歌《为世界之光》呈送了国民政府教育部。最后才使得我们今天看到和传唱的交通大学校歌得以确立（见图 15 - 7）。

三　校歌文化精神

探析《校歌》的主题思想，我们可以概括为三点：

---

① 民国档案（715 卷）（1938~1940），西安交通大学档案馆资料。

图 15-7　《为世界之光》

一是交大以培养追求真理、繁荣国家的楷模青年为教育目标，要求交大学子能担负起鼓舞群伦（群伦：同类）、启发民族睿智的责任，激励热忱，英俊济跄（济跄：仪容敬慎貌。济，通"齐"。语出《诗经·小雅·鼓钟》："济济跄跄，絜尔牛羊。"），经营四方，为推动世界文明而作出贡献。

二是交大以振兴中国科学、艺术、实业为办学方向，旨在成为民族振兴的源泉、原始创新的基地，依靠"实学"即厚重的专业知识来夯实国家基础，复兴中华民族，建设世界强国。

三是一代代交大学子，承前启后，继往开来，以母校为美，以母校为荣，校旗飘扬，山高水长，交大历史与交大传统将与日俱长。这些思想与我国当代实施科教兴国战略，加强精神文明建设，实现和谐社会的目标完全一致。

四　校歌音乐特征

萧友梅先生作曲的交通大学校歌，是交大历史上第一首多声部的合唱作品。全曲充溢着传统的德奥音乐艺术风格，这和他8年留德攻读音乐学博士学位的经历有一定的关系。词曲结构安排巧妙，和声语言处理如同和声学教科书般工整严谨，交大校歌音乐特征分析可概括为五点。

1. 从旋律、节奏到和声、曲式结构来看，均具有"学堂乐歌"的典型风格。音乐始终连绵向前，充满动力性。

2. 和声朴实，最多用到重属及重属七和弦；正三和弦用到了属以下九和弦；副三和级上的，级上的也都有所应用，使得混声四部合唱特别地富有意境和韵味。

3. 从乐曲旋律和节奏来看，贯穿全曲的只有一个短音接长音的"抑扬格"的基本乐汇——"x丨x."，使全曲呈现昂首挺胸之态，自豪自信之慨，旋转上升的旋律洋溢着青春的活力，给人留下深刻印象。

4. 曲式结构是非常别致的"你中有我，我中有你"的结构形式，看似不带再现却又隐含再现（在b乐段中"若隐若现"地不时闪现a乐段中的旋律片断："321""543""325"……两个乐段结束时的节奏也是相同的）。这种"在b乐段中'若隐若现'地不时闪现在a乐段中的旋律片断""几个乐段结束时采用相同节奏"的我国古曲中常用的手法，究竟是作曲家有意进行的"民族化"探索，还是萧友梅先生作为中国人的一种本能音乐思维逻辑所致不得而知。但无论怎样解释，都不可否认一个事实：在结构上，这是一首具有"中国特色"的单二部曲式（见图15-8）。

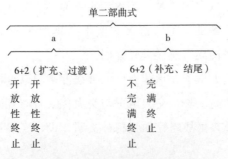

图15-8　校歌单二部曲式结构

5.（1）a 段（1～6 小节）充满自豪和自信；采取开放型终止模式，结束在不稳定的"re"二级音上。（2）过渡句（7～8 小节），出现了一个新的"扬抑扬格"的对比性乐汇（xx　x. x　x—），这种号角性的乐句，使乐曲焕发盎然的生机，同时让人内心油然而生一种豪迈之情，一种按捺不住的激动，一种奔放的活力。（3）b 段（9～14 小节）与 a 段形成鲜明对比，调性也从 G 大调转到关系小调 e 小调上，从人声的中、低音区开始深情演唱，渐又昂扬，直到本曲的高音区。此外还采用渐强减慢的作曲手法，在有力的节奏中，营造出雄伟、庄严、勇往直前的气势，坚定地道出"为世界之光"的崇高使命，结束全曲（见图 15-9）。

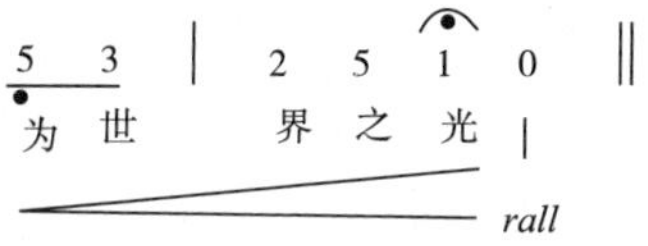

图 15-9

校歌作为学校的音乐名片，是学校文化精髓的集中体现，是师生共同理想、学校优良传统与办学特色的象征，功用在于传承学校的精神和办学宗旨，也是学校举行重大活动、隆重庆典时必不可少的重要元素。今天，回响在西安交通大学校园的校歌启用于 2005 年 4 月 4 日，而最早的创作时间则是在抗日战争时期的 1940 年。如今使用的校歌歌词与曲谱保留了原貌，足以反映出当代交大人充分肯定这首校歌的思想境界与文化价值，以及交大人尊重历史、继往开来的务实态度。

记住历史是为了启迪未来。2005 年也是反法西斯战争与抗日战争胜利 60 周年，西安交通大学决定恢复使用抗日战争时期的《校歌》，具有十分重要的现实意义和深远的历史意义，就像国歌仍沿用《义勇军进行曲》一样。让我们永存忧患意识，自强不息，励精图治，为中华民族的伟大复兴，为世界之光，奋勇前进。

第十六章　先生精神长存

　　1927 年离职后的沈心工，笔耕不辍，很少有闲暇的时光，他的活动主要包括：继续整理创作乐歌，出版《心工唱歌集》，受邀为交通大学创作校歌《为世界之光》；撰写《六三吟草》《六一吟唱》《南洋公学之投壶》等诗文；撰写家庭历史小说，研究《五知斋琴谱》《梅庵琴谱》，出任国民教育部全国音乐教材编订委员，积极参与南洋公学同学会及交通大学各项重要活动，为母校及祖国音乐艺术发展不遗余力地贡献着自己的光和热。直至 1942 年，沈心工由于长期操劳过度，精神欠佳，在家人和友人的劝告下，他的活动才开始减少。1946 年以后，他的身体每况愈下，许多挚友和交通大学校友们都对他表示关心，来病中探望他，同年他在病中接受基督教洗礼。1947 年 9 月 5 日下午 7 时 50 分，沈先生终因医治无效，病逝于上海，享年 77 岁。家人尊重他的遗愿，将其遗体火化，后于 9 月 28 日在上海慕尔堂举行追思礼拜，随后举行海葬，其骨灰撒于吴淞口"三峡水"中。

　　1947 年 9 月 9 日，在上海西藏路慕尔堂（今名"沐恩堂"）举行沈心工追思礼拜。心工先生生前在交通大学的挚友及学生纷纷前往悼念。

　　为纪念先生不朽，唐文治、黄炎培、顾树森、赵曾珏、沈维桢、叶恭绰、章宗元、赵锡恩、李熙谋、王志莘等著名校友，与交大师生一起参加了追思会，对沈心工的逝世致以沉痛哀悼，对其家属表示深切慰问。

　　在征得先生亲属赞同后，他们联名设立"心工音乐年奖"，以纪念他的卓越贡献，并将所赠一切吊奠仪物，折合现金，筹作年奖基金。

　　此外，唐文治、黄炎培等人还在 1947 年 9 月的《大公报》刊登《沈叔逵（字心工）向诸位同学、亲友告永别追思礼拜启示》（见图 16 - 1），

并依照先生遗嘱，一切从简，敬辞花圈挽联等一切吊礼。同时刊登筹集
"心工音乐年奖"基金启。唐文治等10人联合冠名的"心工音乐年奖"。
其内容如下：

> 沈心工叔逵，毕生清德尽瘁教育。首制教育歌曲，对于国家社会
> 贡献实多。比年息影家园，归然鲁殿。惊闻遽返道山，同深悼惜。文
> 治等或谊切师生、或交深车笠，叹哲人之云亡期，风徽之永树爱体。
> 先生提创音乐之素心，征得其嗣君等同意，发起"心工音乐年奖"。
> 以提高我国作曲制歌之水准，而资纪念先生于不朽，倘为先生亲戚故
> 旧所赞同，即请拟送吊奠仪物，概折现钞俾作基金，并希径交上海江
> 西路新华银行代收，是所企幸。
>
> 唐文治、黄炎培、顾树森、赵曾珏、沈维桢
> 叶恭绰、章宗元、赵锡恩、李熙谋、王志莘

图 16-1　1947 年 9 月 9 日刊登在大公报第 8 版的讣告

　　1984 年，侨居美国的沈心工长子沈葆琦及夫人袁惠芬女士为纪念其
父亲沈心工在中国近代音乐史上所做的杰出贡献和承继其父之遗愿——
"鼓励中国优秀或杰出的青年音乐家"，缅怀父亲当年为启蒙音乐教育事
业辛勤耕耘、艰苦创业的精神，也为了使学生"尽量发挥他们的思想和
才能，而引导到一条理想的光明大道上"（黄炎培先生语），分别在中央
音乐学院和上海音乐学院设立了"沈心工音乐奖学金"。沈葆琦夫妇自愿
捐款 2 万美元作为基金，在 1984 年至 1994 年 10 年间，每年评奖 1 次，
共设 4 个等级的奖金，分别奖励优秀的青年师生。

　　沈葆琦希望父亲沈心工泉下有知，看到新中国的音乐文化事业和音乐
教育事业正在蓬勃发展，也能有所告慰。同时他也希望，为纪念沈心工而
设立的"沈心工音乐奖学金"能够继续为祖国的音乐文化事业和音乐教
育事业的发展起到促进作用，对奖励音乐人才，加速社会主义文化建设起
到积极的作用。

　　斯人已逝，但先生之精神犹在，沈心工创作的乐歌与他 30 年教育之
功绩永远镌刻在历史的丰碑上。1948 年 7 月 12 日，沈心工的挚友黄炎培
先生在大公报上发表题为《音乐教育家——沈心工传》文章，并附编者
按（见图 16 - 2）。

图 16 - 2　1948 年 7 月黄炎培发表在大公报上纪念沈心工的文章

　　沈心工一生所致力的南洋附小成为中国近代教育史上举足轻重的学
校，为中国近代的各行各业输送了大量优秀的人才，对交通大学教育理

念、办学思想的形成都有着极大的影响，如今的交通大学也正循着沈心工当年所提倡的教育教学思路不断前行。

　　作为一名音乐工作者，笔者向这位中国近代音乐教育的先驱和中国近代文化名人致以最崇高的敬意，沈心工的作品长存，沈心工的思想永在，沈心工一生走过的足迹也必将成为后人不断学习和践履的优秀榜样。

结　语

　　本篇介绍了 1927～1947 年沈心工的主要活动经历。这一时期，已年近花甲的沈心工身处乱世，身心也饱受冲击，在被迫辞去南洋附属小学校长一职后，他掌权过南汇县，寄情过山水，但不论沈心工走到哪里，身处何境，他都依然念念不忘曾经奋战多年的教育事业。20 年间，沈心工除了继续参与筹备南洋附属小学以及交通大学的各项大型活动，坚持向交通大学传输先进的教育思想和理念之外，依然不忘坚持音乐创作。也在这段时间里，他如泉涌般创作的经典词曲，不仅脍炙人口，风靡一时，不少作品更是成为我国音乐界的艺术瑰宝。

　　此外，这一时期的沈心工，不仅展现了其在教育方面的才能，也展现了其在政治、诗歌、散文等方面的才能，以及一位社会活动家的风范。沈心工作为一个教育者，他用他的乐歌感召人；作为一个诗人和散文家，他用他的思想启发人，用他的精神鼓舞人；他也是当时那个时代许许多多知识分子的真实写照。

　　同时，沈心工还是传统中国学者与现代知识分子的结合体，他不仅推崇新式教育的理念和方法，也十分强调中国传统文化讲究的修身和格致。他身体力行，培养了一批批为近代中国的进步发展作出巨大贡献的栋梁之材。今天，"沈心工音乐奖学金"的设立，各地莘莘学子对沈心工的深切缅怀，都在不断提醒我们，沈心工作为一代音乐教育的开拓者，他的精神永存，他的伟大思想值得我们继承和发扬光大。

第五篇

唤民族自强，引寰宇振聩

——沈心工音乐教育思想的传承

篇前言

学堂乐歌开启了新式校园音乐教育的先河，以"启蒙美育"为宗旨也为近代新式音乐理论的传播提供了条件，包括声乐演唱法、器乐演奏法、记谱法、乐理知识、作曲技法以及西方音乐美学观点等各类新式音乐理论被陆续介绍到了中国，成为音乐教学的必修科目。随着学堂乐歌的发展，合唱、交响乐、音乐会、歌剧、话剧等各种新式的音乐艺术形式也在中国落地生根。中国音乐艺术由传统性向现代性转变，因为这种新式音乐有别于传统音乐，人们称之为"新音乐"。新音乐的发展，为学校音乐教育增添了新的教学内容以及开阔了视野。同时，学堂乐歌内容涉及生活常识、世界知识、革命精神、共和理念、爱国思想等各个方面，推动了社会进步，提高了民众素质、启迪了社会文化。

沈心工的音乐教育思想对交通大学的办学传统、办学理念及办学方向等方面起到了积极的引导作用，他的教育思想为我国当今学界研究中国近代高等教育的实际状况提供了丰富的实例。沈心工在百余年前所提出的音乐教育理念，不仅与我国近些年所提出的大学生美育教育思想具有异曲同工之妙，也验证了马克思有关人的全面发展理论的正确性，具有重要的理论实践价值。

除此之外，笔者在研究中还发现，沈心工及其创立的学堂乐歌文化自20世纪初期便传播到了东南亚以及其他海外地区的华人社区中，这些歌曲对传承中华文化、加强海内外华人血肉联系等方面都起到了重要的作用。

第十七章　沈心工音乐教育思想研究

沈心工的乐歌根植于中华传统文化的土壤之中，唤起了民族的觉醒，为中国新音乐文化的发展奠定了基础。可以说，沈心工先生的音乐教育思想蕴含着丰富的中华传统优秀美德，也恰恰契合了习总书记的"树立文化自信""弘扬民族精神""教育是提高人民综合素质、促进人的全面发展的重要途径"的治国理政理念。沈心工学堂乐歌的音乐教育思想，对当今社会的音乐教育和我们贯彻、发展马克思主义相关文艺理论及马克思主义关于人的全面发展理论，具有承前启后、推陈出新的现实意义。基于此，将沈心工研究从过往的学堂乐歌层面上扩展到对音乐教育思想的研究框架上，对沈心工教育思想的缘起、形成、发展、传播及其内涵等诸多方面进行系统探索和研究，可以给我们今天的音乐美育教育带来无穷的启示和借鉴。

一　沈心工音乐教育思想的形成

沈心工音乐教育思想启蒙于 100 年前的上海，是一种诞生于特定时代并对不同文化进行兼容的独特文化现象，具有十分鲜明的时代特征。作为一名艺术家，沈心工的先进性则是表现在他善于更深刻地观察生活，具有比别人更敏锐的洞察力，他通过自己的音乐才能，使别人的精神思想丰富起来。世界著名音乐学家卓菲娅·丽莎曾说："创造者，应该是能更好地观察和理解现实的人，他们有天才，能够将观察和理解的一切表现出来。"[①]　在百年前的中国，沈心工音乐教育思想为当时社会上大众音乐文

---

① 卓菲娅·丽莎：《论音乐的特殊性》，于润洋译，上海文艺出版社，1980，第 124 页。

化及校园音乐教育的发展作出了十分重要的贡献。同时,音乐是运动传播的艺术,她展现在人们面前的是一系列构成因素的变动和运动。她永远是可见的、实际存在的,可以说是一种人类心理体验的运动。

沈心工坚持以提高国民素质为己任,形成了自己特有的音乐教育思想,即音乐教育要从娃娃(中小学)抓起,学校素质教育要包括音乐教育;坚持学生除学习科学文化知识外,还应培育音乐素养与品行,寓教于乐,寓乐于学。这种理念贯穿在他 1911 年为附属小学提出的办学"宗旨"中,这就是"以涵养国民之善性,培养国民之实学,扩充国民之知识、强壮国民之体魄"①。这不仅在当时具有先进性和科学性,即使在今天,也可为我们音乐教育和校园文化建设发展提供宝贵的借鉴。

从 1903 年沈心工在南洋公学附属小学首创学校唱歌课,掀起了中国近现代新音乐的启蒙运动,距今已有 1 个多世纪了。由于时间相隔久远、中国的音乐发展迅猛等原因,沈心工这个名字逐渐被人们所淡忘,甚至被淹没在民族音乐发展的大潮中而鲜为人知。然而,沈心工毕竟是第一个将西方集体歌唱的形式引入中国的学校并使其蓬勃发展,从而点燃了中国近现代新音乐启蒙运动的火炬,对中国新音乐文化产生了极其深远的影响。他的乐歌不仅影响了我国 20 世纪 20 年代红色根据地的工农革命歌曲创作,也为后来 30 年代响彻全国的抗日救亡群众歌咏运动的兴起奠定了基础。同时,沈心工更是为我国师范教育和小学教育作出突出贡献的楷模。他将自己一生最为宝贵的 30 年献给了交通大学附属小学的教育事业。他投身教育的热情以及先进的教学思想陶冶和影响了整整一代人甚至几代人。他的振兴中华、爱国爱民的精神值得我们继承和发扬,他的音乐教育思想对我们今天的校园文化建设和素质教育的发展更是有着重要的启迪和借鉴作用。

但令人遗憾的是,多年来学术界对沈心工的研究只停留在其"学堂乐歌"的层面。同时,由于资料的缺失和时代久远,今人对于沈心工的事迹也愈来愈缺乏了解,致使沈心工研究至今未能获得更深层次的发展。因此,将沈心工德智体美劳全面发展的教育理念与马克思人的全面发展理

---

① 霍有光、顾利民:《南洋公学:交通大学年谱》,陕西人民出版社,2002,第 13~14 页。

论相联系，提炼出沈心工音乐教育思想的核心价值，具有十分重要的现实意义。

二　沈心工音乐教育思想的内涵

沈心工学堂乐歌，根植于中华传统文化的深厚土壤，他的乐歌，以立德树人为根本，以传承中华传统文化为追求，突出价值引领，坚持育人导向，其作品中洋溢着美育、体育特点和校园特色，对于我们今天学校教育有着极大的启迪作用。其音乐教育思想的内涵体现在以下几个方面。

第一，体现了人的全面发展理论思想。沈心工虽然不是马克思主义者，他也并未接触过马克思主义理论，但沈心工的行为却印证了马克思主义理论的正确性。音乐艺术是文学艺术的一个分支，在一些基本原理和普遍规律上具有相似性。沈心工早期的学堂乐歌的歌词内容多与马克思文艺理论思想相暗合，对于由艺术实践及文艺作品中所凝练而成的沈心工音乐教育思想来说，是对马克思相关艺术理论的准确实证。他的乐歌中体现德智体美劳等方面的作品与马克思主义关于人的全面发展理论也不谋而合。因此，将沈心工的音乐教育思想提升到马克思主义关于人的全面发展的理论高度上进行研究，进行一些尝试性的突破，可以为沈心工音乐教育思想研究提供更加广泛的研究视角。

第二，凝练了先进的音乐教育理念。音乐教育实践需要正确的理论来指导，更需要先进而符合实际的教学方法。从这一点来说，沈心工的《小学唱歌教授法》仍然是我们音乐教师应该学习和借鉴的范本。我国中小学音乐教师不仅要具备音乐知识技能和音乐文化修养，还应该具备教育专业的理论和实践能力，如心理学、教育学、课堂教学能力等。为此，我们就要深入研究和思考沈心工《小学唱歌教授法》，充分挖掘沈心工音乐作品中所蕴含的美学。我们需要用自己对音乐的感悟和理解，去激发学生的情感共鸣。我们要善于用生动活泼的多种形式来进行音乐教学，并且在教学中感染学生，让学生在音乐艺术的氛围中获得审美愉悦。沈心工先生一生致力于音乐教育的实践和学堂乐歌的创作，曾为我们留下大量值得流芳百世的精品之作。但是，由于学术关注度不足以及年代久远等原因，至今关于直接表达他的音乐教育理念和思想的专著却非常少见。沈心工的

《小学唱歌教授法》是少数系统反映了他关于音乐教育的艺术技巧及教学
方式和方法的文本。它可以说是沈心工音乐教育思想在音乐教学中的具体
表现，是其音乐教育思想的智慧结晶和实践总结。就其在我国音乐艺术教
育历程中的地位和影响来说，《小学唱歌教授法》确实值得我们去深入挖
掘和学习借鉴。

　　第三，表征了民族精神的育人品行。沈心工 180 多首学堂乐歌，蕴含
着民族精神的育人品行，对小学生的养成教育起到了潜移默化的作用。尤
其是沈心工先后参与创作的六首校歌，是沈心工民族精神和育人思想的文
化体现，代表着学校的育人精神和办学理念，承载着学校的优良传统和办
学目的。

　　第四，蕴含了与时偕行的创新思想。沈心工提倡学生德智体美全面发
展，在南洋附属小学任职的三十年教学实践中，他将音乐美育教育思想付
诸教学实践，引导和启发学生感受辨别音乐的表现形式，帮助学生将音乐
的想象与自然和人的情感联系起来，极大地丰富和满足了学生的情感体
验，其教化育人的作用已经远远超出了一般意义上的中小学。

　　随着党的十九大的胜利召开，笔者深切感到，作为习近平新时代中国
特色社会主义思想的重要组成部分，音乐艺术和音乐教育将迎来一个崭新
的发展时期。当前我国音乐艺术出现了虚无主义的端倪，学校音乐教育功
能逐渐弱化。我们迫切需要以马克思主义人的全面发展的理论为指导，从
沈心工音乐教育思想中汲取经验，赋予中国音乐艺术更多的指导性，以满
足新时代音乐教育的需要为目的，对沈心工的音乐教育思想及其当代价值
进行系统地研究和探索。

三　沈心工音乐教育思想的当代价值

　　沈心工的音乐教育思想，不仅与我国当代学校提出的素质教育具有异
曲同工之妙，同时也验证了马克思主义关于人的全面发展的正确性和普遍
性，在今天仍具有十分重要的应用价值。学校素质教育的培养以及学校通
识教育的开展，一直是我国教育领域的重要任务，如何通过有效的方式来
提高学生的各项素养，特别是艺术素养，也是众多教育者长久以来艰辛探
索的课题之一。兴起于清末民初的沈心工音乐教育，不仅是我国近代音乐

教育的开端，也是我国校园美育教育的开端。沈心工在施行美育教育当中所采取的理念、方法及技巧，在本人看来，仍旧对我国当前提倡的素质教育具有一定的借鉴意义。因此，对沈心工音乐教育的探索和解析，是一项具有现实应用价值的学术研究。

从 1897 年到 1927 年，沈心工在南洋公学学习并任教 30 年。在这 30 年中，沈心工在南洋公学开设了中国历史上第一堂音乐课，出版了中国第一套音乐教材，发起了学堂乐歌运动。

沈心工一生所创作的乐歌风格清新，格调雅致，内容十分广泛。不仅有清新别致的景物，有可爱活泼的动物，有愉快轻松的日常生活，还有对时事政治的写照和对中华传统文化的弘扬。这些歌曲一方面展现了沈心工人格的豁达和清高，另一方面反映了沈心工对于当时社会环境积极乐观的期许和对于国家的期待。沈心工很清楚自己作为一个教育者、一个文化战线上的斗士，必须用他的乐歌和他投入教育中的思想理念感染一代又一代人，在他点点滴滴的工作中，不断寻求社会和国家的救赎道路。

总体上看，沈心工的音乐教育思想确实博大精深，但就其关注点来看，主要集中在音乐教育的目的、内容和方法等方面。概括起来就是，在目标取向上全面发展，做到"有教无类"；在教学内容上兼容并蓄，做到"中庸包容"；在教学方式上自由宽松，做到"心悦诚服"。这对于我们如何做好当下音乐教育，克服弊端，励精图治，为国家和社会培养优秀的人才都具有非常现实的意义。具体说来有以下几点。

首先，在目标取向上，提高全社会对于音乐教育的认识。学校教育除了要对学生进行科学的世界观、人生观及价值观教育外，更重要的是，要让广大少年儿童及其家长切实了解音乐是一门艺术，是一门文化，是一个成熟人才必备的素养和内在气质。随着时代的发展，未来社会对人类素质的基本要求必然是全能的，也就是成为德、智、体、美全面发展的现代人才。对于当代学生来说，不仅需要具备优秀的文化知识素养，还必须要有一定的艺术修养。只有德才兼备，全面发展，才能成为全方位的综合性人才，与社会的发展趋势相适应，在新的时代中有所作为。

著名科学家爱因斯坦曾经说过："这个世界可以由音乐的音符组成，也可以由数学公式组成。"他常常和量子理论的创始人普朗克一起演奏贝多芬的作品，他拉小提琴，普朗克弹奏钢琴。众所周知，量子论和相对论是现代物理学的两大支柱，我们无从考证这两位伟人在一起演奏时交流过哪些经典的科学思想，但我们可以猜想到，在两人音符碰撞交融的那一刻，科学之美与艺术之美在他们心中融会贯通，灵魂上得到了升华。类似的故事在中国也有，中国第一首小提琴曲是地质学家李四光 1920 年写成的。著名科学家钱学森特别支持艺术教育，他会吹圆号、弹钢琴。他有一句名言："科学家不是工匠，科学家的知识结构中应该有艺术，因为科学里面有美学。"艺术教育对人类创造性思维的开发以及大脑右半球的能力培养都有着非常重要的作用。沈心工作为一个音乐艺术的教育家，同样培养出了邹韬奋、徐谟、杜定友、张光斗等一大批在各行各业享誉中外的社会栋梁，其中不乏在科学领域取得突出成就的优秀人才。他们虽然从事的专业领域不同，但在他们身上，必然都拥有深厚的音乐艺术底蕴。正如美国《零点项目》执行主席霍华德加德纳提出的"多元智能理论"阐述的那样，"音乐智能"被列为人类 7 种智能之一，科学地验证了音乐艺术对人的全面发展是多么重要。

　　其次，在教学内容上，培养少年儿童的音乐文化素养。少年儿童是祖国的未来，少年儿童的音乐文化素养对其人格的形成起到了至关重要的作用。那么，该如何培养少年儿童的音乐文化素养呢？我认为，要积极推进音乐教学内容的改革，发挥音乐对人格的全面发展、个性的熏陶完善的积极作用。坚决改变将音乐课当作儿戏，敷衍了事的做法，在课堂内外不断充实孩子们喜闻乐见的音乐教育内容。社会层面上，要吸收香港台湾等地区的经验，积极创作适合少年儿童的校园歌曲。音乐教师方面，要像沈心工那样，一是注意音乐课的包容性，充分注意突出音乐教育的民族性、区域性和地方性特点，让孩子们在了解中华民族优秀音乐文化的同时，结合民族和地方的特点，尽可能多地接触一些当地的本土音乐以及戏曲、民歌等，这些做法对于民族音乐文化的传播也具有非常重要的意义。当然，要做到与地方特色相结合，就需要为音乐教师提供更多的进修深造和民间采风的机会，丰富教师的阅历，拓宽他们的知识面，不断提高他们的专业水平。二是要注意音乐课的时代性，主动适应社会发展特点，及时更新音乐教材内容。面对流行音乐的思潮，可以采取兼容并蓄、合二为一的办法，在教材中注意吸纳一定数量的通俗音乐，引入一些学生喜欢的校园歌曲。这些音乐大多旋律优美、节奏多变、篇幅短小、风格新颖，很能引起学生的共鸣。同时还要着力提高学生对音乐基础知识的掌握水平和对古典音乐文化的欣赏水平。学生在这种"润物细无声"的教育模式下，对传统音乐作品就不再敬而远之，相反会产生一种熟悉感和亲近感，更加便于校园音乐的教学与传播。三是可以直接从沈心工学堂乐歌中采纳一些带有普遍性、教育性和艺术性的歌曲。一方面让孩子们从中接受传统民族文化的熏陶，另一方面让孩子们从学堂乐歌的演变过程中了解校园歌曲和校歌的发展历程，增长他们的音乐文化常识。比如《警醒歌》《四勉歌》《学校唱歌集》《重编学校唱歌集》中的诸多作品，在当时就达到了盛极南北的程度，现在唱起来依旧朗朗上口，非但不会过时，反而会激发学生的好奇心，从中重新探寻民族文化的发展历史，汲取传统文化的艺术精华。当然，音乐教师如果能够做到像沈心工那样，根据学生的爱好和需要，带头创作符合孩子们喜好的校园歌曲，相信这样的音乐课一定会更加生动活泼，得到学生们的喜爱。

最后，在教学方式上，增强少年儿童对音乐艺术的兴趣。除了学校要为音乐教师提供宽松的教学环境，保证他们的自主性，让他们因地制宜、因时制宜、因人制宜地安排教学活动外，音乐教师要将音乐教学与童趣、生活、劳动、舞台表演结合起来，千方百计把音乐课教活、教好、教出成效来。一要针对学生的生理、心理特点，运用灵活多样的教学手段，比如让学生观看一部感人的电影或一幅动人的图画，欣赏一段优美的舞蹈，聆听一支抒情的歌曲，陶冶孩子的性情、净化心灵、塑造人格。同时，可借鉴沈心工创办学友会等经验，开设如"音乐讲座""合唱团""乐队排练"等活动，调动学生学习音乐的积极性。二是力求把音乐知识趣味化、形象化，要善于抓住学生好奇心强、善于模仿、求知欲强等特点，效仿沈心工的教学方法，用最直白的语言贴近学生，在感性认识加深的基础上，将其逐渐转化为理性认识。将枯燥、抽象、难记的理论知识形象化，根据各种音乐知识的不同特点，编制一些小故事、顺口溜，让学生在朗朗上口的儿歌中充分调动学习兴趣。三是教学相长，激发学生的学习热情，以广博的音乐知识引导学生探寻音乐艺术的奥妙，尤其要尊重他们的首创精神，使学生在音乐课中活跃起来，兴奋起来。同时要善于应用自由组队、小组竞赛等形式多样的评价方式，增强学生的荣誉感、自豪感。

在中国特色社会主义事业繁荣昌盛的今天，人们对美好生活的向往以及精神文化需求的日益增长，都迫切需要新的精神文明作品来重新焕发民族文化强大的生机与活力。但众所周知，中国社会此时也处在重要的转型期，当前的音乐文化中，充斥着太多品质低劣、主题不明、格调低俗的文化产品，很大程度上污染了人们的心灵。现代人需要常常回过头去，在浩瀚的艺术海洋中寻找那些曾经使我们的民族文化艺术实现飞跃式发展、使人民群众得到愉悦和鼓舞的优秀文化作品，并将它们发扬光大。显然，沈心工音乐教育思想在当下浮躁的社会里显得尤为珍贵，弘扬沈心工音乐教育思想，用健康向上的音乐吸引学生势在必行。传播并弘扬沈心工音乐教育思想不仅是弘扬其所包含的道德、哲学、人文主义精神和促进人的全面发展的理念，更是对治疗当前音乐教育功利主义盛行、音乐艺术界浮华媚俗、片面追求个人特长而忽视综合素质培养等种种业界弊病，起到"见效快且疗效好"的效果。

第十八章　沈心工音乐教育理念
对交通大学的影响

沈心工在交通大学 30 年的教学岁月里，为交通大学留下了丰富的歌曲、音乐教材、文学作品、言论报道的文字和图片资料。这些资料无论是对办学理念的构建，还是对学科建设发展，都是十分珍贵的财富，而这笔财富也在交通大学的办学理念中得到了很好的体现和传承。

第一节　办学理念的渗透

第一，南洋公学的首届师范生的背景及交通大学 30 年教学生涯，对于他创立并完善其音乐教育模式及思想具有相当重要的作用。随着他创办的乐歌课名声日盛，南洋公学附属小学的整体办学水平也越来越高。有感于沈心工的优秀，南洋公学任命沈心工为附属小学主事（校长），从参与制定《南洋公学高等小学堂章程》到负责附属小学学校教务工作、校长再到担任交通大学总学监等职务。沈心工系统地参与了学生培养计划的拟定，其思想理念对交通大学的办学方向起到了重要的渗透作用。

第二，参与校歌创作。校歌是学校风气及办学精神的体现，浓缩了一所学校对于其学生最根本的要求和期望。沈心工在交通大学工作的 30 年间，随着政局的动荡和社会的变革，交通大学的隶属也随之发生变化。从封建王朝的洋学堂，到北洋政府的工业学校，再到民国时期的综合性大学，这一次次的变化，自然也影响了校歌内容。从南洋公学时起，交通大学历史上共先后出现过 6 首校歌，而沈心工则全部参与研究和创作，可谓是"交通大学校歌之父"。通过对沈心工创作的校歌进行解读，我们可以看出沈心工与时俱进的思想变化过程。这种过程，也自然而然地体现在他的音乐美育教育思想中。他强调学生学习西学的同时要以修身为根本，注重学生的综合性学习，教导学生学贯中西。例如，他为附属小学创作的《四勉歌》中，就足以体现"植其本"的教育核心思想，以及以德为先的思想内涵。其最终目的是使受教育者成为"志操坚正，器识深稳"的"干事之才"。这些强调以"德"为主的教育思想，对今天加强素质教育，弘扬中国传统文化，建设社会主义精神文明而言，显然具有一定的借鉴意义。

第三，要求做人要"勤奋"。"业精于勤荒于嬉"，勤奋不止，勇攀高峰是沈心工要求每个学生必须懂得的基本道理。人愚笨优柔并不可怕，可怕的是懒惰松懈，不求上进；人依仗精明强健难以取胜，唯有勤奋才能取胜。当时交通大学的学生每人在入校时必须选报一项体育活动，并在期末接受考核。小学生们每天6点整就得起床洗漱，参加15分钟的体操，然后进行晨练和教室、寝室的卫生清洁，然后才能7点半用早餐，8点半早读，每天上课6小时，午膳加午休2小时，晚上7点集体参加晚课，直到9点就寝，9点15分准时熄灯。那时学生们的课业压力也是很重的，一名普通的附小学生必须研习数十门课程，其中尤其重视英文的听说读写能力，就是为了培养他们开眼看世界的能力，能够更好地学习西方先进思想，报效祖国。

第四，"饮水思源，爱国荣校"的校训，造就了一代代交大学子"求真务实、敢为人先、与日俱进"的精神品格。交通大学的办学坚持"起点高、基础厚、要求严、重实践、求创新"的传统，得益于沈心工、唐文治、叶恭绰、凌鸿勋、黎照寰这样一批教育思想家们，他们办学思想明晰，以教育为命根，必学术日新，而乃国家振兴，为国家民族培养人才。自盛宣怀建校以来，创办一所名实相符，真正意义上的高水平大学，始终是一代代南洋人不懈追求的崇高理想。事实上，沈心工即使离开了南洋附小，也多年如一日，心系母校，为学校的发展出力献策，甚至呼吁奔走，可以说沈心工亲身亲历了南洋公学的发展和成长。这所学校集中了祖国各地尤其是东南一带的优秀学子，开启了中国最早的师范教育，毕业于师范院的一大批师资力量，用他们的教育理念又影响了更多的学生，塑造了他们辉煌的人生，附属小学为中院乃至大学输送和造就了一批近代中国堪称栋梁的优秀人才，更铸就了后来的交通大学，并深深地吸引了全国各地最优秀的学子前来继续深造。

爱国爱校是以沈心工为代表的老一代南洋人卓越的风采和珍贵的品质，薪火相传，生生不息。后来，凡交大师生都同沈心工一样对母校有一种刻骨铭心的热爱和忠诚。这种品质伴随着交大人走过了半个多世纪。新中国成立后的交大人更是为祖国的建设挥洒着热血和汗水，为新中国社会主义建设贡献着自己的力量。1956 年 8 月，一个值得载入史册的日子，交通大学走过了自己第六十个年轮，在彭康校长的带领下，开始向西部进军。这支进军西部的教育大军喊着"向科学进发，支援大西北！"的口号，拉开了西迁建设的帷幕。这也正是交大人充分发挥了南洋精神，无条件地完成国家交付的艰巨任务，体现了新中国知识分子的高尚品质和觉悟。自此，交通大学分设交通大学（上海）与交通大学（西安）。1957年，上海造船学院、南洋工学院（筹）、上海市业余机电学院并入交通大学（上海）。1959 年，交通大学（上海）改建为上海交通大学，同年，交通大学（西安）改建为西安交通大学。1999 年，上海农学院并入上海交通大学，2001 年，交通部海上水下工程研究院并入上海交通大学，2005 年，上海第二医科大学并入上海交通大学。2000 年 4 月，经国务院批准，西安医科大学、陕西财经学院与西安交通大学实现合并。

近年来，随着建设创新型国家成为国家发展的核心战略，人力资源强国和高等教育强国成为新的重大战略目标，两所大学继续发扬南洋公学优秀的办学传统，在改革的大潮中阔步前进。上海交通大学进一步加快建设世界一流大学的步伐，及时调整发展重点和发展路径，努力实现从以规模扩张为主向以内涵发展为主转变，从以布局调整为主向以质量提高为主转变，把人才、质量和特色放在重中之重的位置。目前，上海交通大学正围绕"五个提高"（提高师资队伍水平、提高人才培养质量、提高学科层次、提高科研能力、提高管理效率）和"三个提升"（提升学术竞争能力、提升管理和服务水平、提升服务国家和地方的能力），加快推进高水平研究型大学的内涵建设，为建设世界一流大学打好坚实的基础。

西安交通大学建校争创世界一流，始终坚守大学的核心价值：弘扬兴学强国、艰苦创业的精神，秉承崇德尚实、严谨治学的传统，陶养爱国爱校、饮水思源的品格，坚持"起点高、基础厚、要求严、重实践"，开拓创新，精勤育人，形成了鲜明的办学特色和优良的学风、校风，具有良好的办学传统和育人环境。近年来，学校积极探索，大胆创新，实现了办学模式的全方位改革。加强复合型人才培养，积极推进基于通识教育、科研能力和创新能力培养的"2+4+X"研究型大学人才培养新模式，实现从知识传授型向探索研究型教育的转变。学校创办"钱学森实验班"，因材施教，培养拔尖人才；创办"侯宗濂医学实验班"，探索符合医学教育规律的人才培养模式。为学生锻炼实际动手能力及科技创新实践活动而建设的新型工程实践训练基地"工程坊"，是学生实现创造和发明的课外实践平台；实行"书院制"教育，把中国的传统教育精神和现代的"大学之道"融入其中，营造育人新环境。目前学校已形成了"学士—硕士—博士"贯通培养的体系，成为国家培养高层次人才的重要基地。

从上面两所交通大学的办学理念可以看出，它们继承了老交通大学优良的办学传统和思想理念，都成为当代中国高校中相当具有影响力的大学。这其中的不少优良办学理念就与沈心工在南洋公学时期的办学理念不谋而合，这在传承交大精神上具有十分重要的意义。

在学科建设方面，沈心工主张理工科与文科并举，德育与智育并举，理论学习与实践并举，体育与艺术并举，外文与国文并举，并且还对学生的操行举止有着许多独到的培养思想。此外，他对各科成绩要求严格，对于生源的起点的要求也十分严格，注重对于学生全面素质的培养和训练。这与如今交通大学"起点高、基础厚、要求严、重实践"的教育理念是一脉相承的。

第二节　音乐教育思想的传播

随着学堂乐歌的推广，延续千年的中国传统音乐文化与西方音乐文化得以融合，这种融合符合当时中国人对外来文化的接受程度，一定意义上是中西方文化相互妥协共生的文化现象。在学堂乐歌出现之前，中国也曾流传过由西方传教士带来的西方宗教音乐，但这种音乐的宗教化、仪式化色彩对其在中国的传播造成了阻碍。而学堂乐歌采用欧美民间歌谣为曲调，填写中国汉语歌词的做法，却比西方传教士音乐显得更加符合当时的中国民众审美层次。以学堂乐歌为蓝本，更多中西方文化结合的例子出现在了文学、诗歌、绘画、建筑等诸多方面。这些文化现象的产生，促进了中国近代文化的形成和发展。学生们通过学堂乐歌窥探到了在这之后的西方近代音乐，了解到了近代西方文化。而在学堂乐歌文化传播的同时，沈心工的音乐教育思想也在随之流传。可以说，沈心工学堂乐歌的传播与沈心工音乐教育思想的传播是同时同目的进行的。

由于沈心工音乐教育思想的传播，交通大学的校园音乐文化成为当时上海乃至整个中国的高校中的翘楚，并伴随历史的车辙，日渐积淀出艺术上的辉煌。学校的璀璨激励着学子的奋进，学子的荣耀书写着母校的风采。在沈心工的引领下，肇始南洋的学堂乐歌，铸造了百年交大优秀的校园文化并薪火相传，永久不衰。

交通大学在音乐文化教育方面的成就与其工科同样辉煌，交通大学从建校伊始就十分重视人文精神教育。翻开记载荣耀的文献资料，徜徉在交大悠久的历史海洋中，我们可以看到，早在南洋公学时期，交大就先后开设了唱歌、图画、手工、体操等课程。1897 年，南洋公学师范院首创了中国最早的校歌——《警醒歌》，之后又相继成立了南洋歌社、军乐团、国乐社、口琴社、京剧社、话剧社等各种类型的学生艺术社团，为我国近代音乐文化艺术培养出了一批音乐艺术大师级的人物。例如沈心工、李叔同这些名留青史的大师级人物，还有编写了中国第一部有声电影剧本的著名戏剧家洪深，著名戏剧家、物理学家丁西林，第一位华裔好莱坞影星卢燕等。此外，"中国航空之父"钱学森、前国家主席江泽民都是在音乐方面才华出众的校友。

一　组建军乐队

早在 1910 年，在沈心工的带领下，南洋公学就成立了南洋军乐队。学生杨左陶在《本校之音乐》中称："本校军乐队组织特别早，各地仿组乐队者，莫不依为模范，有乐器十有二种，都四十余件，历年队员，虽时有盈绌要皆成一完全乐队，队员程度虽微有参差，要合奏戏曲大调，虽不足以执牛耳于海上，亦不视于海内矣。"据杨左陶介绍："军乐队（Brass Band）聘请意大利人简拿先生和王新齐先生为教授指导，吴长城担任 Solo Cornet 乐器声部，杨锡冶担任 Bass 乐器声部；杨惺华担任 Drum 乐器声部。"[①] 除此之外，我们还可以看到最早有资料记载的音乐机构便是"南洋军乐队"。据 1923 年出版的《南洋大学学生生活》记载："南洋的军乐队在宣统二年（1910 年）成立。至今已有十四年的历史，每逢校内运动会、纪念会、开学典礼等重大事务，总要军乐队到场。有时校界有集会，也常邀请我校军乐队助兴。"[②]。

此外，学校也十分重视体育运动，自 1912 年后，运动会每年春季举行一次，比赛时均由军乐队进行伴奏。我们从沈心工 1912 年为运动会写的《运动会》歌就可了解当时军乐队伴奏运动会比赛情景。歌词写道："来来来来，快快快快。快来运动会，草地一碧旗五彩，日暖微风吹，军乐洋洋歌慷慨，精神添百倍，请合大家同一赛，快来快来快快来。"[③]

军乐队在当时校园音乐文化的发展上起到了重要作用，据记载，南洋公学上院比中院更大，建筑也新一些，围着一个半圆形的花园，屋顶造有一个很大的钟楼，其钟声能传一里以外。中央竖立一根旗杆，常飘着五色国旗，或蓝黄色的校旗，壮丽而灿烂。上院门一直进去就到了大礼堂，内有座位 800 个，有一座高高的讲台，进口的上边还有一个月楼，也可容纳一二百人，是用来作为奏军乐的地方。"当每学期开学时，全体八百余人唱起《卿云烂兮》的国歌和《壮哉吾校旗》的校歌，声响充室，却能见南洋全体的精神咧。"[④] 由此可见，军乐队在当时受到了学校高度重视，甚至在上海的名气也是非常大的。

二　组建丝竹队

1915 年（民国四年）春，恰逢校庆纪念大会前夕，在学生会倡导下，一些爱好国乐的同学，函请唐文治校长，拟成立丝竹队。经唐校长特许

---

① 杨左陶：《本校之音乐》，载《上海工业专门学校学生杂志》（第 2 卷），上海中华书局，1918。
② 《南洋学生生活》，1924，第 18 页。
③ 沈心工：《重编学校唱歌集》（第 5 集），上海文明书局，1912。
④ 《南洋大学学生生活》，载《南洋的历史与环境》，上海商务印书馆，1923，第 44 页。

后，沈心工立刻着手筹备，按照中国丝竹类乐器特性，所属为素格，不适宜演奏本校校歌等乐章。

丝竹队成立之初只有 8 名队员，虽未能演奏综合性的大曲目，但 8 名队员水平较高，程度相当，成绩乃斐然可观，所奏的曲子大多为《八合》《花六》《三六》《苏合》等，这些曲目驾驭起来尤为擅长。《上海工业专门学校学生杂志》曾有文章形容："余若轻清则沉鱼落雁，溜珠滴玉繁响则金鼓齐鸣，长吟短啸余音绕梁三日不息也。"① 直至 1918 年，丝竹队成员发展至 15 人（见图 18-1），演奏的曲目较之

图 18-1 1918 年学生丝竹队成员合影

前更为复杂。《上海工业专门学校学生杂志》记载丝竹队最初人员构成是："笛子：张令采；提琴：杨锡冶；笙：冯宝龄、杨荫溥、华祖越；月琴：刘正清；胡琴：张绍元、章宗鼎。"②

三 组建笛鼓队

这支由小学童子军们组成的笛鼓队，在校长沈心工的精心培育下，在沪上享有盛名。笛鼓队有乐笛 16 只，分 4 份合奏，外加 5 只大鼓。笛鼓队队员身穿整齐的童子军服装，精神抖擞，每次演出都表现优异。有报道称："余若轻清则沉鱼落雁，溜珠滴玉繁响则金鼓齐鸣，长吟短啸余音绕梁三日不息也。"③ 此外，他们也常常为附属小学第九团的童子军队列训

---

① 杨左陶：《本校之音乐》，载《上海工业专门学校学生杂志》（第 2 卷），上海中华书局，1918。

② 杨左陶：《本校之音乐》，载《上海工业专门学校学生杂志》（第 2 卷），上海中华书局，1918。

③ 谷玉梅、李啸：《交通大学（西安）百年音乐文化史》，西安交通大学出版社，2013，第 65 页。

练、运动会赛事和童子军演剧伴奏。1907 年，附属小学学生为淮海水灾演剧举行义演，笛鼓队出色的表演深得人们的赞赏。

四　组建口琴队（见图 18 - 2）

口琴队是由交大中学部的童子军组织而成，当时国内尚不能制造口琴这一乐器，必须要由学校出面，统一从美国购买。《上海工业专门学校学生杂志》载："聘请英国的约翰逊先生为教授，队员十六人，现已游资赴美添购若干，以备完备。"[①] 由此也可见交通大学对于学生音乐素质教育的重视程度，以及在乐器的配置的观念上是十分超前的。

图 18 - 2　交通大学口琴队

五　组建话剧社

沈心工还为交通大学组建了新剧股（话剧社）（见图 18 - 3）、京剧社等组织。在沈心工的带领下，演出多部话剧。1907 年，为救赈徐淮海大水灾，沈心工创作并导演了话剧《儿戏》（又名《新旧纷争》）。

除音乐文化艺术社团以外，学校还将唱歌课列入正课之中，小学每周2 小时唱歌课，中学一二年级每周 1 小时，学校还专门聘请了上海当时有

---

① 杨左陶：《本校之音乐》，载《上海工业专门学校学生杂志》（第 2 卷），上海中华书局，1918。

名的音乐专家教授音乐课，每周星期五或星期六举行全体音乐大会 1 次。
从小学到中学直至大学，保证每个学生都能受到良好的音乐教育，这也使
得许多学生在课堂上表现出了极好的音乐天赋。1914 年（民国三年）秋，
中学生杨左陶按文庙丁祭之乐章，谱作奠孔新乐十余章《孔子圣诞奠乐
章》。唐文治校长亲自为其写序，为《孔子圣诞乐章小序》。据载："由小
学部主任沈叔逵君按丁祭礼乐教练舞生一班，吾校孔子圣诞节之有乐舞，
盖自此首。"① 也就是说，当时交通大学每年都要举行祭奠孔子诞辰的纪
念活动，沈心工组织学生按照杨左陶谱作的祭礼乐章，编配成乐舞，由此
开创了学校祭孔诞辰的乐舞表演的形式。

图 18 - 3　1915 年学生新剧股（话剧社）成员合影

　　1916 年 4 月，学校举行 20 周年纪念音乐会，《上海工业专门学校学
生杂志》载："学校各音乐社团经过认真准备上演了十多个精彩节目，由
沈叔逵先生敦请被尊为琵琶博士的音乐家施颂伯受邀莅会奏技，听者皆叹
为观止。施颂伯系日本帝国大学商科博士，长于音律，于琵琶尤称绝技，
被日本人尊称为琵琶博士，每次举行音乐会，闻有先生在座，有千人
赶赴。"②

---

① 杨左陶：《本校之音乐》，载《上海工业专门学校学生杂志》（第 2 卷），上海中华书局，1918。
② 盛椠东：《本校二十周年纪念会纪事》，载《上海工业专门学校学生杂志》（第 2 卷），
　上海中华书局，1918。

六　南洋童子军艺术团

南洋童子军艺术团的设立不仅是当时国民教育的需要，也是丰富校园文化生活的需要。童子军在接受准军事化训练的同时，也是当时附小音乐艺术活动的主要实践主体。在现存的交大历史资料中，尚有当时童子军文艺演出的珍贵资料（见图 18－4）。

图 18－4　沈心工为小学童子军创作并导演的话剧《忠勇之童子》

前文提到沈心工创立的交大童子军，共分为六队，一狼队，二狮队，三猎犬队，四马队，五鹿队，六虎队，除队长数人为中学生外，余均为小学生。童子军利用节假日时机，常举行鼓娱乐之兴趣。而举行演剧比赛，所演剧目当由各队自行报告，沈心工与附小的老师作为评委进行评判，此项活动深受小学生喜爱。

纵观交通大学的历史，回顾沈心工的一生，其辉煌绝不仅停留在一所学校或一个时代，而是一种生生不息的传承。交通大学附属小学的童子军艺术团之所以留给人们深刻的记忆，是因为交通大学作为一所在中国教育复兴运动中扮演重要角色的高等学府，在将科学、实用之精神深植于这群稚子心间的同时，也为音乐艺术文化的发展作出了杰出贡献，才使得交大精神之树万古长青。

第十九章 沈心工学堂乐歌在东南亚国家的传播发展研究

　　2011 年 3 月 22 日至 4 月 8 日，由中国国务院侨务办公室、中国华侨大学、泰国华文教师公会、泰国留学大学校友总会、泰国华侨语言培训中心联合主办的"华文教师暑期培训班"在泰国举行。笔者作为此次培训班教师，随同前往了泰国曼谷、呵叻府两地进行华文交流活动。在活动期间，笔者以中国民族音乐及中国舞蹈鉴赏为主题，对当地华人华侨进行了专题教学。经过 10 余天的教学交流与实地考察，笔者惊喜地发现，学堂乐歌不仅在中国近现代文化史、音乐史上曾占有重要地位，在东南亚国家也得到了不间断的传播与发展，并对当地社会文化、华文音乐、华文教育等领域的发展产生了重大影响。

　　因此，笔者希望根据自己所掌握的历史资料进行更深入地发掘研究，力图对学堂乐歌的传播与发展进行勾勒，通过对学堂乐歌在东南亚国家的传播过程、传播方式、传播特点及传播效果等内容加以分析阐述，让广大华人华侨对沈心工学堂乐歌有更深入全面的了解，弘扬中华优秀文化，并增强大陆人民与广大海外华人华侨的血肉联系。

第一节　沈心工学堂乐歌在东南亚国家的传播及动因分析

　　自秦汉开始，历朝历代都有中国人向海外迁移的记载。东南亚国家由于与中国距离相对较近，贸易往来频繁，文化习俗相似等多方面原因，成为海外华人大量聚居的地区之一。这些迁居东南亚的中国人在海外生儿育女繁衍后代，建立聚居地，并逐衍生出华人华侨社区和海外中华文化。这些华人华侨为了维系自己与祖国的精神联系、延续自身的文化脉络，传播带有民族性的音乐文化成为一种途径，华文音乐教育就应运而生了。

一　东南亚国家华文音乐教育发展概况

东南亚华文音乐文化的产生离不开华文音乐教育的发展。由于文化传统的影响，东南亚华人从定居当地之时起，便开始兴办教育。在学堂乐歌传播到东南亚以前的 19 世纪，印尼、马来西亚、新加坡等地便已经有了私人创办的学馆或私塾。他们以教授儒家经典文章，介绍传统国学为主要内容。据现有资料考证，东南亚地区最早创办的书院是 1690 年由印尼雅加达华侨创办的明诚书院。① 但是，由于这些学馆、私塾缺乏系统性的音乐课程，因此当时的海外华人只能通过私人教授或自学的方式学习中国音乐知识。

至 20 世纪初，随着清政府新政实施及梁启超、孙中山等维新革命人士流亡南洋，东南亚国家当地华人效仿国内办学堂的热潮被带动。与早先建立的学馆和私塾不同，此时成立的华文学堂已经按照现代教学制度、教育方法和课程设置等方式管理学校，而作为华校音乐课上的主要教授题材，学堂乐歌就是在此时被大量引入东南亚的。学堂乐歌成为区分东南亚新旧学堂、新旧文化的重要标志。这些学堂乐歌和当地新式学堂一起成为团结民族感情、传播中华文明的重要手段。

1904 年，清政府在颁布的由张百熙、荣庆、张之洞联名奏呈的《奏定学堂章程》，即著名的"癸卯学制"中，以法令的形式对学校教育系统、课程设置、教育行政及学校管理等内容进行了详细规定。该章程专门提到因"中国古乐雅音，失传已久"，故要求各地学堂仿照国外学校模式，设立音乐课程。自此，在清政府的要求下，海内外各地学堂纷纷开设了音乐课，1904 年也成为近代中国及海外地区华文音乐教育的开端之年。

由于受到学堂乐歌的影响，东南亚国家的华人群体得以系统地学习西方现代音乐知识、简谱和五线谱的记谱方式以及西洋乐器的演奏。音乐知识的普及，为东南亚当地华人音乐的产生提供了契机。由于各地华校所处

---

① 叶静：《海外华文教育的历史与现状》，《佳木斯职业学院学报》2012 年第 11 期。

环境、历史渊源、文化背景、政治倾向以及所处时代的不同，产生的校园歌曲也各有特色。这些华校有的崇尚维新，歌曲中体现着维新变法的思想倾向；有的偏保守，提倡忠君爱国思想；有的受革命党人影响创办的学校，则宣传孙中山的民主大同思想；还有一些华校的歌曲宣扬宗教精神、儒家思想；在 1949 年以后，还出现了一些支持共产主义的歌曲。

虽然歌曲宣扬内容各不相同，但在东南亚，数量最多、流传最为广泛的校园歌曲还是各个学校的校歌。这些校歌对内起到了号召和激励学生的作用，对外则起到形象展示和宣言的功能，它反映了学校的办学理念、学校特色，又表达了华校学生追求成长的情感。

二　学堂乐歌在东南亚国家的传播状况

在 20 世纪初传播到东南亚的音乐作品中，沈心工所创作的学堂乐歌歌曲所占的比重较大。这是因为沈心工不仅是学堂乐歌的缔造者，同时也是一位高产的学堂乐歌创作者。同时他的歌曲以中国文化为背景，词曲配合贴切，容易上口和传唱，符合少年儿童心理，深受海外学生喜爱。

沈心工一生创作乐歌 180 余首，是中国创作学堂乐歌曲目数量最多的音乐家。此外，他也是最早将学堂乐歌与校园音乐教育相结合、推动近代音乐教育大发展的音乐家之一，他于 1904 年编撰的小学音乐启蒙课本——《学校唱歌集》3 册，是中国第一部音乐启蒙教材。1912 年编写的《重编学校唱歌集》6 册更是被当时的国民政府教育部审定为全国通用的小学音乐教材。再加上沈心工长期担任交通大学附属小学校长一职，对于儿童的歌唱心理和歌唱特点有着较深的把握。因此，他的歌曲在传播到东南亚国家后被当地华校广为传唱，成为海外华文音乐教育启蒙的范本。时至今日，他创作的《兵操》《竹马》《客来》《英文字母歌》《男儿第一志气高》《黄河》《小学生》《凯旋》等歌曲仍在东南亚国家广为流传。

除沈心工所创作的歌曲在当地广泛流传外，当时学堂乐歌的另一位代表人物李叔同所创作的歌曲也大量地流向东南亚。与沈心工不同的是，李叔同的歌曲曲调更加婉约，歌词意义更加深刻，意境更加高远，饱含了中

国传统文化的精粹。他创作的《送别》《春游》至今仍脍炙人口，传唱
不绝。

正是由于沈心工的学堂乐歌具有贴近儿童生活的特点，一直被作为东
南亚国家华校校园歌曲的重要组成部分，当地儿童歌曲的创作氛围也逐渐
浓厚。今天仍然在东南亚流传的儿童歌曲分为三类。第一类是 20 世纪初
随学堂乐歌传播而来的旧式儿童歌曲，如《送别》《燕燕》《竹马》等。
第二类是在 20 世纪第二次世界大战前在东南亚所流传的、以黎锦晖所创
作的儿童歌谣为代表的新式儿歌，如《小兔儿乖乖》《两只老虎》《一二
三四五》《可怜的秋香》等。第三类则是后来的东南亚音乐创作者原创的
一些儿歌童谣，如《我爱我的泰国》《美丽的泰国》《中泰一家亲》等。

三　学堂乐歌在东南亚国家传播的动因分析

沈心工学堂乐歌在东南亚之所以能够广泛传播有其内在的规律性因
素。首先，学堂乐歌以人际传播和小团体传播为传播路径，这是促成它
在东南亚地区迅速流传的重要原因。学堂乐歌在东南亚传播初期，其传
播方式主要以教师及歌唱者口头传播方式为主。这种传播方式虽然存在传
播半径小、文本不易保存等缺点，但是影响深、见效快，往往能够直接打
动听众的内心，利用语言符号和非语言符号引起人们的共鸣，扩大影响。
这种传播方式与新式学堂教育相结合，为学堂乐歌的推广打下了坚实的
基础。

其次，学堂乐歌既有娱乐大众之功能，亦有开展华文教育教学之显
效。由于学堂乐歌所具备的这两种功能，致使它能够同时被不同年龄层次
的人们所接受，而不同年龄层次的人又能从中寻找到各自的文化诉求。这
也是学堂乐歌在东南亚得以流传的关键。

最后，由于学堂乐歌的受众相对固定，主要以华侨为主，所以在一定
程度上，来自中国的学堂乐歌成为海外华人保有民族文化的重要方式之
一。传唱学堂乐歌也成为东南亚华人寻找民族认同感的重要途径之一，既
满足了当地华侨对于乡音、乡曲的需要，又满足了海外华侨民族文化归属
的需要，因此，诸多因素成为推动学堂乐歌在东南亚兴旺发展的内在
推力。

第二节　沈心工音乐教育思想对东南亚国家
华文音乐教育的影响

　　学堂乐歌以及沈心工音乐教育思想对东南亚华人音乐的影响首先体现在华文音乐文化在当地校园内的繁荣当中。1904 年海外华文教育出现后，东南亚当地华文音乐课程的教学方式与中国国内学堂相同，基本是以使用简谱教唱学堂乐歌为主。在教材的选用上，菲律宾华校采用和国内接轨的一些唱歌集册，如沈心工的《学校唱歌集》、李叔同的《国学唱歌集》等。从 20 世纪 20 年代开始，国内新文化运动兴起，其影响力也传至东南亚华人社会，东南亚华文音乐教学内容逐渐发生了变化，更多的原创作品开始取代学堂乐歌。在此之后，菲律宾华校内的音乐课上逐渐增加了五线谱及国人原创歌曲等教学内容。

　　然而，随着第二次世界大战的爆发，菲律宾、马来西亚、印尼、泰国、缅甸等东南亚地区国家与中国大陆的联系被迫中断，以往十分频繁的文化交流活动逐渐滞怠，华文音乐教育的师资及教材来源被切断。日军占领时期，东南亚华文教育更是一度陷入了停滞状态，直至第二次世界大战后才逐渐恢复。

　　第二次世界大战后，东南亚各国为了积聚力量恢复国力，实行了开明的民族政策，东南亚国家的华文教育及华文音乐教育水平也因此得到了恢复。以泰国为例，1945 年 11 月，泰国华侨教育协会在曼谷成立。该协会的宗旨是：团结广大华教工作者，推进华校的恢复和兴办，发展侨社民主进步教育事业。协会成立后，连续举行了两期华文教师师资培训班，为泰国当地的华文教育事业培养了大批骨干。在泰国华侨教育协会的促进下，仅 1946 年上半年，泰国全境的华校数量就攀升至 200 余所。[①]

　　在这些陆续成立的华文学校中，影响最广泛、规模最大的当属 1946年创办于曼谷的南洋中学。南洋中学是泰国第一家华文中学，其学生人数

---

　　① 李啸、谷玉梅：《罗耀辉的海外华文音乐教育》，《洛阳师范学院学报》2017 年第 7 期。

最多时达到了 1500 余名。① 作为当时泰国华侨教育协会大力兴办的华文
学校，南洋中学师资和管理水平都堪称当时东南亚国家及地区华文学校的
楷模。南洋中学的老师们来自五湖四海，有的来自泰国本土，有的来自老
挝他曲，缅甸仰光，中国广州、上海、北京、广西、湖南、昆明、潮汕、
香港等地②，其中，华侨教师巫峰当时负责为南洋中学教授音乐课程。巫
峰，泰国华侨，21 岁时考入了上海美术专科学校学习，时任校长为著名
的艺术大师刘海粟。这所学校除了在新式美术教育领域独树一帜外，音乐
教育也办得有声有色。1921 年，李叔同的弟子刘质平来到上海美专，担
任了图画音乐系的系主任。在刘质平的培养下，巫峰学成回国。回到泰国
之后的巫峰便开始活跃于当地的华人社区之内。他不仅全程参与了南洋中
学的创办，还亲自为南洋中学设计了校徽，并在南洋中学教授美术及音乐
等课程。

　　在南洋中学教书期间，巫峰曾用学堂乐歌作教材。因此，时至今日，
在泰国仍有一些老人能够吟唱出当年所学过的学堂乐歌，如沈心工的
《竹马》，李叔同的《送别》等，可见其流传之广，传世之久。

第三节　沈心工学堂乐歌为东南亚国家华文音乐教育带来的启示

　　学堂乐歌从校园传播到东南亚华侨社会，它在加强华人华侨对中华文
化的认同方面作出了甚至还在继续做着重要的贡献。这对每个华文教育研
究者来说，都是一个需要探索和研究的新课题。然而，令人遗憾的是，目
前，学术界对于东南亚华文音乐教育的研究仍显得十分匮乏。

一　国内外相关华文音乐教育研究动态的分析

　　第一，有关华文教育的研究成果多，但与华文音乐教育相关的成果
少。如刘华、程洁兵《近年来海外华文教育发展的现状、问题及趋势》

---

① 成福云：《我留下了微笑》，载《泰国曼谷：南大校友会》，2010。
② 赵振祥、李啸、谷玉梅：《中国学堂乐歌在东南亚地区的传播》，《西安音乐学院学报》
2014 年第 2 期。

（《东南亚研究》2014 年第 2 期）、黄耀东《东南亚华文教育现状和出路》
（《东南亚纵横》2010 年第 1 期）、王焕芝《新时期东南亚华文教育的特
点研究》（《惠州学院学报》2008 年第 8 期）等。

第二，海外音乐教育研究成果的研究时段大多集中于近代学堂乐歌传
播时期，其他时期的研究较少。如周南京《海外学堂乐歌的产生及其作
用》（《华侨华人历史研究》2003 年第 3 期）、赵振祥、李啸《中国学堂
乐歌在东南亚地区的传播》（《交响》2014 年第 2 期）。

第三，以华文音乐教育为主题的基础性研究较普遍，深入的学术性研
究成果较少。如洪美枫《华文独中音乐教育的现状调查与发展建议》
（《马来西亚教育》2012 年第 2 期）、田路的《浅谈中国民族音乐在华文
教育中的推广的重要意义》（《音乐创作》2009 年第 4 期）、周广平的
《海外华人音乐特点》（《上海音乐学院学报》2006 年第 2 期）。

从总体上看，东南亚国家华文音乐研究现状是：学术成果总量少，研
究切入点窄，研究深入性不足。

二　亟待探索东南亚华文音乐教育研究的新思路

东南亚华文音乐教育研究是一个全新的课题，因为它不仅仅是传统意
义上的华文教育，通过此次研究表明，还需要解决东南亚华文音乐教材缺
失的实际问题，需要我们调整思路进行深入的探索和研究。研究东南亚华
文音乐教育，其学术价值就在于：全面审视东南亚国家在华文音乐教育发
展历史过程中所遇到的问题，总结华文音乐教育的重要作用和发展中的不
足，开拓创新，为中华文化传播研究提供新的内容，为构建 21 世纪海上
丝绸之路切入口的研究增添助力。为此，我们应该从以下几方面入手。

第一，以华文音乐教育为切入点对东南亚华文教育进行新的探索，弥
补以往华文教育研究中缺乏专门学科细化研究的不足。

第二，从教育学、传播学、音乐学等多角度对海外华文教育进行综合
性探索，力求得出更加深入的研究成果。将以往的华文音乐教育研究从一
般基础性研究，拓展到深入、全面研究的层面上。

第三，做好东南亚各国华文音乐教育的文献资料收集、查询和整理工
作，完成华文音乐教育的相关文献综述，撰写华文音乐教育高水平研究论

文和研究报告。

第四，由于政治动荡、战乱等原因，海外华人社区经历了多次大的变动，许多资料已散失，获取系统有用的研究资料是难点。应通过现有研究资料，对海外华文音乐教育发展历程进行总结和定位，结合近年来海外华文媒体相关报道和资料，对海外华文音乐教育的现状进行归纳整理，把握海外华文教育的整体发展脉络，指出海外华文音乐教育今后的发展趋势。

第五，以东南亚国家华文音乐教育为研究对象，探索东南亚国家华文音乐教育的历史、现状及未来发展方向。通过对泰国、马来西亚、印度尼西亚、菲律宾、缅甸、越南等东南亚国家华文学校音乐教育的调查，提出新的发展思路。

第六，在调查研究的基础上，为东南亚华文音乐教育发展赋予新的时代特色，为构建 21 世纪海上丝绸之路切入口的研究增添助力。

第七，编写适合华人社区适龄儿童使用、以传播中华传统文化为内容的海外华文音乐歌曲集及音乐教材。注重歌词与旋律的结合，凸显时代特色，同时还要保证教材的科学性、艺术性，这是本研究最大的难点。

结　语

毋庸置疑，沈心工的音乐教育思想在今天仍具有十分重要的应用价值，这种价值体现在诸多方面，其中，最重要的当属对当代青少年美育教育的促进作用上。学校素质教育以及通识教育的开展，一直是我国教育领域的重要任务。如何通过有效的方式来提高学生的各项素养，特别是艺术素养，也是众多教育者长久以来艰辛探索的课题之一。在这一点上，沈心工在音乐教育的不少心得可为我国当今音乐教育工作者提供很好的借鉴。

本篇还着重介绍了沈心工的学堂乐歌在东南亚的传播发展研究情况。中国学堂乐歌在东南亚国家的传播，其实就是中华文化对外传播的一个缩影。华文音乐是东南亚华文教育的重要组成部分，是中国文化域外传播的载体，重视和探索华文音乐教育的重要作用，是我们构建 21 世纪海上丝绸之路新格局的需要。

自党的十八大以来，党中央高度重视中华文化"走出去"工作。习近平总书记也曾多次作出相关重要论述，提出明确要求。十八届三中全会对提高文化开放水平、推动中华文化走向世界作出重要部署。文化作为一个国家的精神符号，承载着一个国家的精神价值。推动中华文化走出去，让国外民众触摸中华文化脉搏，感知当代中国发展活力，理解我们的制度理念和价值观念，应当是我们的不懈追求。

东南亚国家作为我们的友好邻邦，拥有庞大的华人华侨数量，这为学堂乐歌乃至中华文化的传播与发展都提供了良好的土壤。学堂乐歌不仅是海外华人华侨在外开拓创新、传播中华文化的时代见证，也成为海外游子与祖国联系的重要情感纽带。学堂乐歌在东南亚地区经久不衰，恰恰体现了中华文化千百年来的昌盛不绝，以及中华文化的独特性和强大的适应性。正是这种独特性和适应性，使得中华文化在其他国家及地区既能保持完整的系统性，亦能适应当地的文化获得蓬勃发展，让更多的国家和地区接受中华文化，喜爱中华文化，从而进一步推动中华文化的繁衍与创新。

展　望

　　2017 年 4 月 20 日，第 21 届"全球华语榜中榜暨亚洲影响力大典"在中国澳门落下帷幕。颁奖典礼上共颁发了 45 个奖项，获奖者包括成龙、古巨基、容祖儿、李克勤、刘若英、大张伟、张信哲、张靓颖等在内的众多重量级艺人。其中，尤为引人注目的是"亚洲影响力特别荣誉大奖"这一重量级奖项，最终被中国内地歌手孙楠获得。促使组委会将这一奖项颁发给孙楠的主要原因，原来是与孙楠发行的最新音乐专辑《学堂乐歌》有关。

　　时光倒流回 2016 年 6 月 23 日这天，"飞鸟毕业会——孙楠的交响人生"演唱会在北京举行。演唱会上，孙楠和他的女儿共同演唱了李叔同的经典歌曲《送别》，受到了在场听众的热烈好评，并在网络上引发了热议。有感于此，孙楠决定制作一张既有艺术美感又有古文化高度，同时还不失童真童趣的专辑送给孩子们，以弥补当前音乐市场上缺少高水平儿童音乐作品的缺憾。在《学堂乐歌》这张专辑中，孙楠选取了 10 首李叔同创作的学堂乐歌，并邀请了韩红、毛阿敏等著名歌手一同录音，力求使专辑达到最高的艺术美感。为了高质量地完成这部专辑，孙楠还亲自担任了《学堂乐歌》专辑的制作人。在演唱方式上，孙楠没有采用为人称道的高音歌唱方式，而是采用了低声吟唱、轻声吟诵的方式，分别演绎了李叔同的《忆儿时》《春游》《月》等经典名曲，婉转悠扬的曲调勾勒出了李叔同歌词中描绘的"素月清辉，明河共影"的素雅景象。孙楠在之后接受媒体采访时表示："希望能通过大师们的经典传唱来弘扬优秀的、最本质的传统文化，让孩子们更好地接受这种文化并影响他们的一生。"为了进一步弘扬传统文化，以及为中国儿童提供更多帮助，孙楠还将专辑签售活动的收入悉数捐献给了华夏同德基金会。

　　孙楠致力于儿童音乐教育的行为，在当前社会中并不是孤例。2017

年 4 月 30 日,《歌声的翅膀》节目首次在江苏卫视开播。作为国内首档以原创少儿民间歌曲音乐为卖点的电视综艺节目,《歌声的翅膀》具有十分鲜明的个性特点。它以童声的方式对中国传统山歌、戏曲音乐、曲艺音乐等多种类型的民间音乐进行了全新的演绎。《歌声的翅膀》旨在通过大众娱乐的方式,在青少年儿童当中传播中国传统音乐艺术文化,弘扬祖国的灿烂文化精神。由于宣传到位、卖点十足,且具有社会实际价值以及文化价值,《歌声的翅膀》第 1 期播出时,观看人数达到了 727.5 万次。但遗憾的是,随着电视市场上同类节目的增多以及观众注意力的转移,《歌声的翅膀》随后几期节目的观看人数呈直线下降趋势。这说明,我国丰富的传统文化遗产在借助当前科技手段进行传播的同时,也必须大胆创新和尝试,积极与当代社会文化相融合,使其能够服务于当代社会,并被当前社会主流群体所接受。

在传播技术飞速发展的今天,借助大众传播力量,让沈心工音乐教育思想被更多人了解早已并非难事。在信息化高速发展的今天,怎样使其音乐思想重新回大众视野,使其核心思想内涵真正对当前教育的发展问题有所启发,相信是每一个从事沈心工相关研究,或从事中国文化传播相关研究的学者们都应予以关注和探索的问题。

一　民族文化精神的觉醒呼唤沈心工音乐教育思想的回归

基于国人对当前甚嚣尘上的音乐教育和文化艺术界华而不实甚至误人子弟之风气的厌恶与反感,以及对传统民族文化回归的迫切渴望,沈心工音乐教育思想的重新唤醒和重视显得十分必要。沈心工音乐教育思想集我国优秀民族文化之大成,是中华民族文化艺术宝库的结晶,契合了人们的教育取向和文化需求。试想,如果孙楠的《学堂乐歌》专辑,收集的学堂乐歌音乐作品不仅仅限于李叔同的作品,而是进一步挖掘学堂乐歌的发展渊源,将沈心工的有关作品也纳入其中,更加深刻地展现民族文化"最本质""最本真"的思想内核,更加广泛地开拓受众的传统文化视角和新奇感,也许该专辑的轰动效应更加强大,其生命力也将更加旺盛。

二　音乐艺术作品创作的状况呼唤沈心工音乐教育思想的回归

今天,我国的音乐艺术创作已经进入一个前所未有的繁荣时期。但是，由于各种因素的影响，不少音乐艺术作品并不能跟上时代的需要。正如《人民日报》所指出的那样："我们的歌词创作已经进入了一个'恍惚时代'。创作群体恍惚、受众群体也恍惚；电视媒体恍惚，纸质媒体也恍惚；专家和大众一起恍惚。"我们今天的文艺创作失去信仰、失去灵性、失去判断、失去方向，是整个民族缺乏想象能力、缺乏自由精神、缺乏思考意识的表现，这也是当下文艺创作的最大危机。有人评价，在加快文化产业发展的背景下，某些艺术门类在某种程度上已经迅速成为"人傻、钱多、速来"的"产业行业"，如此现状，何等不堪？由此可见，我们的音乐艺术创作者们，多么需要像沈心工那样，把根深深扎进民众生活的土壤里，用质朴炽热的感情创作人民群众喜爱的音乐作品；时刻聆听时代的声音，用一腔爱国热情创作激励人民奋发前进的音乐作品；走进孩子们的心灵，用纯洁真挚的感情创作灵动美妙的校园歌曲。

三　中国特色社会主义新时代呼唤沈心工音乐教育思想的回归

习近平总书记高瞻远瞩地告诫大家，中国是一个大国，绝不能在根本性问题上出现颠覆性错误。所谓"颠覆性错误"的一个重要方面，就是失去了中国发展之魂。中华文明是世界上唯一一个从未中断过的古老文明，也是当今中国能够成为具有活力之文化强国的坚定基石。事实上，兼收并蓄的中华文明正是经过长期的积累、学习并借鉴了人类历史的一切优秀文化成果，才形成了如今的生命力。丢掉传统文化，就是丢掉了民族灵魂，丢掉了民族发展的根基。沈心工作为我国学堂乐歌的奠基者，其作品和音乐教育思想，既根植中华大地，又吸收了西方先进文化营养，取其精华去其糟粕，并被广大学子和民众所喜爱。今天，我们研究学习沈心工的音乐教育思想，对丰富民族文化资源，引领人们正确认识和发扬中华文明，其意义不言自明。

四　马克思人的全面发展理论呼唤沈心工音乐教育思想的回归

正如习近平总书记所言：马克思给我们留下的最有价值、最具影响力的精神财富，就是以他名字命名的科学理论——马克思主义。这一理论犹如壮丽的日出，照亮了人类探索历史规律和寻求自身解放的道路。今天，马克思主义极大地推动了人类文明进程，至今依然是具有重大国际影响的思想体系和话语体系，马克思至今依然被公认为"千年第一思想家"①。人的全面发展是马克思主义的最高价值追求和崇高理想，追求人的全面发展也是中国共产党人一以贯之的最高理想目标。从毛泽东思想到邓小平理论，再到江泽民"三个代表"重要思想和胡锦涛的科学发展观理论，无一不贯穿着马克思主义关于人的全面发展的思想。党的十八大以来，以习近平同志为核心的党中央更是不断丰富和开创马克思主义关于人的全面发展的新境界，充分体现了我党"全心全意为人民服务"的根本宗旨。"两个一百年"奋斗目标和"中国梦"指明了实现人的解放和全面自由发展的战略目标；"五位一体"总体布局和"四个全面"战略布局作出了实现人的解放和全面自由发展的战略部署；新发展理念明确了促进人的解放和全面自由发展的战略抉择。党的十九大召开，吹响了新时代的号角，中国又将进入一个高质量发展的新阶段，这就要求人的综合素质得以全面提高，才能与新时代的发展相适应。而沈心工的音乐教育思想，既有中华文化的深厚底蕴，又有发达国家的文明意识，与马克思主义培养全能人才、提高国民素质的思想一脉相承。

五　中国音乐教育艺术研究的发展呼唤沈心工教育思想的回归

沈心工是我国音乐艺术界难得的全才和奠基者，其音乐作品涉猎广泛，音乐教育思想博大精深，本人亦充满人格魅力。然而，由于历史久远以及沈心工为人处世低调等原因，目前沈心工在中华民族文化和音乐艺术领域所处的历史地位，远远不能与其所做的贡献和音乐才华相提并论。本书的诸多事实已经阐明了其教育思想所具有的时代性、先进性和实用性，足以成为我国音乐教育事业的光辉典范。相信未来随着学术界对沈心工研究的不断深入和资料的不断完善，人们将更加全面深入地发现沈心工教育思想的历史价值，对现实的指导作用以及对未来的引领作用。

---

① 习近平：《在纪念马克思诞辰 200 周年大会上的讲话》，《光明日报》2018 年 5 月 5 日。

参考文献

[1]《南洋公学章程》，光绪二十四年（1898 年），西安交通大学档案馆 2326 卷。

[2] 盛宣怀：《筹集商捐开办南洋公学情形折》，光绪二十六年（1900 年），上海交通大学档案馆 508 卷。

[3]《南洋公学高等小学现行规则》，光绪二十六年（1900 年）。

[4] 盛宣怀：《南洋高等商务学堂移交商部接管折》，光绪三十一年（1905 年），西安交大档案馆 232 卷。

[5]《商部高等实业学堂章程·设学总义章》，光绪三十二年（1906 年）。

[6] 唐文治：《上海交大第十三届毕业典礼训话》，《茹经堂文集》三编卷一，《收交通部函》，西安交大档案 1361 卷，民国二年四月（1913 年）。

[7] 交通大学民国档案第 1589 卷，西安交通大学档案馆藏，民国十五年（1926 年）。

[8] 交通大学民国档案第 1715 卷，西安交通大学档案馆藏，民国二十七年至民国二十九年（1938～1940 年）。

[9] 沈心工译辑《小学唱歌教授法》，上海文明书局，光绪三十一年（1905 年 6 月）。

[10] 沈心工：《重编学校唱歌集》第 1～6 集，首都图书馆藏，民国元年十年（1912 年）。

[11]《邮传部上海高等实业学堂附属高等小学堂十周年纪念册》，宣统元年（1909 年 4 月）。

[12]《交通大学上海学校附属高等小学二十周年纪念册》，民国十年六月

（1921 年）。

[13]《南洋》周刊第 1 期，南洋公学同学会出版，民国四年三月（1915年）。

[14]《南洋》周刊第 2 期，南洋公学同学会出版，民国四年六月（1915年）。

[15]《南洋》周刊第 3 期，上海南洋公学学生分会刊行，民国八年七月二十九日（1919 年）。

[16]《南洋》周刊第 4 期，上海南洋公学学生分会刊行，民国八年八月五日（1919 年）。

[17]《南洋》周刊第 5 期，上海南洋公学学生分会刊行，民国八年八月十二日（1919 年）。

[18]《南洋》周刊第 6 期，上海南洋公学学生分会刊行，民国八年八月十九（1919 年）。

[19]《南洋》周刊第 7 期，上海南洋公学学生分会刊行，民国八年八月二十六日（1919 年）。

[20]《南洋》周刊第 8 期，上海南洋公学学生分会刊行，民国八年十一月月十日（1919 年）。

[21]《南洋》周刊第 9 期，上海南洋公学学生分会刊行，民国八年十一月月二十一日（1919 年）。

[22]《南洋》周刊第 10 期，上海南洋公学学生分会刊行，民国八年十一月月二十八日（1919 年）。

[23]《南洋》周刊第 15 期，上海南洋公学学生分会刊行，民国九年一月月二日（1920 年）。

[24]《南洋周刊》第 1 期，交通大学上海学校南洋周刊社，民国十年十月八日（1921 年）。

[25]《南洋周刊》第 2 期，交通大学上海学校南洋周刊社，民国十年十月十五日（1921 年）。

[26]《南洋周刊》第 3 期，交通大学上海学校南洋周刊社，民国十年十月二十四日（1921 年）。

[27]《南洋周刊》第 4 期，交通大学上海学校南洋周刊社，民国十年十

月二十九日（1921 年）。

[28]《南洋周刊》第 16 期，交通大学上海学校南洋周刊社，民国十一年四月八日（1922 年）。

[29]《南洋周刊》第 20 期，交通大学上海学校南洋周刊社，民国十一年五月六日（1922 年）。

[30]《南洋》周刊第 2 卷第 1 期，南洋大学学生会南洋周刊社，民国十二年一月一日（1923 年）。

[31]《南洋》周刊第 2 卷第 5 期，南洋大学学生会南洋周刊社，民国十二年三月一日（1923 年）。

[32]《南洋》周刊第 2 卷第 15 期，南洋大学学生会南洋周刊社，民国十二年六月三日（1923 年）。

[33]《南洋》周刊第 4 卷第 2 期，南洋大学学生会南洋周刊社，民国十三年三月十九日（1924 年）。

[34]《交通部上海工业专门学校学生杂志》第 1 卷第 1 期，上海中华书局，民国四年六月（1915 年）。

[35]《交通部上海工业专门学校学生杂志》第 1 卷第 2 期，上海中华书局，民国四年十月（1915 年）。

[36]《交通部上海工业专门学校学生杂志》第 1 卷第 3 期，上海中华书局，民国五年五月（1916 年）。

[37]《交通部上海工业专门学校学生杂志》第 1 卷第 4 期，上海商务印书馆，民国五年十二月（1916 年）。

[38]《交通部上海工业专门学校学生杂志》第 2 卷第 1 期（二十周年纪念增刊），上海商务印书馆，民国六年年四月（1917 年）。

[39]《交通部上海工业专门学校学生杂志》第 2 卷第 2 期，上海商务印书馆，民国七年三月（1918 年）。

[40]《交通部上海工业专门学校学生杂志》第 2 卷第 3、4 期合刊，上海商务印书馆，民国七年十二月（1918 年）。

[41]《交通部上海工业专门学校学生杂志》第 3 卷第 1 期，上海商务印书馆，民国八年六月（1919 年）。

[42]《交通部上海工业专门学校学生杂志》第 3 卷第 2 期，民国八年十

二月（1919年）。

[43]《南洋学报》第3卷第3期，交通部上海工业专门学校、南洋学会，
民国十年一月（1921年）出版。

[44]《南洋学报》第3卷第4期，交通部上海工业专门学校、南洋学会，
民国十年七月（1921年）出版。

[45]《南洋学报》第4卷第1期，交通部上海工业专门学校、南洋学会，
民国十一年一月（1922年）。

[46]《南洋学报》第4卷第2期，交通部上海工业专门学校、南洋学会，
民国十二年三月（1923年）。

[47]《南洋大学学生生活》，上海商务印书馆，民国十二年六月三日（1923
年）。

[48]《交通大学月刊》第1期，民国十一年一月（1922年）。

[49]《交通大学月刊》第2期，民国十一年三月（1922年）。

[50]《交通大学月刊》第2期，民国十一年四月（1922年）。

[51]《交通大学月刊》第2卷第1期，交通大学学生会，民国十九年四
月二十四日（1930年）。

[52]《交通大学月刊》第3卷第2期，交通大学学生会，民国二十年五
月（1931年）。

[53]《交大半月刊》第20卷第1号，交通大学学生会，民国十七年四月
十五日（1928年）。

[54]《交大半月刊》第20卷第2号，交通大学学生会，民国十七年四月
三十日（1928年）。

[55]《交大半月刊》第20卷第4号，交通大学学生会，民国十七年四月
三十日（1928年）。

[56]《南洋旬刊》第1卷第3期，民国十四年三月二十一日（1925年）。

[57]《南洋旬刊》第1卷第7期，民国十四年十一月（1925年）。

[58]《南洋旬刊》第1卷第10期，民国十五年二月一日（1926年）。

[59]《南针》第1期（创刊号），上海南洋大学两广同学会，民国十五年
三月五日（1926年）。

[60]《南针》第2期，上海南洋大学两广同学会，民国十五年十月十日

（1926 年）。

［61］《南针》第 3 期，上海南洋大学两广同学会，民国十九年五月（1930年）。

［62］《南针》第 4 期，上海南洋大学两广同学会，民国二十年五月（1931年）。

［63］《友声》第 14 期，上海南洋公学同学会，民国十三年十二月三十一日（1924 年）。

［64］《友声》第 15 期，上海南洋公学同学会，民国十四年十月三十一日（1925 年）。

［65］《南洋友声》第 1 期，南洋公学同学会，民国十七年一月（1928年）。

［66］《南洋友声》第 2 期，南洋公学同学会，民国十七年二月（1928年）。

［67］《南洋友声》第 3 期，南洋公学同学会，民国十七年三月（1928年）。

［68］《南洋友声》第 4 期，南洋公学同学会，民国十七年十月二十五日（1928 年）。

［69］《南洋友声》第 5 期，南洋公学同学会，民国十七年十二月二十五日（1928 年）。

［70］《南洋友声》第 6 期，南洋公学同学会，民国十八年二月二十五日（1929 年）。

［71］《南洋友声》第 7 期，南洋公学同学会，民国十八年九月一日（1929年）。

［72］《南洋友声》第 8 期，南洋公学同学会，民国十九年一月一日（1930年）。

［73］《南洋友声》第 9 期，南洋公学同学会，民国十九年十月一日（1930年）。

［74］《南洋友声》第 10 期，南洋公学同学会，民国十九年十二月一日（1930 年）。

［75］《南洋友声》第 11 期，南洋公学同学会，民国二十年二月一日

（1931 年）。

［76］《南洋友声》第 12 期，南洋公学同学会，民国二十年四月一日（1931
年）。

［77］《南洋友声》第 13 期，南洋公学同学会，民国二十年六月一日（1931
年）。

［78］《南洋友声》第 15 期，南洋公学同学会，民国二十年十月一日（1931
年）。

［79］《南洋友声》第 16 期，南洋公学同学会，民国二十年十二月一日
（1931 年）。

［80］《南洋友声》第 17 期，南洋公学同学会，民国二十一年二月一日
（1932 年）。

［81］《南洋友声》第 18 期，南洋公学同学会，民国二十一年六月一日
（1932 年）。

［82］《南洋友声》第 19 期，南洋公学同学会，民国二十一年八月一日
（1932 年）。

［83］《南洋友声》第 20 期，南洋公学同学会，民国二十一年十月一日
（1932 年）。

［84］《南洋友声》第 21 期，南洋公学同学会，民国二十一年十二月一日
（1932 年）。

［85］《南洋友声》第 22 期，南洋公学同学会，民国二十二年二月一日
（1933 年）。

［86］《南洋友声》第 23 期，南洋公学同学会，民国二十二年四月一日
（1933 年）。

［87］《南洋友声》第 24 期，南洋公学同学会，民国二十二年六月一日
（1933 年）。

［88］《南洋友声》第 25 期，南洋公学同学会，民国二十二年八月一日
（1933 年）。

［89］《南洋友声》第 26 期，南洋公学同学会，民国二十二年十月一日
（1933 年）。

［90］《南洋友声》第 27 期，南洋公学同学会，民国二十二年十二月一

（1933 年）。

［91］《南洋友声》第 28 期，南洋公学同学会，民国二十三年二月一日（1934 年）。

［92］《南洋友声》第 29 期，南洋公学同学会，民国二十三年四月一日（1934 年）。

［93］《南洋友声》第 30 期，南洋公学同学会，民国二十三年六月一日（1934 年）。

［94］《南洋友声》第 31 期，南洋公学同学会，民国二十三年八月一日（1934 年）。

［95］《南洋友声》第 32 期，南洋公学同学会，民国二十三年十月一日（1934 年）。

［96］《南洋友声》第 33 期，南洋公学同学会，民国二十三年十二月一日（1934 年）。

［97］《南洋友声》第 34 期，南洋公学同学会，民国二十四年二月一日（1935 年）。

［98］《南洋友声》第 35 期，南洋公学同学会，民国二十四年四月一日（1935 年）。

［99］《南洋友声》第 36 期，南洋公学同学会，民国二十四年六月一日（1935 年）。

［100］《南洋友声》第 37 期，南洋公学同学会，民国二十四年八月一日（1935 年）。

［101］《南洋友声》第 38 期，南洋公学同学会，民国二十四年十月一日（1935 年）。

［102］《南洋友声》第 39 期，南洋公学同学会，民国二十四年十二月一日（1935 年）。

［103］《南洋友声》第 40 期，南洋公学同学会，民国二十五年二月一日（1936 年）。

［104］《南洋友声》第 41 期，南洋公学同学会，民国二十五年四月一日（1936 年）。

［105］《南洋友声》第 44 期，南洋公学同学会，民国二十五年十月一日

（1936 年）。

[106]《南洋友声》第 48 期，南洋公学同学会，民国二十六年六月一日
（1937 年）。

[107]《南洋季刊》第 1 卷创刊号，南洋公学同学会，民国十五年一月
（1926 年）。

[108]《南洋季刊》第 1 卷第 2 期，南洋公学同学会，民国十五年四月
（1926 年）。

[109]《南洋季刊》第 1 卷第 3 期，南洋公学同学会，民国十五年七月
（1926 年）。

[110]《南洋季刊》第 1 卷第 2 期，南洋公学同学会，民国十五年十二月
（1926 年）。

[111]《南洋季刊》第 12 卷第 2 期，南洋公学同学会，民国十七年四月
三十日（1928 年）。

[112]《交大周刊》第 1 卷第 1 期，上海交通大学学生会，民国十九年十
月十七日（1930 年）。

[113]《交大周刊》第 1 卷第 3 期，上海交通大学学生会，民国十九年十
月三十一日（1930 年）。

[114]《交大周刊》第 2 卷第 1 期，上海交通大学学生会，民国二十年十
一月十三日（1931 年）。

[115]《交大周刊》第 3 卷第 1 期，上海交通大学学生会，民国二十一年
七月二十二日（1932 年）。

[116]《交大周刊》第 4 卷第 1 期，上海交通大学学生会，民国二十一年
十一月十七日（1932 年）。

[117]《交大周刊》第 4 卷第 2 期，上海交通大学学生会，民国十九年十
月二十四日（1930 年）。

[118]《交大周刊》第 4 卷第 4 期，上海交通大学学生会，民国二十一年
十二月十一日（1932 年）。

[119]《交大周刊》第 4 卷第 5 期，上海交通大学学生会，民国二十一年
十二月二十五日（1932 年）。

[120]《交大周刊》第 4 卷第 6 期，上海交通大学学生会，民国二十一年

一月一日 (1932 年)。

[121] 《交大周刊》第 6 卷第 1 期，上海交通大学学生会，民国二十二年
十一月十日 (1933 年)。

[122] 《交大周刊》第 7 卷第 1 期，上海交通大学学生会，民国二十三年
三月二十日 (1934 年)。

[123] 《交大周刊》第 7 卷第 3 期，上海交通大学学生会，民国二十三年
四月二十六日 (1934 年)。

[124] 《交大周刊》第 7 卷第 4 期，上海交通大学学生会，民国二十三年
五月七日 (1934 年)。

[125] 钱仁康：《学堂乐歌考源》，上海音乐出版社，2001。

[126] 沈洽：《学堂乐歌之父——沈心工》，台湾作曲家协会，1990。

[127] 沈洽：《沈心工年谱》，《中央音乐学院学报》1988 年第 1 期。

[128] 沈洽：《沈心工传》，《音乐研究》1988 年第 3 期。

[129] 沈葆琦：《沈心工轶事》，《中央音乐学院学报》1985 年第 10 期。

[130] 沈葆中：《论父亲在音乐创作实践方面的几件事》，《中央音乐学院
学报》1990 年第 4 期。

[131] 谷玉梅、李啸：《交通大学（西安）百年音乐文化史》，西安交通
大学出版社，2013。

[132] 钱仁康：《启蒙音乐教育家沈心工》，《上海音乐学院学报》1990
年第 4 期。

[133] 俞玉滋：《"一棹艰辛赴上游"——纪念近代启蒙音乐家沈心工诞
生 120 周年》，《中央音乐学院学报》1990 年第 4 期。

[134] 严逸文：《沈心工和学堂乐歌》，《中国歌剧》2008 年第 9 期。

[135] 田蕾：《论沈心工对我国音乐教育之贡献》，《戏剧文学》2003 年
第 6 期。

[136] 谷玉梅：《〈沈心工年谱〉补订》，《交响》2010 年第 2 期。

[137] 谷玉梅、李啸：《从"警醒歌"到"为世界之光"——沈心工与
交通大学校歌考》，《西安音乐学院学报》2012 年第 3 期。

[138] 谷玉梅：《行新式之教育，扬中华之精神——沈心工与南洋童子
军》，《人民音乐》2009 年第 6 期。

［139］谷玉梅、李啸：《沈心工与"足球歌"》，《西安音乐学院学报》 2013 年第 3 期。

［140］谷玉梅：《大师与交通大学校歌》，《西安交通大学学报》2009 年 第 11 期。

［141］谷玉梅、李啸：《沈心工"学堂乐歌"在东南亚地区的传播与作 用》，《闽南》2011 年第 6 期。

［142］谷玉梅：《萧友梅与交通大学校歌考》，《西安音乐学院学报》2009 年第 3 期。

［143］赵振祥、李啸、谷玉梅：《中国学堂乐歌在东南亚地区的传播》， 《西安音乐学院学报》2014 年第 6 期。

［144］李啸、谷玉梅：《沈心工与南洋公学校友文化的传播》，《西安音乐 学院学报》2015 年第 3 期。

［145］李啸、谷玉梅：《罗耀辉的海外华文音乐教育》，《洛阳师范学院学 报》2017 年第 7 期。

［146］赵振祥、李啸、谷玉梅：《〈学堂乐歌〉在东南亚地区的传播发 展》，《新闻春秋》2014 年第 3 期。

［147］李岚清：《我国近现代新音乐文化的先驱——沈心工》，《解放日 报》2006 年 6 月 21 日。

［148］居其宏：《马克思主义文艺观在中国乐坛的莺声初啼》，《音乐研 究》2015 年第 2 期。

［149］谢惠幸、郁斌：《音乐教育与教学法》，高等教育出版社，2006。

［150］秦启明：《沈心工年谱》（1870～1947），《南京艺术学院学报》 1988 年第 1 期。

图书在版编目(CIP)数据

学堂乐歌之父：沈心工研究 / 谷玉梅著. -- 北京：
社会科学文献出版社，2018.12
（华侨大学哲学社会科学文库. 艺术学系列）
ISBN 978 - 7 - 5201 - 4097 - 3

Ⅰ.①学⋯ Ⅱ.①谷⋯ Ⅲ.①沈心工 - 人物研究
Ⅳ.①K825.76

中国版本图书馆 CIP 数据核字（2018）第 296440 号

华侨大学哲学社会科学文库 · 艺术学系列

学堂乐歌之父
—— 沈心工研究

著　　者 / 谷玉梅

出 版 人 / 谢寿光
项目统筹 / 刘　荣　王　绯
责任编辑 / 高　媛

出　　版 / 社会科学文献出版社 · 社会政法分社（010）59367156
　　　　　　地址：北京市北三环中路甲 29 号院华龙大厦　邮编：100029
　　　　　　网址：www. ssap. com. cn
发　　行 / 市场营销中心（010）59367081　59367083
印　　装 / 三河市龙林印务有限公司

规　　格 / 开本：787mm × 1092mm　1/16
　　　　　　印张：23.25　字数：363 千字
版　　次 / 2018 年 12 月第 1 版　2018 年 12 月第 1 次印刷
书　　号 / ISBN 978 - 7 - 5201 - 4097 - 3
定　　价 / 118.00 元